中国传统岁时节日风俗

杨景震 著

西北大学出版社

U0784070

接受记者采访　赵雄韬/摄

作者在国外与国际友人交流学术经验
（中）为日本著名学者樱井龙彦教授
（左）为民俗学家叶大兵

作者在公园

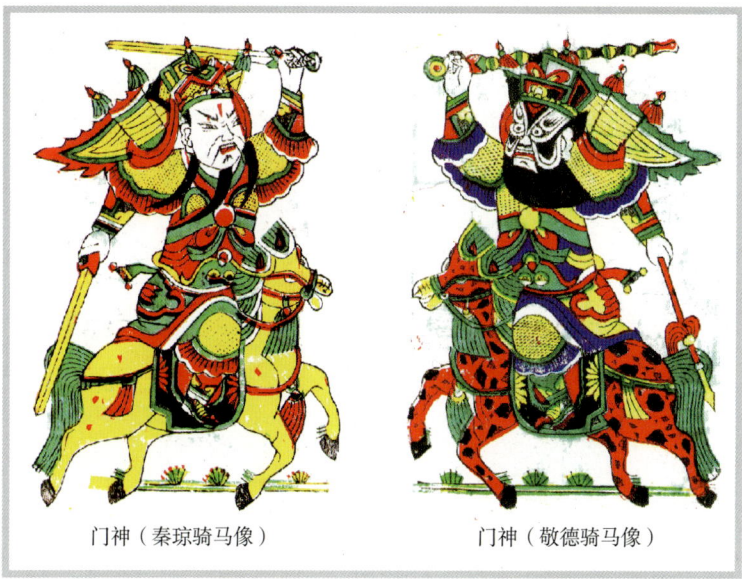

门神（秦琼骑马像）　　　　　门神（敬德骑马像）

吉祥如意 　　　　　　　天官赐福

国泰民安　　　　　　　风调雨顺

四时报喜

戟磬有鱼

陕西凤翔木版年画之一

陕西凤翔木版年画之二

福禄寿三星

花馍

福禄寿

福禄寿

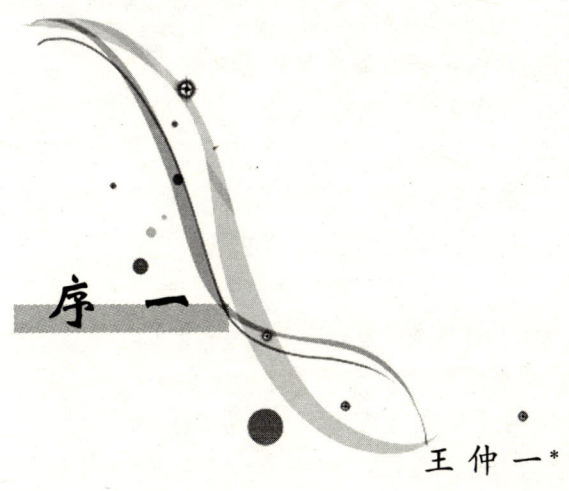

序 一

王 仲 一*

2005 年 3 月以后,我对杨景震同志所著的《中国传统岁时节日风俗》作了较为深细的阅读,又参照我所涉猎过的民俗书刊及资料作了对比性的考证,再结合我 60 余年对民俗事象的活动与见闻,研究与思考,对书稿有以下体会。

一、具有民俗资料书的特质

民俗活动与研究,杨景震同志自身经历与考察实验了几十年,可以说,是困苦与艰难,积累与探索,这里边有渐进思解,有求索积累,有观察体会,总之,有无尽的知识与考证,加之广征博采,终于明白了民俗的深奥变化与社会动力。事实正相反,古今中外的城市居民,既是

---

* 王仲一,中国民间文艺家、陕西省民俗学会副会长。

民众,也有民俗,有了文化的人,同样也形成新的民俗,民俗本身伴随人类集团共同生活,是具有普遍性和重要性的一种社会现象,旧的民俗随社会发展而变化或消失,但新的民俗又随社会发展的崛起,民俗的整体与人类共存亡。今天文明社会的人们同样在形成民俗,每个集体都可以有自己的民俗。文明人的风俗,在它的起源上,与其说是国民的,不如说是人类的。中国有许多的岁时民俗,从年三十到年初一,农村到朝廷都要过的。

本书集中国传统岁时节日风俗的大成,是作者几十年调查研究的成果。书中所用的资料,都是作者亲身采访的第一手资料或第二手资料,都是现存生活中的新鲜资料。为了说明历史渊源,也涉及到一些文献资料。总而言之,该书内容丰富,资料翔实,是一本难得的民俗资料书。其资料可贵之处,在于真实。其用法恰到好处。(1)不拘泥于其他著作,对格式、排列、层次均由自己设计章节,系统且明晰,在记述上有扩展;(2)不模仿,采取独特设计,有逻辑性;(3)不滞留,较灵活多采。既有史料、史据,又有传说、旁引。

二、对书稿学术价值的品位

1. 该书稿可称其为一部有精到见解与学术价值的系统著述。作为国内一部较有理论、学术见解的民俗学新成果,可与其他同类著作相媲美,不雷同,独具特色。这是因为:一部书稿的学术品位与价值,在于它面对当今世界与中国的民俗学发展的进程非常适应,并以独到的见解和缜密的考察,撰写出有代表性的新成果。

2. 资料以及叙论的强势,填补了国内民俗学在节日节令风俗方面的缺项。加之此书稿资料量多且有强势,足显民俗学在节令研究方面的魅力和气魄。

3. 黄河、长江流域为中华民族的发祥地。而陕西作为"华夏脉源"独具特色。书稿叙论、记述以陕西及汉族节俗为主脉,兼叙各族特色节俗，给人以强烈的"中华一统，血脉相承"的人文精神和民俗渊源教育，这种叙论显得公允、和谐，独具生命力和亲合力。

三、书稿的突出特点

民俗学关于古今气象、地理形成的节令习俗，本身就是气象学、人类学、伦理学、文化学的"硬骨头"，无"破釜沉舟"和"攻坚"之志，是难以面对的。本书稿有三个特点：

1. 难得的数十年见闻和体验之作：书稿中关于节日风俗的叙述，看似容易，叙清其来龙去脉却是较难的。作者以七十余年的经历，在岁时节日风俗方面的历法、历书、干支纪年、四季划分、物候节气、二十四节气、月令七十二候等方面，写下约近百项气象节日的考证与知识，特别是二十四节气和月令七十二候所形成的民俗事象，均作了翔实的记述。更难得的是，他在节令形成的习俗方面，以亲身见闻和精选手段，把由气象、物候形成的迎春、迎夏、三秋、冬至以及一年十二个月的节令、迎、送、食、宿、出行、祭祀、种植收获等约计200多项民俗事象，陕西90多个县、区及全国有关省、少数民族地区现在活着的流行的民俗习惯，都给予客观的记述，使人一览无余，概而知全，透析内涵，豁然开朗。最大的特色是广而杂，博而采。

2. 难得的积累和思考：据我所知，作者不但有几十年关于节日民俗的经见，更有较为系列的、周全的撰写思考。20世纪70年代以前，作者就有调查与撰作，但总被社会上以"封资修"、"落后意念"所扼杀，只有到80年代初，才在陕西省内外的有关会议上，联络有识之士，提出民俗学搜集和研究、抢救的呼吁，从而得到全省和全国同行的响应与支持。在1980年以后，由作者首倡和参与主编的民俗专著《陕西省志·民俗志》、《中国民俗大系·陕西民俗》两部巨著，历经20余年，终于出版问世，献与当代和后世。

本书关于风俗的分类、节日风俗的产生及特征、"批判与继承"的原则等观点,都为识家所认可,在读者中有深刻的影响。

3. 难得的锲而不舍精神与追求:节日风俗的经见与积累、撰写,和作者的锐意、顽强追求分不开。我国古代著名史志、社会学学者黄遵宪说过:"人情者何,习惯而已。川岳分区,风气间阻,此因其所习,彼亦因其所习,日增月益,各行其道,习惯之久,至于一成不可易,而礼与俗皆出于其中。"作者数十年追求、研究、探索民俗学的发展与革新,与同仁主持和促进省民俗学会的适应新时期社会改革和经济发展,都证实了作者所倾注心血的高尚品德和价值品位,摈弃情与物欲社会的干扰,作者以病老凌弱之躯,几度病倒,几度复起,几度提笔再耕耘,都给人形成敬仰学习的榜样。再者,作者不以一己之私念,而求其客观公正,还在全省开展了多次民俗各项事象的普查,团结全省有过民俗经见的工作者,共同研究切磋,兼容集体智慧,丰富个人学识。加之,他又是中国民俗学会理事,多次参加全国学术探讨会,又被邀到日本名古屋参加亚洲民俗探讨交流会,对于各族各地风俗,均有所考察和认知,此书稿,集广见之大成,也非一日之功。

总之,通过上述分析和考证,我认为这部书稿是一部难得的、独特的、有极高的参阅、资政、察今、教育、传承价值的著作。

2005 年 5 月 30 日写于高陵

序 二

韩 养 民*

　　杨景震先生是我尊敬的前辈学者。上个世纪80年代中期，我与西安地区中青年学者首倡编写《中国风俗丛书》时，独具慧眼的杨先生，即来相约，表态可以出版部分选题。写书难，出书难，一直是文人永恒的苦恼。杨先生雪中送炭，热情支持，我们十分感激！

　　我同先生接触中感受最难忘的是他的勤奋。先生在编辑工作之余，倾注极大的热情，深入三秦大地，投身民俗学社会调查。1980年后，他率先响应钟敬文等先生的倡议，积极为全国民俗学会和陕西民俗学会的创立而四处奔走，是陕西省民俗学会的创始人之一，曾先后任中国民俗学会一至五届理事，陕西省民俗

---

　*　韩养民，西北大学历史系教授，陕西省民俗学会副会长。

学会副会长、会长，现仍为名誉会长。

杨先生为人正直，不随风使舵，不曲学阿世，数十年来一直辛勤耕耘在陕西民俗学中，梳理了秦人丰富多彩的民俗资料，主编《陕西省志·民俗志》、中国民俗大系丛书《陕西民俗》等书，受到民俗界的好评。耄耋之年，仍笔耕不辍，又撰《中国传统岁时节日风俗》。"年龄有老学无老"，先生这种精神，令人钦佩！

我有幸拜读《中国传统岁时节日风俗》书稿，深感该书有两大特色：其一，作者对风俗研究造诣深厚，书中论述内容丰富，资料翔实。对传统风俗的起源、发展、变异等不仅有较为详细的论述，而且有自己独到的分析，值得称道。其二，书中把岁时节日风俗与农业生产的关系，紧密联系在一起。这就给了农村广大知识青年探索民俗奥秘的一把钥匙，得知岁时风俗、物候与季节的变化，对农业生产有重要的指导和制约作用。要做到"不违农时"、科学种田，必须根据物候与季节变化的规律行事。显然，此书是杨先生的力作。

民俗文化是一民族靓丽的名片。当西学"西风落叶下长安"、"欧风美雨满乾坤"时，中国民俗学虽然没有成为显学，却有顽强的生命力，一代又一代民俗专家、学者，为振兴中国民俗学而呐喊，不断思索追求，不断碰壁苦斗，如同一心向佛的僧人，苦心修行，在物欲漩涡中寻求心灵平衡，在岁月的长河中寻求精神良种。

中国民俗学是一新兴的学科，伴随着国家的富强，受到海外普遍关注。2003年10月，我应中华世纪坛之邀，赴巴黎参加中法文化年，主持"黄土高原民俗展"，民间艺术品，热销巴黎。今年6月，应邀赴德国访问，图亦根州副议长 Birgit Pelke 女士主动提出请我们举办民俗展。可见，中国民俗学是一门受海内外欢迎的学科。

21世纪，是人类历史上名副其实的多元并存的新时代。在全球化的今天，各种文化正在进行着前所未有的碰撞、交流与融合。

中国民俗学适应社会变革,重塑新格局,一定会愈来愈受到社会重视。我们要借鉴和吸收古今中外文化中一切营养物质,创造出充满生机与活力的、新的、先进的民俗文化学。惟有如此,才能够"拓宽生命的河流,弘扬生命的色彩,舒展生命的个性"。

作为后学来为杨先生的大作写序,深感惶恐和不安。但杨先生盛情嘱咐,岂敢塞责。写了上面的话,是自己一点感受,向读者求正,并感谢杨先生的厚爱。

是为序。

2005 年 7 月于西北大学新村

前　言

我在编写完《陕西省志·民俗志》、中国民俗大系《陕西民俗》两部书后，深深地感觉到：手中掌握的资料还没有充分地发挥作用。因为古代民俗资料，浩若烟海，但缺乏系统地研究。民俗学作为一种独立的学科研究，还是近代的事。1846年英国学者汤姆斯（W·Thoms）提出"民俗学"（Folk-lore）这个名词，才普遍得到各国学者的认可。

我国自从1919年五四新文化运动前后，才逐渐地引进了"民俗学"的研究。那时，北京大学曾开展歌谣征集活动，出版过《歌谣周刊》，以后的广东中山大学成立过"中国民俗学会"。不过那时只是萌芽状态的民俗学，只限于少数人征集资料的活动。新中国成立后，扩大了民间文学的研究，但全面的民俗学研究，还未展开。1978年12月，中国共产党召开了十一届三中全会，拨乱反正，百业俱兴，在邓小平理论的指导下，全面的民俗学研究活动，才如雨后春笋般地开展了起来。至1983年5月，中国民俗学会成立，现在全国各省市（台湾省除外）都普遍成立了省级的民俗学会。

中国民俗学会成立前后，出版了一批优秀的民俗学专著和大量的理论研究文章，填补了一个时期学术点上的空白。但是，仍然满足不了读者的欲求。

陕西省民俗学会，1986 年 7 月成立，有意协助会员出一套《三秦民俗文化丛书》（即"入乡问俗"丛书）。但因经费欠缺，仅出版过《延安风土记》《巴山民俗》等少数书籍。

这次，我撰写的这本书，名曰《中国传统岁时节日风俗》。是应广大农村知识青年，欲了解季节变化与农耕生产的关系；也是为开发中国西部地区经济文化的需要，经商者、旅游者、外乡人想懂得一些地方的风俗习惯、人情掌故而写的。我把它当作应用文写出，尽量做到深入浅出，雅俗共赏，通俗易懂。

在写作过程中，我参阅了《农桑衣食撮要》《农桑经》《四民月令校注》等书，得益匪浅。特别是清代著名文学家蒲松龄所撰著的《农桑经》，是他长期居住农村，观察土地与气节、生产与物候的关系，而撰写的经典著作。书中至理名言，对我启发很大。原想把它附录在本书后，但因经费欠缺而作罢。在介绍少数民族节日风俗时，我主要参考了全国民俗学少数民族民间文学讲习班和中国当代文学研究会少数民族文学分会编写的《少数民族民俗资料》（内部印刷），而作了一些重点介绍。个别文章是组织少数民族作者写自己本民族的节日风俗。

书稿写成后，我又请马宏智同志阅正，他是一位土生土长的民俗专家，长期生活在农村，深谙民俗知识，请他作了一些核实资料和补充内容等工作，才使这部书更臻完善。在此，对他表示衷心的感谢！

"学然后知不足"，写完此书后，仍感很不够理想。但愿"抛砖引玉"，出现更多更好的这类书籍。

2004 年 12 月 6 日写于西北大学新村

目　录

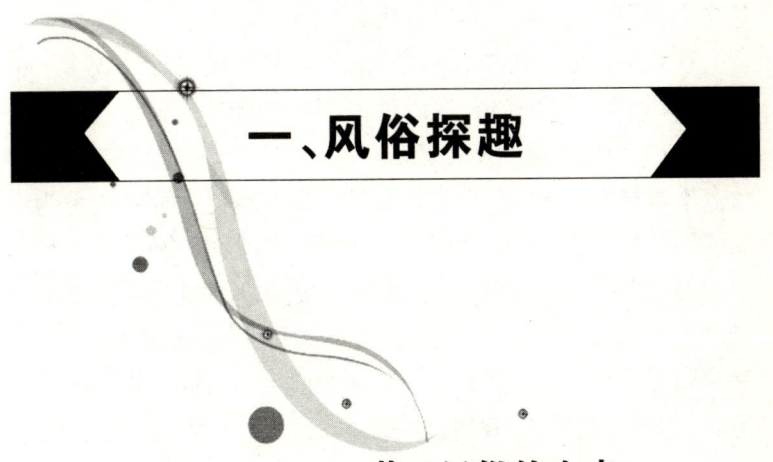

一、风俗探趣

节日风俗的由来

我国民族众多,地域辽阔,山水不同,环境各异,形成各地、各族人民的固有风俗习惯,虽然有其相同者,也有其差异者,但都反映了各个民族的生息、发展和进步的过程。风俗是历史的一面镜子,在长期的社会实践中,无不打下时代的烙印。所以古代人对风俗的解释为"礼,履也。国人所践履,定其法式,大而冠婚丧祭,小而视听言动,皆有其节文也。""俗者习也,上所化者曰风,下所习者曰俗。"①《汉书·地理志》对风俗下了这样的定义:"凡民函五常之性,而其刚柔缓急,声音不同,系水土之风气,故谓之风;好恶取舍,动静亡常,随君上之情欲,故谓之俗。"以上对风俗的解释,都是说明了人类与风俗的密切关系。风俗起源于平

---

① 见《周礼》。

民之中，无管地位高低、富贵贫贱的人，都得遵守。

在我国长期的历史长河中，流传下来的风俗种类很多。诸如：婚嫁礼俗、丧葬礼俗、岁时风俗、节日风俗、集会结社风俗等等，都有其历史渊源和发展规律。

本世纪初美国耶鲁大学社会学教授森纳说："原始人类为满足需要开始活动的同时，也发展了思维。因为他们感受自然界的压迫与心理的痛苦，经过长期磨炼，形成选择的能力。这种能力乃属于团体而非个人的。因而大众都能利用他人的经验，达到一种共同的目的。由共同的目的逐渐变成风俗与同一模型的生活方式。"①这种说法，与我们的理解是一致的。可见尽管民族不同，地域不同，国籍不同，但民俗形成的因素和规律，大体上是相同的。

我国著名学者黄遵宪论"民俗"时说道："人情者何，习惯而已。川岳分区，风气间阻，此因其所习，彼亦因其所习，日增月益，各行其道，习惯之久，至于一成不可易，而礼与俗，皆出于其中。"②可见民俗的形成，有其自然的规律，"非从天降，非从地出，因人情而为之也"（黄遵宪语）。而是人们在生活的过程中，共同感觉需要的一种东西。它表达了人们的共同心理、共同要求和共同的愿望，时间长了，约定俗成，形成了一种固定的形式。可见一种风俗的出现，既是众多人们的共同愿望，又是代表了一个时期潮流之所至，不以少数人所能制止的。应该说，一个时代的风俗，综合了那个时代人们意识的精华，代表了那个时代的精神文明。当然人们的认识水平，随着时代的变化，科学文明的进步，是有变化的。但今人不能苛求于古人，不能以现时的新观点，否定我们祖先传承下来的精神文明。不可否认，古老的精神文明，有许多为今人

---

① 见森纳著《民间道路》1960年出版，629页。
② 转引自杨成志《民俗学的起源、发展和动态》。

所不齿,这就需要改革,是移风易俗的任务了。

节日风俗形成的基本要素有三:(1)地域、气候、节气的自然条件。生活于南方的人,气候热,万物生长快,生活节奏快,其民聪明、多智,富有创新精神;生活于北方的人,气候寒冷,万物生长较慢,生活节奏也较慢,其民豪迈、朴素,富有锲而不舍的精神。居住在高山峻岭的人,性格刚毅,多勇猛直前之士;居住在河川的人,性格温柔,多智谋远略之士,故有"北山愚翁"、"河曲智叟"之说。(2)生产方式和谋生手段。靠农业生产生活的人,具有农民耕作的思想意识;靠游牧、渔猎为生的人,具有游牧、渔猎操作的思想意识。由于生产方式和谋生手段不同,形成的风俗习惯,具有不同的地方特色。(3)生存与斗争的各种需要。由于日常生活的需要,产生了"日常习俗";生产方式上的需要,产生了"生产习俗";信仰方面的需要,产生了"祭祀风俗";表彰、庆贺方面的需要,产生了"庆贺风俗";礼仪往来方面的需要,产生了"礼仪风俗",等等。

节日风俗形成的过程,大致是根据生活的需要,经历了由不自觉到自觉,由不定型到定型,逐渐发展和不断补充完善的过程。节日风俗还有一个鲜明的特色,崇尚"礼尚往来"的传统观念,表现得十分突出。

随着人类科学文明的进步,人们逐渐认识自然的变化。按照古代黄河流域的物候历计算,以五日为一候,三候为一气,一年分二十四节气,共七十二候。其方法是以鸟兽虫鱼、草木生态的变动以及其他自然现象的出现和消失,来验证气候的变化和季节的推移。人们又根据太阳在黄道上的位置(黄经),把全年划分为二十四个段落,包括"雨水""春分"等十二个"中气";"立春""惊蛰"等十二个"节气",统称为"二十四节气"。

二十四节气的问世,又使节日的产生有了依据的条件。节日是人们在生活中交流感情,传播信息的桥梁。走亲访友,问寒知暖,交流经验,需要这种桥梁,逐渐形成了一种"礼尚往来"的制度,这就是节日的来源。有了节日,就有节日的风俗活动。这样一年中一来一往,日积月累,约定俗成,形成了一种固定的风俗。

在漫长的历史岁月中,由于历史事件的发生,或由于某些神话传说,逐渐丰富了节日的内容,给节日风俗增添了生动活泼的传奇色彩。例如清明节这一天,在全国各地都有在野外踏青、打球、拖钩、斗鸡、打秋千、放风筝的风俗;还有烧纸、扫墓、祭祖的风俗。由于春秋战国时"重耳走国",介子推割肉奉君故事的影响,把清明节前一天的"寒食节"(亦称"禁火节""禁烟节")与清明节合并。从此,清明节这天,有了在各家各户的门上,插上青翠的柳枝,向介子推母子招魂的风俗。

又如端午节(亦称端阳节),这天全国各地都有插艾叶、挂菖蒲、喝雄黄酒、吃粽子的风俗。由于屈原投汨罗江的故事,这个节日又增添了纪念屈原的内容。据说到了汉代建武年间,长沙有一个人名叫欧回,他白天看见一个人,自称三闾大夫①对他说:"你们对我的祭祀很好,可是每次祭祀的食品都被江中的蛟龙抢去了,以后可以把祭品用艾叶塞茎,用五色线捆上,艾叶和丝线都是蛟龙最害怕的东西。"后来,人们照这个传说做了,所以插艾叶、吃粽子、赛龙舟的风俗活动,遍及我国各个地区。

再如腊八节,本是中国古老的祖先崇拜性的祭祀节日,后来附会了传说是佛教的创始人释迦牟尼,在成佛得道前,他遍游了印度的名山大川,到处访贤、修行。农历腊月初八这一天,他到了北印度的摩揭陀国(现在印度比哈尔邦的尼连河附近)。这个地方气候闷热,空气稀薄,他又饿又累,实在忍耐不住,终于休克了。这时一位牧女来到跟前,急忙把她带的糯米粥,送给释迦牟尼吃。释迦牟尼吃后,顿时精神振奋。于是他洗了个澡,就在这里的菩

---

① 三闾大夫,官名,屈原曾作此官。

提树下成佛了。为了报答牧女救命之恩，每到一年腊八这一天，就聚集门徒念经，吃糯米粥，以资纪念。这个传说，又增加了节日风俗的宗教色彩。

节日风俗的特征

节日风俗是根据"二十四节气"和生产的忙闲逐渐形成的，也有以生产、生活、祭祀、纪念、避疾、祝贺等的需要而形成的。一言以蔽之，中国传统的节日风俗，纯系民族民间自发自愿形成的。

综观中国传统节日风俗的形成及其变化规律，在目前传承下来的节日风俗中，有其共同的特点，也有其异同的特点。以总体的形成 变化规律分析，主要有以下特征。

其一　礼仪性

在众多的节日风俗中，贯穿着一条主线，就是礼尚往来。"来而不往非礼也"，是我们中华民族的传统美德，从节日的来往中，可以明显地看到这一点。节日来往，可以说是人际关系、家族关系带有集体性的桥头堡。通过这种正常的来往，可以互相问寒问暖，密切人际关系，交流生活信息，总结发家致富的经验。实践证明，它是人们生活中不可缺少的东西。从过年（春节）开始，差不多每隔一段时间，就有一个重大的节日，随即开展了礼尚往来的来回循环活动（附图）：大年正月初二起，嫁出的姑娘（包括外甥、晚辈亲戚）要给娘家行拜年礼，礼品多为面糕、点心等；过了正月初五，娘家人要给外甥送灯笼；清明节，外出的家族成员、嫁出的女儿，要给祖先送纸、祭祖；"麦梢黄女看娘，卸了拨枷娘看冤家。"就是说小麦快成熟的时节，新出嫁的女儿要拜望娘家人，表示关心娘家夏收的准备情况。等待夏收后，娘家老人要看望出嫁的女

儿家的收获情况;端午节,娘家要给女儿送粽子、油糕、绿豆糕(也有互送的);中秋节,女儿、女婿要给娘家送月饼;重阳节,娘家要给女儿家送花糕。这样一来一往,年复一年,循环不已,已经形成了约定俗成的制度。在这样礼尚往来中,基本上是对等的,充分地体现了"礼尚往来"的观念。但在送的礼品中,一般是女儿、晚辈要比娘家、长辈送的礼品重,价值大,这大概是女儿、晚辈要尽到孝道的表现吧! 这是节日风俗一个显著的特征。

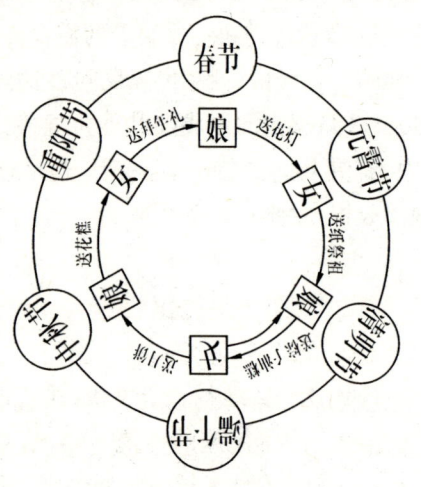

节日礼尚往来循环图

其二 理想性

在中国的传统节日中,无管农事节日、祭祀节日、庆贺节日、娱乐节日,都有一个共同的理想和目的。如春节活动,是一个综合性的盛大节日,每年农历正月,正是农闲季节。人们在一年辛勤劳动之后,正要休整生息,总结经验,以利再干。所以把春节活动,作为庆祝丰收、展示成绩、交流信息的日子来庆祝。为什么不在正月以前举办这样的节日? 因为在这以前,正是严寒的冬天,束缩人们的手脚。正月期间是"立春"的气节,这个时候天气慢慢暖和起来了,适应举办大型的娱乐活动。

其他如元宵节,其目的是春节的继续,以展示花灯为主。花灯象征着科学文化知识,人们要大显手艺,表现一番。清明节的理想和目的,主要是为了"慎终追远"悼念先祖。端午节的原意是为了健康身体,趋邪避疾。开始以吃角黍、插艾叶、饮雄黄酒、戴香包为主要活动内容。中秋节的共同理想是希冀家人团结,共同过着美好的生活,故以"拜月"活动为主。"十五月儿圆",象征着团圆的意思。重阳节主要是提倡远游、登高、开阔视野为目的,所以有登高望远、插茱萸、娘家人给女儿家送花糕的风俗。花糕的"糕"(谐音高),取步步登高之意,也可作为登高、远游的干粮。茱萸是野生植物,到野外采集几株茱萸回来,有纪念意义。腊八节的目的,主要还是为了展示农业丰收。这一天,熬上一锅体现农业大丰收的各种米、豆、干果混合而成的粥,让全家人吃,鼓励人们,教育小孩,要勤劳生产,才能丰衣足食。

综观以上叙述,凡能形成一个被人们公认的重大节日,都有一个共同的理想和目的。没有理想和目的的节日,是不会存在的。至于节日产生的原意,随着时代的推进,有所演变,有所更新,甚至增加了别的内容,也是屡见不鲜的,如端午节纪念屈原、清明节纪念介子推、腊八节增加了纪念释迦牟尼的宗教色彩。但这些新增加的内容,仍然不失为传统节日风俗具有理想性的特征。

其三　时代性

节日风俗的形成,有它的时代性和时代局限性。如元宵节看花灯的风俗,形成于汉代。《史记》记载说:"汉家以望日祀太一,从昏到明,今夜游观灯,是其遗迹。"唐以后这种风俗更盛行了,并且写进文艺作品之中。据五代的王仁裕撰写的《开元天宝遗事·百枝灯树》中说："韩国夫人置百枝灯树，高八十尺，竖之高山上，元夜点之，百里皆见，光彩夺目也。"南宋孟元老在《东京梦华录》中，追忆北宋的首都汴京（今河南省开封市）的繁华胜景时，写道："正月十五元宵，大内（宫廷）前，自岁前冬至后，开封府绞缚山棚，立木正对宣德楼，游人已集御街两廊下，奇术异能，歌舞百戏。"根据以上史料的记载，元宵节观灯之盛况，只能产生在封建社会的中期，文化比较发达、物质比较丰富的时代。在封建社会的初期和以前的奴隶社会，是不会产生这样标志着人类文明的元宵节观灯活动，也形成不了这样的固定风俗。所以时代性是节日风俗的一个显著的特征。

其四　民族性

　　民族性受地域性的支配，原始人因居住的地域不同，水土环境不同，谋生的方式不同，逐步分化为肤色不同，语言不同，风土人情不同，生活习惯不同的各个民族。在各个民族中都有自己的民族节日，以及和节日相适应的风俗习惯。这种节日风俗，有着自己民族和其他民族不同的特色；又由于互相借鉴、渗透的作用，有许多节日风俗有相类似之处。如年节风俗，在许多民族中有相似之处，但更多的是别具特色。如蒙古族很讲究过"大年"和"小年"这两个节日。他们把春节叫做"查干萨日"（白色的新年），居住在农业区和城市工矿区的蒙古族，过"大年"和汉族相仿。牧区却不同，在腊月十五以前，要把牛羊宰好，把洁白的哈达放在肉上，送给亲友。过"小年"之后，要清扫蒙古包内外，并且开始"调马"，做新蒙古袍、蒙古靴、购置毯子、奶桶、锅盆等。

　　蒙古族年三十日晚上，也有"守岁"的风俗，但他们和汉族不同，是在当天晚上全家老少席地围坐在矮桌旁，桌上摆满一盘盘香喷喷的肉食、奶食品，以及糖块、香烟、美酒等。矮桌上放一张大纸用蒙文整整齐齐地写着祖先的名字。深夜开始饮酒进餐，儿女们要给长辈们敬酒祝愿。

藏族过年是别具风格的，他们在藏历年的初一，男女老少见面都要互道"扎西德勒"（吉祥如意）、"洛萨尔桑"（新年好）。在新年里，孩子们燃放鞭炮，大家喝青稞酒、酥油茶，互相祝酒问好。牧民们点燃着熊熊的篝火，尽情歌舞，通宵达旦。节日期间，民间还普遍举行角力、投掷、拔河、跑马、射箭等比赛活动。

在各民族的节日风俗中，有很大的差别，充分地体现了各个民族的特殊风貌和独特性格。如彝族每年一到"虎月"（阴历七月），他们热热闹闹地过起了"火把节"，各个村堡部要杀牛煮着吃。杀牛前先用木棍或斧头把牛打昏，然后杀之，谓之"打牛"。晚上人人举火把，聚集在大街上或村堡宽敞的坝子上，开展斗牛、摔跤、跑马和弹月琴等项活动。这种风俗，表现出彝族人民勇敢、强悍的民族性格和以畜牧业为主的经济生活。

其五　传承性

节日风俗经过世世代代的流传，变成了一种固定的形式，在一个地区或一个民族中，具有强大的制约能力，它可以使本族地区的人民共同遵守而不可逾越，它虽不是法律，但有法律的性能，谁要是违犯了风俗，就要受到千百人民群众的指责。所以我国《礼记·曲礼上》有规定："入境而问禁，入国而问俗，入门而问讳。"由是观之，民俗具有很难改变和可以改变的二重性。

节日既然形成了一种固定的风俗，就决定了它很难取缔的特点，它只能继承发展，在继承发展的过程中，加以改造和补充，这就给予节日风俗具备有传承的特征。今天流行在民间的节日风俗，都是从远古时代传承下来的，仍然为今天人民所共同遵守，共同按照节日风俗的要求,进行活动。而这些活动被认为是当前人民生活中,必不可缺少的活动。如春节拜年;元宵节闹花灯;端午节吃粽子;中秋节拜月;重阳节送花糕;腊八节吃腊八粥等节日风俗,都是从古代传承下来的,有继往开来、慎终追远的作用。它秉承了先人的遗志,又启迪未来,教育后人,把这些古老的精神文明,世世代代的传承下去,以推动时代的前进,创造出崭新的精神文明和物质文明。

同时,节日风俗又是维持社会秩序和联系亲属、朋友之间的纽带,通过节日活动,增强民族感情,使人民生活得更有意义,更加热爱我们的祖国。所以节日风俗的传承性特征,是一个顺乎自然发展的必然规律。

其六 变异性

上面谈过了节日风俗"很难改变"的一方面,现在再谈节日风俗"可以改变"的一方面。事物总是在矛盾中前进的,没有矛盾就没有竞争,没有竞争就没有发展,节日风俗的形成,是一个不断竞争和发展的过程。随着时代的演进,人类物质文明的进步,对传统的风俗,必然受到历史的批判。对其优秀的风俗,后人继承下来,并且在继承的过程中,加以补充和改进;对其不健康的风俗,要加以改造以至于取缔,这是节日风俗产生变异现象的客观原因。

另外,随着时代的进步和生产方式的变更,以及自然环境的转变,节日风俗就不可避免地产生变异的现象。这种例子是不胜枚举的,如元宵节是古代人根据历法和月相的关系,每月十五必逢满月,称之为"望"。满月象征着团圆、美满,所以把这一天看作是最吉利的日子。在这天有祭祀天地、祈求福佑的活动。到了汉代,由于"五斗米道"(道教派)的影响,把天、地、水当作人格神,

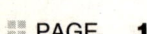

尊为"三官"，又称"三元"，认为他们能消灾赦罪，降福于人类。以后道家又把"三官"、"三元"与时令节气相配，规定正月十五为上元，七月十五为中元，十月十五为下元。三元中，上元最受重视，因为这是天地赐福之日。这一日又正当年初，所以人们以隆重的仪式庆祝上元，祈求得到全年平安，百事如意。

元宵节开始形成就有张灯、看灯的活动。到了唐代，元宵及前后各一日，正式订为国定的例假日，官署停止办公而观灯，《两京新记》就有"敕许金吾驰禁，以看灯"的记载。唐玄宗先天二年上元之夜，大开宫门，在宫外"作灯轮高二十丈……燃灯五万盏，簇之如花树"，命宫女及长安少女少妇等千余人，前往观看。从此历代皇帝都在元宵节"御楼观灯"，表示与民同乐。元宵节的观灯活动，就流行在民间了，发展成为吃元宵、走亲戚、送花灯等风俗。

宋代把元宵节放灯活动写进法律，上元放灯由三夜增为五夜。民间观灯之风，盛况空前。元、明、清三代，元宵节仍是一个重要的节日。明代《永乐七年诏》记载："上元节自十一日为始，赐节假十日。"足见元宵节在当时受重视的程度。

直至今天，元宵节的内容更加丰富多彩，除吃元宵、放焰火、玩花灯外，还增加举办更盛大的灯展、书展、猜灯谜等项活动。古代的观灯，只限于油灯、漆灯，或燃香、燃蜡等，那时的"火树银花"，也不过只限于小手工艺罢了，而近代进入电子、原子的时代，电器化和机械化，给灯展增加了崭新的内容。

我国有许多传统节日风俗，在全国各地、各个民族中，都普遍地流传着。但由于民族不同，地区差异，同样的节日风俗，在传承的过程中，发生了不同的变异。如端午节风俗，除都有插艾叶、饮雄黄酒、吃粽子等习俗外，在我国南方则多以赛龙舟、纪念屈原等活动。在我国北方则多以戴香包、互送香药等活动。端午节在少数民族中，更有千变万化的变异，如居住在小凉山的彝族人民，他们过端午节是以采药为中心内容。端午节这一天，他们纷纷上山采药,或三人一群,或五人一伙,肩扛药锄,身背筐,天蒙蒙亮就出没在高山、深谷、河边、沟口,遍尝百草,辛勤采集,构成一幅"佳节添茱萸,男女采药忙"的生动场面。节日随着年代的推移,同为一个节日,但具体活动不一样,这就是节日风俗发生了变异的结果。

其七 群众性

风俗习惯是人民群众智慧的积累,为众人所创造,它具有集体化、大众化的特点。中国学者黄遵宪说:"风俗之端,始于至微,搏之而无物,察之而无形,听之而无声,然而一二人倡之,千百人和之,人与人相续,又踵而行之;及其至成,虽其极陋甚弊者,举国之人,习以为然。"这就是说,人民群众在创造人类历史的同时,也创造了各自民族的风俗习惯。节日风俗一经形成,就具有广泛的社会性。所以说节日风俗的群众性,也是一个显著的特征。

节日风俗既然是人民群众创造的,那么它的改革和变异,也是由人民群众做主。它和各朝代的"法律"不一样,法律是政府规定的,随着政权的灭亡,这个法律就会自然地消失了。而节日风俗则不一样,它是人民群众自发自愿形成的,它有广泛的民主性,能够流传千古。如清明节扫墓的风俗,一代一代地承传下来。不仅在汉族中有这样的风俗,就是在其他兄弟民族中,也有类似的风俗活动。这种风俗不仅在民间盛行,就是在历代的官方,也提倡这种活动。如唐高宗(李治)在一年清明节,在渭阳为征战有功的亡魂举行一次祭奠,他赐给群臣每人一个柳条圈,戴在头上,为之悼念。现在我国每年清明节,有祭奠黄帝陵、祭奠革命先烈等活动。于是清明节祭祖、扫墓的风俗,变成了全民性的风俗活动,它具有广泛的群众性。

其八　地方性

各个民族的节日风俗,除具有普遍的共同性外,也由于长期居住的地方不同,形成各自不同的地方风俗。这种地方风俗各具特色,突出地体现了地方性的风土人情,抒发了该地区土生土长人民的"七情六欲",喜怒哀乐,谈笑风生,入木三分地贯穿在节日风俗活动中。听其声,如见其人;观其活动,谙其地方色彩。

即就是同一民族,因居住的地方不同,在一个普遍流行的节日风俗中,也有不同的地方特色。如中国的汉族人民,居住在南方沿海一带,喜食大米、鱼虾,爱好水上的活动;居住在北方黄土高原地带,喜食麦、黍、大肉,爱好陆地活动。在他们的节日活动中,无不打上地方的烙印。同是南方气候或北方气候,也有地方性的差别。人常说中国东北地区有"三怪",地处关中平原的陕西有"八怪"。怪者,奇也,别具特色的意思。所谓"怪"就是地方特色,姑且不谈"怪"的内容。

同样的春节,各地人民的庆祝活动,都有差异。陕西关中地区年节送礼,多为糕子、包子、油塔等;陕北多为黄米馍馍、炸糕、摊黄、油窟连等;陕南多为枣糕馍、豆制品、黄酒、甜酒等。这种诸多的地方产品,反映在众多的节日风俗活动中,体现了体态多姿的地方特色。所以,节日风俗的地方性,无疑也是一个显著的特征。

风俗"形态"的探讨

前面谈过"节日风俗的形成原因及其特征"诸问题,只是就其风俗的基本特征而言。那么有人要问:"风俗的形态是什么样子呢?"众说不一,有人说:风俗的"形态"不可捉摸,是一个有影无形,看不见摸不着的东西。这话似乎是对的,但还不能完全说明"风俗"的真实作用。

风俗固然是人们思想意识的综合反映，在人们的思想上是固有的存在，而且是生动活泼，记忆犹新，永恒不忘的。但它究竟是意识形态的东西，不像一件物体，有体有形，可以看得见，摸得到。

要谈风俗的"形态"，必须先从风俗产生的基本结构谈起。风俗的最"基层"，也可以说是最"底层"，是宇宙万物，以及人类生灵的存在。按照唯物主义的观点，存在决定意识。即一定的自然环境、物质基础、人类生活水平产生一定的人们公认的风俗事象。约定俗成，形成法规，共同遵守。既成风俗，就要经其历史年代的变迁，永远地传承于后世。风俗虽然不是一个有形的"实体"，但它在人们的思想意识中，却是一个永恒难忘的"形象"。这种"形象"，具备了风俗"形态"的特征，它就像人的心脏，永远伴随人生；风俗的影子（形态）也永远伴随人生。人的生命离不开心脏，人的生存也离不开风俗的制约，否则就是一个脱离了人民群众的人，脱离了社会的人，一个孤立的人。

几千年来，传承下来的良好风俗，是要继续传承，而且要移风易俗，与时俱进，发扬光大之。不可否认，传统的风俗由于受着时代的局限性，也有糟粕，有些传统风俗，在今天看来，是和新的时代，格格不入了。这就要依据"批判地继承"的原则，正确对待之。

风俗既然在人的心目中，有如人的心脏一样的重要，它在人们的头脑中，形成了一个生动活泼，主宰生活的能动形象。其核心内容是团结一致，勇往向前，追求美好生活的未来。它的外形即外壳不是由肉体的组成，而是由其本身的"七性"，围绕在外壳的周围活动。如下图：

一、群体性：形成一代人的共同风俗，是众人之事，即大多数众人要求之事，而不是某个人的一件事，或少数人的事。它是聚众成群的人，反映众人的愿望，有一个共同的目的，团结起来，拟成原则、条例，共同遵守，共同制约，约定俗成而产生。它是众人的共同法律，神圣而不可侵犯。

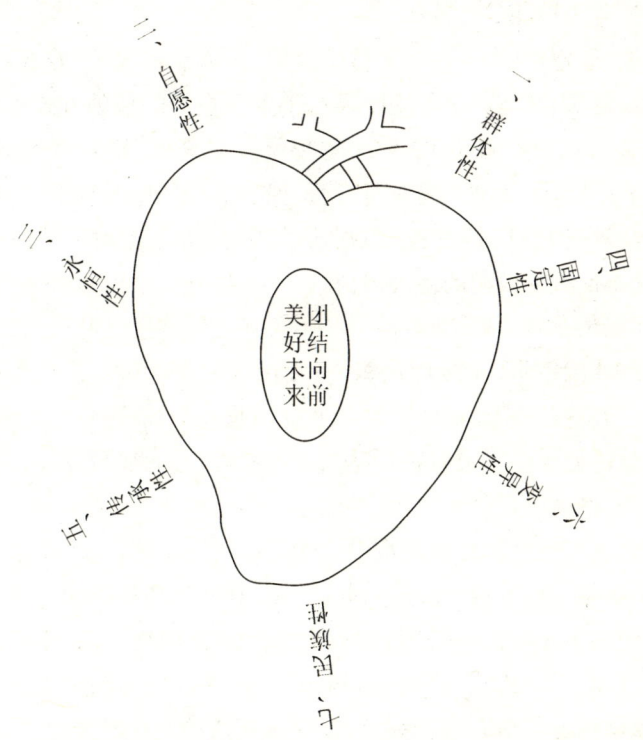

二、自愿性:风俗是人民群众自愿形成的,它是代表人民亲身利益的,而不是任何国家命令或某权威人士强加形成的。如各个朝代的国庆节,那只是国定节日,而不是民间的传统风俗节日。再如"国际五一劳动节"、"情人节"、"愚人节"等,都不是民间的传统风俗节日。

三、永恒性:风俗已经成立,年复一次,循环不已,久传不衰,有一定的永恒性。它和某个时代发生的一件偶然事件不同,今天发生了,以后就不再重复了。在人类生活中,人一走茶就凉的事,多有发生。但它只是偶然的,不是必然的。只有一两次,没有更多的重复性。只是盲目性,没有规律性,也没有循环性。这样的事或许有一定的纪念意义,但时过境迁,就会自然地消失了,因而也不能称为民间的传统风俗。

四、固定性：大凡民间的传统风俗，无管葬丧嫁娶、养老送终、会社活动等，都有一定的固定风俗事象和主要的活动方式。传统风俗节日也是一样，如清明节主要活动是祭祖、踏青、纪念先烈等；端午节主要活动是赛龙舟、跑旱船、吃粽子、吃油糕等；中秋节主要活动是拜月、赏月、吃团圆饼、送月饼等。非固定的风俗事象，是不能称为民间的传统风俗。

五、传承性：风俗的生命力在于流传，凡是良好的风俗，都是当时时代的精华，才能代代相传，流传于后世。风俗是历史的一面镜子，它照射着历史的兴亡和变迁。是一个民族、一个国家，兴亡发达的记录。它记载着管理天下的经验，是人民群众生活的导师良友，这就很自然地流传不衰。

六、变异性：风俗作为时代的精华，代代相传，永传不衰。但是，随着社会的发展，经济基础的变革，有些风俗在当时看来是精华。但是由于时代的局限性，人们认识水平的提高，在现实生活中有些旧有风俗，就与时代格格不入，甚至阻碍社会的前进。因此，就不可避免地有所"变革"，发生了风俗的变异现象。

七、民族性：人的生存，由于受自然环境的影响，有山川有平原，水土气候差异，生产种类不同，生产方式也不同。日积月累，年复一年，逐渐形成了语言不同，性格相反，肤色差异的各个民族。各民族之间有相同的风俗，也有截然不同的风俗，它直接反映出不同民族各自的特色。如年节风俗，汉族春节有过年、拜年、庆丰收的风俗活动。而蒙古族很讲究过"大年"和"小年"这两个节日，居住在牧区的蒙古族，在腊月十五以前，要把牛宰好，把洁白的哈达放在肉上，送给亲友。过"小年"之后，要清扫蒙古包内外，开始"调马"做新蒙古袍、蒙古靴等。

继承与批判

民俗者,乃是各族人民群众约定俗成的一种习惯势力。《周礼》曰:"俗者习也,上所化曰风,下所习曰俗。"《汉书·地理志》云:"凡民函五常之性,而其刚柔缓急,音声不同,系水土之风气,故谓之风;好恶取舍,动静亡常,随君上之情欲,故谓之俗。"

在我们的日常生活中,常见的民间风俗有:生产风俗、祭祀风俗、礼仪风俗、信仰风俗、节日风俗、会社风俗、婚姻习俗、丧葬习俗、生育习俗、庆贺习俗等等。这些风俗都是伴随着历史的发展而产生的,可以说是反映历史的一面镜子。它的产生和发展记载着历史的兴亡和变迁,能流传到今天,确实是难能可贵的。我们尊重历史,就必须尊重历史上传承下来的风俗习惯,否则就不能正确地认识历史,记取历史的经验教训,美化我们今天的人民生活。

现时民间流传下来的传统风俗,大体上分为四类:

第一,文明的风俗。我国传统的十大节日风俗,即春节、元宵、清明、端阳、七夕、中秋、重阳、冬至、腊八、祭灶等风俗,从节日风俗形成的时代背景和它们赋予生活的含意讲,都是本着礼尚往来、隐恶扬善、增进情谊,加强民族团结为主要意图的。这些节日风俗的产生,有的是为了配合农事生产、四时节令而产生,有的是为了同一的理想崇拜,为祭祀的需要而产生,有的是为了表示庆贺而产生。总之,都是为了人民生活的需要而产生,它寄托和记录了人民的良好愿望。这些风俗习惯,从总的精神看,它们都是文明健康的。

我国传承下来的婚丧礼俗,积古人之经验智慧,主导思想是文明健康的。生老病死,悲欢离合,乃人生之大事。特别是对于"生"和"死",人们要以隆重的仪式对待,这不仅是对上辈人的慰藉,也是对下辈人的启迪。如此传宗接代,才给予生活以高尚的理想。

民间流行的会社风俗。如孝义会、共济社、自乐班等,还有伦理观念和衣、食、住、行等方面的习俗,大多数是健康的。从这些风俗中可以窥视古代人民的文化修养、精神文明,概括地反映出古代人民具有勤劳勇敢、朴素诚实、积福行善、助人为乐、驱邪扶正、扶贫帮困、团结友好、尊老爱幼等优良传统。

第二,基本是文明的风俗但夹杂有糟粕成分。如每年农历腊月二十三日,农村普遍流行的祭灶王爷的风俗。在祭灶王爷的前几天,要把屋内打扫得干干净净。当天向灶王爷供献农副产品、吃食、糖果,祝愿灶王爷"上天言好事,回宫降吉祥"。这本来是在过去的农业社会里,人们的一种精神寄托,希望有像灶王爷这样的神,作为"一家之主",四季保平安。此种风俗作为一种纪念活动,何尝不可。但是夹杂着烧香、磕头、吊表等迷信活动,就为今天所不取。又如每年的清明节,盛行着扫墓、祭祖、踏青、戴柳、打秋千等项风俗。清明祭祖,意在"慎终追远",这是一件很有纪念意义的活动。今天,我们在清明这一天,祭扫烈士墓,纪念革命先烈。藉以发扬古老的精神文明,建设当今社会的精神文明。至于踏青、打秋千等项活动,正是开展春季文体运动所必要的活动。它有益于人民身心健康。但是在传统的祭祖活动中,有大量的烧香、烧纸、烧纸糊衣服的活动,还流行有"冥国银行"制造"冥国纸币"等活动,这些都是封建迷信的残渣,应予以取缔。

在婚丧礼俗中,同样也有夹杂着封建迷信的东西。凡是有益的礼仪和风尚,都应该继续保持和发扬。但其中夹杂着的封建迷信糟粕,则是要予以坚决取缔的。

第三,愚昧的风俗。在我国长期的封建社会里,由于科学文化知识的限制,远古人对大自然的风、雨、雷、电等现象,并不理解,它们只好依赖于神灵,迷信鬼神解脱灾难。如久旱不雨,田禾不长,就产生了祈雨的迷信活动。先是村中的老太婆,早晚到庙宇,向龙王爷烧香祷告;祷告不灵,就组织村中的年轻妇女,光着

屁股洗碾子;再不灵,就要大动干戈,进行大规模的祈雨活动,通常是伐马脚、抬神楼子、组织浩浩荡荡的人群队伍,到百十里以外的地方求雨。这种迷信风俗活动,随着科学文化的提高,人们不再相信雨是龙王爷决定的。这种迷信活动,到解放以后的1960年以后,就基本上没有了。

再如曾流行在各地的跳神、求卜、算卦;婚俗中的合婚、属相相克;丧俗中的看穴、看殃;建筑中的求神破土等。这些都是封建迷信的风俗活动,人们在未觉悟之前,都程度不同地相信或崇拜。但当他们有了科学的文化知识以后,就会自然地从愚昧中解放出来,不再相信那种力量了。

第四,恶俗、陋俗。在我国漫长的历史年代里,曾经产生过许多文明健康的好风俗习惯,为今天人们所称道。但也出现了不少的恶俗和陋俗,这种坏风俗随着生产力的发展,物质文明的进步,就会自然而然地淘汰。例如:据《中外妇女》1985年第8期所载:福建惠安县有六个分乡至今留存着"不落夫家"的恶俗。贻害人民极大。这六个乡的妇女,一两岁时就给订婚,甚至指腹为婚。到了十二三岁,女孩子就糊里糊涂地嫁给不相识的人。结婚后只住夫家三两天就得回娘家去。即是这三两天佳期里也难和丈夫同居。此后只有逢年过节或农忙时才得回丈夫家住一宿,去时是傍晚,还要用块乌巾遮住脸,晚上熄灯后才可取掉,第二天天一亮就得跑回娘家。由于夫妻长期隔绝,以至结婚多年互不相识。这种恶习的影响,使夫妻毫无情感可言,家庭关系遭到破坏。男的不少流于荡检逾闲,酗酒狭邪;女的有许多发生性心理变态,搞同性恋,结成"金兰会"、"长住娘家妇女会",相约结伴自尽。仅小岞一乡,平均每年有54人非正常死亡。患癔病的人也很多,净峰乡一民兵营15个女民兵有13个已婚的人患癔病。现在,这一恶习虽比解放前有所减轻,但仍存在,成为社会的顽症,应当革除。

还有些风俗,虽然是陋俗,至今在乡村中时有发生。如结婚

的闹房风俗中,有掏雀、染棉花、捉虱子等下流活动。这种陋俗活动,随着人类文明的进步和婚姻观念的改变,就会自然而然地淘汰了。

对待传统的风俗,我们的态度是批判地继承。继承其精华,摈弃其糟粕,其目的是为了移风易俗。质言之,就是在发扬古代精神文明的基础上,发展新时代的精神文明,为建设新的社会而服务。

移风易俗是历史的任务。随着社会的发展,科学技术的进步,人们的思想意识发生了巨大的变化。社会向着更科学、更文明、更理想的历史潮流发展,不是某个人的主观愿望所能阻止的。因此,移风易俗,建设新时代的风俗习尚,迫在眉睫。

目前,在我国的某些城乡,有陈渣泛起,坏俗、陋俗重演的现象。如买卖婚姻、看穴看殃、烧香磕头、求神算卦弄鬼等活动,仍有市场。据报载:浙江某县人民法院,接到一份《结婚、离婚协议书》,上写:

> "张姣姣,女,二十二岁,因无法归还胡先生的二千元彩礼钱,协议结果,以每天三十元的身价与他结婚六十六天,用以偿还。时间从一九八五年一月一日起到三月七日止。过后即行离婚,各不相涉,如有身孕,生下孩子归胡先生。空口无凭,立此为据。"

(见《采风》1985 年第 22 期)

这个"协议书"是古代"典妻婚"的一种反映,它不仅侮辱人格、干涉婚姻自主,而且与现行的婚姻法,大相抵触。为了防止和杜绝同样性质的事件发生,我们采取移风易俗的办法,一方面宣传尊重风俗的重要性,另一方面教导人们对于风俗要有批判地继承的态度,引导人们自觉地建立符合新时代要求的新的风尚和新时期的礼仪制度。

建设社会主义新时期的风俗礼仪,必须遵照以下几个原则:

①照顾国民经济基础和人民生活水平；②适应现代化的科学文明和文化知识；③注意当前工农业生产水平，有利于生产力的解放；④有利于民族团结，增进友谊；⑤照顾人们传统的风俗习惯，符合大多数人民的利益。

建设社会主义新时期的风俗礼仪的手段，可以多种多样，灵活运用。应该强调群众自发自觉地活动，不能用行政命令或包办代替的办法。风俗形成的特点就是从不自觉到自觉，由不定型到定型，逐步地在人们中约定俗成。一旦约定俗成后，就变成人们生活中须臾离不开的东西。否则，就是破坏了民俗的特点，失去了风俗的内涵，就没有生命力。

我们要按照民俗的特点，因势利导。可以用旧瓶装新酒的办法，对于那些传统的文明的风俗，可给予新的内容，继续在人们生活中盛行；对于那些基本上是文明的风俗，但夹杂有糟粕的成分，我们可以采取包装改造的办法，把那些糟粕的东西取掉，同样给予新的内容，继续在人们中流行；对于那些恶俗和陋俗，则是要采取果断的措施，加以革除和摈弃。即就是良俗也要推陈出新，使之符合时代的脉搏。另外，我们还要采取新措施，在人民自觉自愿的基础上，建立新的风俗习尚。如陕西省户县人民自发地组成新的节日——"文化节"，规定每年农历正月初五至十五日，为广泛活动的时间。届时，城乡居民以各种文化形式或分散或集中，大搞文化娱乐活动，这个节日的出现，很快地取缔了过去正月消闲闹事和聚众赌博的不良习俗。又如陕西省临潼县行者乡袁家村，群众自觉自愿组织的"好媳妇节"，规定每年农历六月初七日为活动时间。这天召开村民大会，结合开展"五好"家庭活动，评选"好媳妇"。同时给"好媳妇"颁奖，并给"好媳妇"的娘家送喜报等。通过评选好媳妇的活动，不仅改善了婆媳关系，而且和睦邻里，改变了整个村上的面貌。上述这些新的节日风俗，有着时代的色彩，我们应该因势利导，使其丰富完善，永远传至后代。

长安古俗的发展与环境意识

长安古俗面面观

其一,男大当婚,女大当嫁。

古长安人民的婚俗,是遵从周公大礼,一直延续下来。基本思想是"父母之命,媒妁之言。"按照《仪礼·士昏礼》中"六礼"的程序进行。六礼者纳采、问名、纳吉、纳征、请期、亲迎也。

男女到了一定的年龄,父母即找人,为其子女寻找婚姻对象。若有合适的人家,即请媒人穿针引线,联姻成亲。

女方先以草帖通于男家。草帖的内容是用红纸书写女儿的生辰"八字"①(年、月、日、时),交给媒人,转给男方。男方将草帖压于灶龛香炉下。过了三至七天,如果全家老幼平安无事,万事如意,则认为是好的征兆,即以草帖问卜或祷签,谓之"合八字"。算其男女双方的属相"克不克"、"冲不冲",若不相犯克,即可合亲。

在压帖期间,如果男方家中出现碎碗破甑之事,或属相不合,即认为是"咬婚",就将庚帖退回,不再提亲。或女方发现男方有事宜不合的现象,也可以"联姻不合"为由,将庚帖索回。

"八字合、属相合"即认为是合适的婚姻。这时男方父母,在媒人的带领下去女家相看媳妇。互相满意,男方即授女方衣物、钱币;女方以手帕作为信物,交与男方,许配终生。

---

① 八字,星命家以人生年、月、日、时所值干支,推算祸福寿命,谓之八字,也称四柱。

随后，媒人来往其间，商议聘礼。再由女方开具订婚礼单，且得到男方应允，算作婚事初成。接着，正式订亲，男女双方履行订婚仪式，即所谓《照书》，择日举行婚礼。

这样的婚俗，男、女青年在订婚过程中，一般是见不了面的，民间把这种婚姻，叫做"布袋里买猫"。只能在成婚后揭盖头时，才观看新媳妇容颜的。少数姑表亲或其他相识人结亲，婚前见过面，那是少数。这种婚姻，全由父母包办，极不民主。

结婚花轿

这种"六礼"婚俗，在中国封建社会实行了几千年。随着时代的发展，婚俗不断变化，产生了许多变异的现象。逐步趋于实际，追求民主自由化，"六礼"的程序也愈来愈简单化了。

当前，在中国农村中，形成了一种崭新的婚姻习俗。群众称为"看屋里"新婚活动。就是说，男女自由恋爱，或经人介绍相识，他们在一度相识后，有情终为眷属，双方基本谈好后，相约吉日，女方父母、姑、姨、姐等人，前往男方家里"看屋里"。男方家里举行盛大宴会，男方家里的父母、姑、姨、姐等，热情招待女方。会上男女互送订亲礼物，特别是男方家里成员和主要亲戚，要送给未过门的新媳妇见面礼物，以表示亲事已成，永结盟好。至此，男女双方欢天喜地，兴高采烈！

其二,做"满月"、办周岁。

夫妻结婚后,第一胎无管生男或生女,都要做"满月",生男孩称"弄璋"之喜;生女孩称"弄瓦"之喜。闻听村里谁家生了小孩,亲朋厚友都要祝贺一番。首先,纠结一部分人,在大门外鸣放花炮,这时主人笑嘻嘻地走出门来招呼,并请到家里喝"喜酒"。接着三、五成群,几乎每天都去主家喝"喜酒",主家备以"豆盘子"(黄豆煮熟)作为下酒菜。这样川流不息,一直喝上十来八天,主人答应做"满月"时,叫做"酒成",将在做"满月"时大宴宾客。有的家庭因经济不宽裕或其他原因,向前来喝"喜酒"的人们,告说"不再烦劳大家,不大再搞做满月的活动了"。

做"满月"的仪式特别隆重,主要亲戚老小舅家、姑家、姨家等都送礼祝贺,长安一带一般送一竹篮糕(内装六个糕子),外加给小孩的衣帽或花布等;喝"喜酒"的人们,送花帐、斗篷、衣服及小孩玩具等。

这一天,宾主无分叔侄、爷孙,任开玩笑、嬉戏;谁都可以给爷爷、婆婆脸上抹红,谓之"挂红"。此举最有趣:"爷要躲,孙要抹,犹如老鹰抓麻雀。"有时,来一个"突袭",爷(婆)被抹成了"关公"脸,逗得客人满堂哄笑。经常是:爷爷刚洗完脸,又会被抹上红;有的人,干脆一天花着脸不洗,任其笑闹。真是"天伦之乐",其味无穷啊!

做"满月"这天,凡登门者必吃红鸡蛋,宴席上要有"红肉",卧室挂"红门帘"等,取意"满堂红"。吃罢宴席后,婆婆抱上婴儿,在庭房、厨房、卧室及房前屋后走一遍,边走边念道:

> 正庭房,客满堂,
> 娃娃长大走四方。
> 进灶房,做香香,
> 娃娃吃了身健康。
> 婆睡旁,娘睡旁,
> 娃娃睡个大天亮。

抓周试晬

婆婆抱婴儿走一圈，这叫做"引路"。意思是让孩子记住自己的家，健康成长。最后，婆婆抱上婴儿让众宾客观看，凡看者给婴儿见面钱，并请德高望重者为婴儿取名字等活动。

"办周岁"，在新生婴儿满一岁（第一个生日）时举行。这天，亲朋厚友要登门给婴儿送衣帽、玩具、食品等。

办周岁的最主要活动是"抓周试晬"①，据《东京梦华录》记载："至来生日谓之周晬。罗列盘盏于地，盛果木饮食，官诰笔研算秤等，经卷针线，应用之物，观其所先拈者以为徵兆，谓之试晬，此小儿之盛礼也。"

这天，有两件事必须做到：一是开"眼界"，就是把婴儿抱在酒席宴前，让众客人轮流抱、亲吻、逗趣、赞美等热闹一番。据说，这是为了让孩子多认识些人，以后孩子就不认生了。二是"验天赋"，即"抓周试晬"。将书本、毛笔、算盘、玩具各一件同糖果，放在桌上，让婴儿自由地去抓拿。如先抓书本，则认为孩子将来好

———————————

① 晬，即小儿周岁。就是让小孩在周岁这天，随意抓玩具、器具，以预卜有何专长，试看其天赋智慧若何？

学;如先抓玩具,则认为孩子将来贪玩。

其三,寿终正寝。

人生在世,无管是英雄或凡人,都有一场非常丰富的生活经历。但,最后归宿,都希望"寿终正寝,落叶归根"。

"寿终正寝",就是人活在世上,到了一定的年龄,就要死亡。但是,无管寿长寿短,最好死在出生的老家,而且还要停尸于老家房屋的正厅上。这是最理想的归宿,形成为千年来的习俗。

"落叶归根"的观念,在古长安人的心目中,是根深蒂固的。人,活在世上,无管闯南走北,无管从政、经商、习文、练武,行行出状元,不同程度地都要干出一番事业来。但,到了老境,总想死在自己的故土上。所以,想千里归故土、告老还故乡的人很多。有些人,在外工作几十年,颇有建树,但到了生命垂危之时,仍想"落叶归根",埋葬于故土。

棺 罩

中国辛亥革命的领导人于右任先生,原籍陕西省三原县,晚年居住中国台湾,恨死不能归故土,遗恨终生。他临终时,写了《怀念大陆》歌词,表达了他由衷的落叶归根的思想感情。歌词曰:

葬我于高山之上兮，

望我故乡。

故乡不可见兮，

只有痛哭。

天苍苍，野茫茫，

山之上，国有殇。

古长安丧葬习俗，在人生"四礼"中，占相当重要的地位。

父母年迈，做儿女的必须保生活，尽孝道。如不幸谢世，必须依礼安葬。旧时富贵人家多讲究："棺椁必重，葬礼必厚，衣衾必多，文绣必繁，丘陇必巨"；贫者，死后"薄棺简葬"而已。

当高堂进入暮年之后，儿女就为二老割寿枋、做老衣准备各种后事。

寿枋，亦称棺材。棺材论木，以柏松为好，也有榆杨杂木者。论页，有四页瓦、十大块、十二圆、十六绺之别。论厚薄，有五寸墩三寸三顶四之分。论颜色，以漆黑为好，亦有内朱外黑。还有素棺、描龙雕凤的花棺。

寿衣，也称老衣。单、夹、棉都有，一般是五件，也有三件或七件的。原料必须是绸、麻或棉织品，皮货、毛货忌用。

坟墓，视其家境状况，家境优越者，生前选穴，并以砖、瓦、石箍墓，规模有大有小，显赫门户。一般老年人的坟墓，除过川堂，还得有穴洞安放棺材。年轻夭亡的、无子女的人，其坟墓只是一个直洞。

按传统的风俗，老人死后，停尸中堂。即做三件事：

一是根据亡者生辰及身殁时日，推算出成殓、启灵安葬日期，并书《期单》，上写逢七、过百纪念日，贴于灵桌墙上。

二是"明穴"，就是找一处葬埋的龙脉宝地，定为埋葬的地址。穴位已定，丧家长子先掘一锨土，谓之"破土"，然后挖土打墓。

三是公布有无"回煞"出现，"回煞"，农村称作"出煞"、"出

殃"。据古代阴阳家说，按人死时的年月干支，可以推算出死者灵魂返舍时间，并说返舍之日，有无凶煞出现。煞至，物触之必坏，人遇之即死。若有"回煞"，其时家人以及畜禽必须远离躲避。现在"回煞"之说，已经不传了。

办完以上三件事后，进行"入殓"，一般在人死后三天后举行。入殓时，孝男孝女全家人，以及主要亲戚参加。先在棺内垫一层柏叶、草木灰或锯末子，再铺上褥子和鸣鸡枕。然后将尸体放入棺内，周围用草木灰包夹实。

居丧期间，晚辈通称孝子，按习俗孝子不作乐、不饮酒、不剃头、不洗澡、不远离灵柩。孝子以草垫为席，土块为枕，竭尽忠诚，为父母行孝。

安葬日，清早即举哀致祭。十时左右，亲朋相继到齐。开始"启灵"，先由长子将棺尾移动，然后众乡亲共同把灵柩抬出，置于抬架上。

抬架，前后有杠，可供人抬。龙头龙尾，前申后翘，称为"龙杠"。棺柩之上，覆以棺罩。棺罩，高顶挑角，透窗花帘，四角悬纱灯，十分美观。

入土为安

抬柩送灵队伍，十分壮观，富丽堂皇。走在最前边的是手提一镜灯的"引路人",次乐队、仪仗队、顶盆者①,然后是"扯牵"②的孝男孝女,最后是十六个人共抬的灵柩。

至墓地,棺椁入穴。由长子下穴用纸拭棺,谓之"净棺",并首先向墓穴填一锨土。然后众人填土,孝子恸哭,鼓乐哀奏,焚烧纸扎,行安葬之礼,到此全部结束。这就叫做"寿终正寝,入土为安"。

目前居住在大城市的人家,提倡火葬,凡国家干部、公务人员,都必须按照新生火葬礼节安葬。农村人的丧葬礼,仍延续旧俗。不过由于时代的前进,人们思想意识的提高,以及家境贫富不同,表现在丧葬礼节上,有繁有简,各有差异。

其四,礼尚往来。

古长安人的交情,遵循古训,按照"礼尚往来"行事。《礼记·曲礼上》:"礼尚往来,往而不来,非礼也;来而不往,亦非礼也。"在朋友来往,亲戚交往的过程中,形成了一种对等的交际风俗。

首先,表现在红白喜事上。

每逢红白喜事,亲戚间都要相互送礼。千里送鹅毛,礼轻仁义重。礼轻礼重,视其家境贫富情况,不足见怪,也不算为"失礼"。但,有来无往,有礼不行,则要受到社会人情的指责,是为"失礼"。

如婚丧嫁娶、生育、寿辰、盖房立木、乔迁等,按理亲戚都得参加,而且要送相称的礼品。长安习俗,每逢过事,一般亲戚都要送六个"糕子"③,外加搭配的礼品点心、干果等,女婿送给丈人家、外甥送给舅家的礼品,一般重于一般亲戚。如逢娘家父母丧葬,女家要行大礼。讲究抬"三牲献饭",礼品装成食盒④,成群列队用杠

① 顶盆者,长子顶的瓦盆。作为化纸接灰用,到村外的十字路口粉碎。
② 扯牵,是在棺床上系两条白布,男女孝子分两路纵队牵扯,随柩而行。
③ 糕子,即花馍,也称面花。
④ 食盒,用木做成箱底箱框,专放礼品,用杠架抬送。

架抬送。每付食盒得用二人抬,食盒数目越多,越显示富贵。到了丧葬日的夜晚,在香案面前摆礼,看谁家的礼好,谁家的礼劣;谁家的礼重,谁家的礼轻,喝得众人称赞。若大女儿的礼不如二女、三女,则大女儿的脸上,就不光彩。

其次是村会、庙会、忙罢会。

农村各村庄,都有不定期的村会、庙会,还有一年一度的忙罢会,若逢好年景,村上唱大戏,聘请著名的戏班子前来演出。该村的村民,都以热情的态度接待来客。

村会、庙会一般都是一至三天,让来客吃好、看好,高兴而来,知趣而返。过会客人越多,主人越高兴,说明他家日子过得富裕,人缘乡俗好。否则,门前冷落车马稀,殊觉尴尬。

为了接待来客,吃、住要作充分的准备。特别是要让客人把戏看好,男人家不用说,对妇女、小孩和年迈的姑婆,要准备好看好戏的条件。村上的人,都争先恐后地在戏台前边搭"看台",比比看,谁家的"看台"好,说明谁家有能人、会办事。

长安人特别注重人情,村会之前要把主要应到的亲戚通知到,否则,客人是会犯病的,甚至遗恨终身。村会是一个人情会,通过村会增进家人和亲戚和睦,广交朋友。

再次是按照中国的传统节日风俗,进行人际往来。

在众多的节日风俗中,贯穿着一条主线,就是"礼尚往来"。"来而不往非礼也",是中华民族的传统美德。节日往来,可以说是人际关系、家族关系带有集会性的桥头堡,通过这种正常的来往,可以互相问寒知暖,密切人伦关系,交流生活信息,总结发家致富的经验。实践证明,它是人民生活中不可缺少的东西。从过年(春节)开始差不多每隔一段时间,就有个重大的节日,遂即开展了礼尚往来的来回循环:大年正月初二起,嫁出去的姑娘(包括外甥、晚辈亲戚)要给娘家行拜年礼,礼品多为面糕、点心等;过了正月初二,娘家人要给外甥送灯笼;清明节,外出的家族成员、嫁出去的女儿,要给祖先送纸、祭祖;"麦梢黄女看娘,卸了桦栖①娘看冤家。"就是说小麦快成熟的时节,新出嫁的女儿要拜望娘家人,表示关心娘家夏收的准备情况。等待夏收后,娘家老人要看望出嫁女儿家的收获情况;端午节女儿给娘家送粽子、油糕、绿豆糕(也有互送的);中秋节,女儿、女婿要给娘家送月饼;重阳节,娘家要给女儿家送花糕。这样一来一往,年复一年,循环不已,已经形成了约定俗成的制度。在这样礼节的往来中,基本上是对等的,充分体现了"礼尚往来"的传统观念。但在送的礼品中,一般是女儿、晚辈比娘家、长辈送的礼品重、价值大,这大概是女儿、晚辈要尽孝道的表现吧!

其五,老碗会。

长安人把大碗叫老碗,深圆型,像一个深圆盆,底部突出一圈(约有拳头大),便于手拿。这种老碗盛饭多,端起来方便。

一年四季,家家户户的烟囱冒罢青烟后,正是村民开饭的时候。每个村舍,都有几个吃饭的聚集点。吃饭时,人们端上老碗饭,聚集在一起,霎时围成一堆,边吃饭边听闲传②。有讲故事的,有谈古论今的,有谈国内外新闻的,有谈生产、经商经验的,有说男女婚事、桃色事件的。总之,天南地北,海阔天空,无所不谈。人们把这种场所,叫做"老碗会"。

老碗会的特点,就是人人都端着老碗,碗里盛足干面条,或盛一大老碗"米汤"③,外带五个大蒸馍④或五方锅盔⑤再加一小碟浆水菜⑥,这就是一顿饭菜的用量,吃完了,话也说得差不多了,先后

---

① 桦栖,碾场时(小麦脱粒)套碌碡的工具。即用桦栖把碌碡套起来,让牛或驴拉着滚动。

② 听闲传,长安方言。意思是说随便要说的话。

③ 米汤,即大米或小米稀饭。

④ 蒸馍,即馒头。

⑤ 锅盔,即烙饼。

⑥ 浆水菜,农民自制的酸菜。

散会。

你瞧！他们的饭量真大，一个人能吃干面条二斤，五个蒸馍，五方锅盔约二斤左右，就这样狼吞虎咽地吃完了。

笔者生长在农村，自有记忆力起，就记得在村头一棵大皂角树下，一年四季，几乎天天都举行老碗会，人多人少有别，但是，吃饭是免不了的。所以老碗会，就成为人民生活中不可缺少的习俗。

自然环境的改变对民俗的影响

综观以上民俗的产生、发展、变迁，都离不开自然环境，民俗的发展与变异，随着自然环境的改变而改变。自然环境是民俗产生的基础，自然环境与事物的存在、渗透和影响，反映在人们的记忆中，逐渐形成主观意识，日积月累，构成较为系统的意识形态。民俗是意识形态的反映，作为一种全面的或个别的民俗事象，都反映了人们的思想意识。可用下列图表示之：

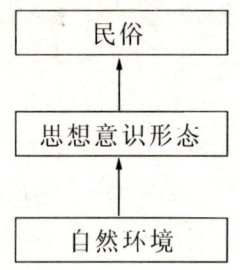

自然环境是基础，然后逐级上升，影响人们的思想意识，产生适应生活需要的民俗事象。这是一种自然科学规律，人们只能按照这种规律，善于利用之，督导之，而不能逆从之，或用暴力强加服从之。

民俗在发展的过程中，可以遇到种种的变异现象，都是与自然环境的转变有关。总之，概括地说，民俗的发展变化，离不开以下五个因素。

1．政治

社会不断地发展,时代不断地前进,旧有的生产关系,不能适应新生产力的需要,必然要发生变革现实的作用,产生新的社会组织机构,实行新的政治,藉以规范人类的思想行动。随着政治的改革,现实生活的种种存在,反映在人们的思想领域里,也会对原有的民俗事象进行改造,或产生新的民俗事象。

2．经济

随着时代的前进,生产力的发展,商业的繁荣,经济的大发展,逐步改变了人类生活方式。在人们的日常生活中,由贫穷到富裕,物质文明不断前进,经济繁荣,人民生活水平不断提高,这一切的一切,都直接或间接地影响人们的思想意识,也必然会改变旧有的民俗意识和民俗事象。

3．地理形势

山水不同,地形各异。自然环境对人们的思想有直接的影响。如久居深山的人,由于消息闭塞,见识少,人民的思想多落后;常居住在河道的人,由于人来人往,见识广,人民的思想多智慧。故有"北山愚翁,河曲智叟"之说。地形与环境直接陶冶着人们的思想意识,也必然反映在民俗意识和民俗事象方面。

4．交通

随着交通的发展,运输力的加强。南来北往,物资交流,文化沟通,大大改变了地区间的差别,物质生产面貌,甲地之足可以弥补乙地之不足,乙地之长可以弥补甲地之短,物质上的互为补缺,文化方面的相互学习交流,人们的思想意识互受影响,也必然反映在民俗的思想意识和民俗事象中。

5．科学文化

时代不断前进,科学文化不断发展提高,随即产生新的时代精神文明。这种新时代的精神文明,必然要对旧有的精神文明进行审视和批判,对原有民俗事象,也必然有所改造和摈弃。这是民俗发展变异的客观规律,不以人们的主观意志所能转变的。

一言以蔽之,对待传统的风俗习惯,按照自然发展的规律,给予"批判地继承",即承其精华,弃其糟粕,创造出新的民俗程式和新的民俗事象,为建设新社会的精神文明服务,这是民俗研究人员神圣而不可推卸的任务。

二十一世纪,是改革开放的新时代,是科学文化高度发展的时代,是人类的物质文明和精神文明达到更高级的时代。我们要望眼世界,眼观全球,解放思想,大胆设想,与时俱进,移风易俗,翔实采录,科学求证。把民俗学的科学研究工作,向纵深处发展,使研究民俗的课题更多更广泛,更多切合实际,为社会服务,为人民大众服务。

长安"十大怪"解读

长安的"十大怪",也称陕西"十大怪",主要指秦川平原地区的风土习俗,是伴随着历史的发展而形成的。其实,说怪也怪,怪者,奇也。说不怪也不怪,不怪者,习常也。看惯了的事物,不足为怪;没有看见过的事物,总觉得有点怪。看来怪是有特点的,它是在一个特定的地域,特定的背景,特定的年代中,逐步形成的。怪,必具有不常见而稀奇古怪的特色。

长安"十大怪"是什么?

一曰:"房屋一边盖"

"房屋一边盖",是一种直角三角形支撑的单斜坡房。即一边用胡基(土坯)垒起墙,顺墙搭若干根椽,上面覆盖着瓦片,房子就算盖起来了。这种房由于是单面门窗,背靠高墙,冬可挡寒夏可遮阳,冬暖夏凉。每排厦房一般盖三间,一间厨房,一间住老人,一间住晚辈。家中人口增多,在已盖成的厦房对面,十分对称地再盖三间厦房,叫做"对面厦房"。

这种房屋投资少,非常实用,是长安一带农村中常见的住房。长安地面,虽然物产丰富,气候宜人。但是,光靠农业生产,还是发不了大财。建筑豪华的"四合头"院,要花很多钱筹备木料砖瓦,则感手头不便,因此,居住厦房的人愈来愈多,经千年的运转,也就形成了"房屋一边盖"的习俗。

中国实行改革开放后,长安农村的经济面貌大大改观,在居住方面,大改以往常态,传统的"四合头"、"安间房"等,已不能满足需要,简易的一边盖的厦房,更是无人问津。现在拔地而起的楼房,相继出现,一幅崭新的农村居住图,活生生地展现在人们的面前。

二曰:"锅灶连着炕"①

锅灶是做饭的地方,炕是睡觉的地方,这两个地方怎能相连呢？为什么锅灶要连着炕呢？这是由于地理环境和经济力量等因素决定的。长安地处八百里秦川,物产丰富,但富贵者少,贫穷者多。为官、经商的富有人家,居住条件比较宽敞、阔绰。他们吃饭有餐厅,睡觉有卧室,会客有客厅。但普通人家的住宅比较狭窄,两三辈人居住一室的现象并不少见。一些贫苦人家,只有一间屋子,锅灶与炕相连,用做饭的柴火,既可烧水、做饭,又可取暖。睡觉的炕,中空通气,烟火通流,随着做饭的过程,炕也就烧热了。既方便,又节约,何乐而不为呢？

更有甚者,有些贫穷人家的住房不仅"锅灶连着炕",且有数

---

① 炕,用土坯和砖砌成,睡觉用的土床,上面铺席,下面有孔道,跟烟囱相通,可以烧火取暖。

口人家连同牛厩都在一个屋子里的情形。这是旧中国人民贫苦生活的写照。贫穷人家，盖不起多余的房子，只好如此受委屈。你能说这是怪现象吗？

现在的新中国，农村经济大发展，人民生活富裕起来了。农村楼房林立，现代化的建筑比比皆是，一代新的居住习俗逐渐形成。

三曰："锅盔像锅盖"

锅盔，是秦人喜欢吃的烙饼。"锅盔像锅盖"是说陕西的锅盔像锅盖一样的厚实。陕西乾州的锅盔，驰名中外。据传说：在唐代修乾陵①时，因服役的军人工匠人数过多，往往为吃饭而耽误施工进度，受到惩罚。于是，有一士兵在焦急之中，把面团放进头盔里，用火烧烤，烙成了饼。从此，锅盔馍就扩大到民间，流传开来。锅盔馍的制法是用精麦面粉，加上适当的酵面和碱面儿，添水调成面团，揉搓均匀，放在案板上，用木杠边压边呛面粉。压制好后，擀制成扁圆形饼坯，放进整锅内烙烤。先用小火使之定型，再改用旺火，锅内放一铁圈，使馍驾空烤，十几分钟后即熟。这种锅盔看起来像锅盖，皮薄如纸，馍膘厚，味甘甜，切开如猪板油状，耐存放。既是日常主食，也可馈赠亲友。

这种特质的锅盔，千古流传，即使是现在，也还是人们喜欢的食品。外地人来长安旅游者，百尝不厌，离开时总不免带回一些，让家人以饱口福。

四曰："面条像皮裤带"

陕西人好吃面，名目繁多，不下千余种。如臊子面、旗花面、

---

① 乾陵，在陕西乾县，唐高宗（李治）与武则天的合葬陵墓。

麻食面、炸酱面、油泼面、长面、短面、细面、宽面等。面条像皮裤带，就是一种宽面条，也叫 biáng - biáng 面。这种面条宽度可达一二寸，长度则在一米左右，厚度与硬币差不多，薄时却如同蝉翼。就像裤腰带那样宽，给人一种"怪"的感觉。这种奇特的面条，民间还有一个传说，说 biáng - biáng 面的 biáng 字是这样创造出来的。

古时长安城的乡下，有一个老头儿推着车沿街卖面，那推车上装有灶具，随叫随卖。宽厚的面条下在滚开的锅里，发出"biáng - biáng"的响声，就起名"biáng - biáng 面"。并创造出一个在民间广泛流传的繁体怪字：

顺口溜这样解释道：

一点上了天，黄河两道湾，

八字大张口，工字往进走。

你也扭，我也扭，中间夹个言篓篓。

你也长，他也长，中间夹个马大王。

心字底，月字旁，画个钩搭挂麻糖。

推个车车游四方。

这种面条用沸水煮熟，再将豆腐、粉条、黄花、木耳、青菜及各种调料烩成一锅菜，然后再将煮熟的宽面条与汤菜搅拌在一起，吃时放上油泼辣子和香醋，陕西人把这种面条叫做"油泼辣子biáng - biáng 面"。这种面条壮实宽厚，色味俱全，因其面条像皮裤带,外地人见了,觉得有些"怪"。其实在盛产小麦的地区,是一种平常的饭,体现了陕西人民勇猛雄壮的性格,不足为怪!

五曰:"只吃辣子不吃菜"

长安人,特别喜欢吃辣子,并养成一种习惯,再好的饭菜如果没有辣子,总感觉没有味道。有打油诗为证:

> 八百里秦川尘土飞扬,
> 三千万人民乱吼秦腔。
> 捞一碗干面喜气洋洋,
> 没有辣子嘟嘟嚷嚷。

辣椒是陕西的一大特产,其品种优良,被誉为"椒中之王"。吃时摘几个,炒在菜里,调进饭里,蒸到馍里。最喜欢吃的则是"油泼辣子",将干透的红辣椒,在锅里用温火直烤得又焦又脆,辣椒籽也亮鼓鼓地冒出油来,捣成粉粒,再用滚烫的菜油泼入,顿时辣椒油光闪亮,红艳艳,使人顿时馋涎欲滴,食欲大增。每日三餐,顿顿不离辣椒,形成了陕西人特殊的饮食嗜好。

这种嗜好是在小农经济不发达的条件下养成的。外地人初见,觉得奇怪。其实,黄土高原地区,菜源短缺,人民只好以辣子代菜,这也是不得已而为之,并不是陕西人"只吃辣子不吃菜"。

自从改革开放后,农村经济繁荣,已经有不少人家富裕起来了。在饮食方面也多有改善。吃起饭来,讲究四荤四素,七个碟子八个碗。

六曰:"板凳不坐圪蹴(gējiu)下"

板凳也叫"木凳"。本来是为了坐而设置的。但在长安附近

的农村,特别是经常劳动的人民,喜欢圪蹴下说话、吃饭。"圪蹴"是陕西方言,两腿向前弯,屁股向下与膝盖齐,这种不立不坐的姿势,叫做"圪蹴"。

关中人有板凳不坐,蹲(圪蹴)在那里说话,是常常会看到的现象。这真不禁使人望之生怪!其实看惯了,也不怪。

陕西一般贫穷人家缺少桌子、椅子、板凳那套设备,只好站着说话、做事,圪蹴比较自由,可以随时随地蹲下,比较方便。再加上薅谷草、掐谷子、锄麦草、围镰割麦、搂豌豆等农活,都需要蹲起来劳动。日积月累,练就了一身"圪蹴"的功夫。圪蹴的行动,就不足为怪了。当然富裕的人家,桌椅俱全,在庄严的场所上,也是以请坐、让坐的宾礼相待的。

目前陕西农村经济大发展,在楼房林立的同时,屋内设备俱全,圪蹴的习惯,也在逐渐改变。

七曰:"裹肚老少四季穿"

裹肚,是防寒裹肚的衣物,椭圆形,用红布、花布制作,大小刚护住人的肚腹。上有一根套带,下有两根绳头,穿时先将套带套在脖颈上,下面用两条头绳左右束紧即可。这种既不像背心,也不像坎肩的衣服,一年四季不离身,看起来很奇怪!其实也不怪,它的作用,主要是可以暖胃,防风寒侵入,减少疾病。当人们脱衣睡觉及热天衣衫单薄时也有遮羞及装饰作用。

长安人,出生后第一件衣服就是裹肚,小时穿红裹肚、绿裹肚、花裹肚,以后随着年龄的增长,不断地改变花样。裹肚上绣花,很有讲究。儿童时,穿上五毒裹肚,即在裹肚上绣上蟾蜍、蛇、蝎、蜈蚣、壁虎,用以驱毒避邪。青年时未过门的媳妇,要给女婿送去精制的花裹肚,这是定情之物,也可显示新媳妇的心灵手巧。老年时儿媳、女儿要给老人送长寿裹肚。上面绣上"松柏竹鹤",

祝贺老年人"福如东海""寿比南山"。

现时，儿童和老年人，仍有很多人喜欢穿裹肚，已经形成一种自然习惯了。

八曰："手帕头上戴"

古时戴帕，是一种富贵的表现，《铡美案》[1]中皇姑讥笑秦香莲："头上无有帕儿苫，脚登绣鞋露指甲。"所以长安的妇女，不管年老年少，春夏秋冬，都喜欢给头上带帕帕。女人的帕帕多为正方形，色彩有深有浅，品种繁多，四周有须。女人出外做事或走亲戚，头顶帕帕，显得十分优美，有一种时髦感。把手帕折成三角形，从头顶包到下颌，后边留出个尾巴，既可挡风，又可取暖，天热了，擦汗、透风，还可用来包裹东西。

随着年龄的增长，青少年妇女喜欢颜色鲜艳的手帕；中年妇女喜欢青淡色的手帕；老年妇女喜欢纯深蓝色的手帕。还有一种专为老年妇女头上带的帕帕，叫做"首帕"[2]。

长安妇女行走戴帕帕，这是祖先流传下来的习惯，既美观，又是很好的装饰品；同时能擦汗、防风、御寒，何乐而不为呢？长安地属大陆性气候，空气干燥，但无大风。寒中生暖，热中透凉，戴帽显得太热，不戴帽又怕风吹日晒，选择以帕代帽，别具风采！由此看来"手帕头上戴"的习俗，也是从生活需要而形成的。习以为常，并不为怪。

九曰："固守本土不出外"

陕西关中地区，土地肥沃，气候宜人，物产丰富，旱涝保收。

---

① 《铡美案》，秦腔古典剧。叙说陈世美与秦香莲的故事。
② 首帕，用青黑丝线织成，专为老年妇女顶头用。

是中国的"白菜心",严防外来侵略。故有"长安、长安,自古长安"的民谣。长安人世世代代住在这里,"安居乐业",毫无危机感。"生是长安人,死是长安鬼","老不出关(潼关),少不下川(四川)","二亩地一头牛,老婆娃娃热炕头","房要低,地要少,看(kǎn 喂养)个老牛慢慢搞","只要有一碗米汤喝,围着锅头转也情愿"。以上民谣,是陕西关中人的生活写照。

"固守本土不出外"的思想,在土生土长的长安人心中根深蒂固,不以为羞,反以为荣。外地人觉得真乃奇怪!但是,本地人并不觉得奇怪。现在中国社会改革开放了,一些年轻人如梦初醒地走出家园,出外创业、经商、打工的人也越来越多。

十曰:"姑娘出嫁高价卖"

买卖婚姻,凡封建旧社会皆有之,不足为奇。但是,古代长安人,"纳礼"手段十分露骨,以为自家的地位优越,不愿意把姑娘嫁到外地。若要到外地去,则开口要高价,多则八斤礼(每斤 16 个银元)、十斤礼不等。除银元外,还要开上为女儿准备陪方的礼单子,要求男方购买。他们认为礼钱越多,人越贵重。形成"姑娘出嫁高价卖"的现象。

即使在本地结婚,也是要看是否"门当户对",越是富贵人家,婚礼越轻。若女方看中了男方的家境,就不大注重礼钱的轻重了。一般人家,特别是男方弟兄多的人家,娶媳妇就要出高价。女方父母为其女儿终生考虑,要在结婚前,索取一笔钱财。

现在,提倡婚姻自由,市场经济,来往人繁多。姑娘们也大开眼界,打破"姑娘不出外"的陈旧观念,"高价婚姻"的现象基本没有了。

中国各民族主要传统节日

我国是由 56 个民族组成的社会主义国家，计有汉族、壮族、布依族、朝鲜族、满族、侗族、瑶族、白族、土家族、哈尼族、哈萨克族、傣族、黎族、傈僳族、佤族、畲族、高山族、拉祜族、水族、东乡族、纳西族、景颇族、柯尔克孜族、土族、达斡尔族、羌族、布朗族、撒拉族、毛南族、仡佬族、锡伯族、阿昌族、塔吉克族、普米族、怒族、乌孜别克族、俄罗斯族、鄂温克族、德昂族、保安族、裕固族、京族、塔塔尔族、独龙族、鄂伦春族、鄂赫哲族、门巴族、珞巴族、基诺族。各民族的传统节日风俗，浩如烟海、琳琅满目，非常丰富多采，兹据不完全统计，见下表。

中国各族人民传统节日表

节名	别称	族名	时间	流行地区	活动内容	备注
春节	新年、元旦	汉、蒙古、壮、布依、朝鲜、满、侗、瑶、白、黎、畲、西、仡佬、裕固、京、苗、彝等族	夏历正月初一。旧时节令过期一般从过小年（腊月二十三日）开始，一直延至正月十五日元宵节，也有到正月初五结束的	汉族地区及部分少数民族地区	一般有拜年、祀祖、放爆竹、贴春联，吃元宝汤、吃年糕、吃饺子，喝春酒和滚龙舞狮、耍社火、扭秧歌、踩高跷、玩花灯、竖青松（白族）、赛秋千（纳西族），打篾鸡蛋（仡佬），玩爬犁（满西族），跳春堂舞（壮族）、跳芦笙（苗族），对歌（彝族）以及看风云，观日色、看参星、拜达摩娘娘（侗族）等风俗	

节名	别称	族名	时间	流行地区	活动内容	备注
元宵节	上元节、元夕节、灯节、燃灯节、元宵、元夜、元夕、龙灯会	汉、藏、布依、朝鲜、满、黎、畲、达斡尔、仡佬、鄂温克、鄂伦春、苗、侗等族	夏历正月十五日	汉族地区及部分少数民族地区	有送灯、挂灯、赏灯、玩灯和吃元宵、喝米面茶、灯展、猜灯谜、走百病以及扭秧歌、舞狮、舞龙等娱乐活动	
立春节	催春节（白族）	汉、侗、白等族	夏历正月间（公历2月4日前后）亦有在正月之前的	汉族地区及部分少数民族地区	古代有迎春、打春 祭芒神、鞭春牛和耕藉田等仪式活动。民间有浴蚕种、燎春以及吃春茶、春牛等习俗	
白节	白月	蒙古族	夏历正月初一	内蒙古、新、吉、辽宁、黑龙江、林、甘肃、青海等地	有守岁、贴蒙文对联、祭祖、拜年,到喇嘛寺祈求吉祥,寺院举行诵经仪式以及跳舞、唱歌、赛马等娱乐活动	
撒拉哈特蔓节	脑热孜节	维吾尔族	多在初春举行	新疆喀什、墨玉等地	有亲友聚会、宰羊、作饭,共作祈祷,预祝丰收	
花山节	踩花山、踩山、跳场、跳花	苗族	各地不同,有夏历正月初一至初六;有五、八月下旬不等	云南屏山和贵州中部、西部和四川南部等地	举行踩花山仪式,有男女对歌、跳芦笙舞以及斗牛、舞狮子、爬花杆等活动	

节　名	别　称	族　名	时间	流行地区	活动内容	备　注
蚂蚋节	蛙婆节,青蛙节,敬蛙节,葬蛙节	壮族	夏历正月初一时一起,历时一月。也有在元宵节进行	广西东兰,巴马,天峨,凤山等地	有找青蛙,陪蚂蚋,葬蚂蚋等仪式。人们敲铜鼓,唱蚂蚋歌,跳蚂蚋舞,蒸五色饭,设宴,摆歌台等	
吃立节	大节	壮族	夏历正月三十日	广西凭祥,龙州一带	有歌舞,舞狮,耍龙灯等活动	
了年节	了月节,告了节	布依族	夏历正月三十日	贵州紫云,镇宁等地	有食糯米粑粑,甜酒汤圆,糯米粉团等风俗	
花炮节		侗族	日期因地而异,在夏历正月初三或初二,二月十五,或三月初三;三月二,初三;十月十五日等	广西,湖南贵州交界地区	有放花炮,抢花炮,演侗戏,吹芦笙,射击,斗牛等活动。并举行物资交流	
盖什节	新年传统歌舞节,拉歌节	傈僳族	节期各地不一,一般为夏历正月	云南,四川等地	人们春糯米粑,酿制水酒,并举行祭祀仪式,有射弩,打靶,跳舞,赛歌会以及春浴等活动	

节 名	别 称	族 名	时间	流行地区	活动内容	备 注
崩南尼	佤族春节	佤族	夏历正月	云南沧源佤族自治县	有蒸糯米饭、舂粑粑，吃"南尼饭"，给寨王拜年，相互拜节，赠芭蕉、糯米粑粑和甘蔗，糯米粑粑喂耕牛，骡马喂糯米饭，以及祭山神地灵，举行射箭比赛等	
扩塔节		拉祜族	夏历正月初一到十五日，一分三个阶段：初一至初四；初八、九；十三至十五日	云南南部	人们串寨走村，互相祝贺，有接新水，吃团圆饭，跳芦笙舞等等活动	"扩塔"，拉祜语即过年，春语即过年节
棒棒会	弥老会、弥勒会、农具会	纳西族	夏历正月十五	云南丽江等地	举行物资交流，农具和马匹买卖，并有唱歌跳舞等活动	
目脑节	木脑、总戈、跳嘎	景颇族	3～5年举行一次。夏历正月十五日后9天内选双日举行，延续2天	云南德宏地区	在目脑广场上举行庆祝仪式，有喝团结酒，跳目脑舞、唱歌等活动	"目脑"，意即"大伙跳舞"，凡逢丰收、战斗胜利、喜迎嘉宾、纪念节日、欢聚大事等都要举行"目脑"

节名	别称	族名	时间	流行地区	活动内容	备注
阿涅节	春节	达斡尔族	夏历正月初一日,延至十六日	内蒙古、黑龙江、新疆等地	有挂灯笼、祭祖,家族内部团拜、拜年,吃迎春饺子,抹黑灰以及打贝阔(曲棍球),化装游戏,讲故事,唱歌,跳舞等活动	
唱哈节	哈节	京族	夏历正月二十五日或六月初十,或八月初十日	广西防城等地	有专门哈亭,供人们听唱哈歌,同时举行跳天灯、跳乐、花棍舞等传统舞蹈以及武术角力竞赛等活动	"哈"或"唱哈"为京语,哈是"唱歌"的意思
佛额什克斯	赫哲年	赫哲族	夏历正月初一	黑龙江	有拜年和演唱"依玛堪",叉草球、射草靶,凿冰钓鱼、滑雪、滑冰等活动以及吃五更饺子,吃生鱼、鱼毛等风俗	"佛额什克斯",赫哲语,意为"春节"
特毛开	勒比开、新年	基诺族	夏历一月举行,3～5天	云南西双版纳傣族自治州景洪基诺山区	集资购买祭祀用牛,至铁匠家祭铁匠鬼。梦卜来年之丰歉,妇女敲木鼓,男子围鼓跳舞,辞旧迎新	
斗牛节		侗族	夏历二月或八月逢亥日举行	贵州从江、黎平等地	有斗牛活动	

节 名	别 称	族 名	时 间	流行地区	活动内容	备 注
二月二	春龙节、青龙节、踏青节、花朝节、龙抬头节、龙日、社王节	汉、苗、壮、布依、满、畲、黎、克、鄂温、鄂伦春、赫哲等族	夏历二月二日	汉族地区及部分少数民族地区	有曝米花、挑菜、踏青和穿龙尾、撒灰围屋、引龙或布灰作囤，占卜年以及作煎饼、炒蝎豆，吃龙须面，祭土地神（布依），祭社王（壮），吃红蛋（苗）等风俗	
艾粑节	二月二	侗族	夏历二月初二	广西、湖南、贵州毗连地区	春糯米粑、捏汤圆或把汤圆、艾粑油茶，吃艾粑行歌坐月，男女青年开展对歌、谈情说爱	
刀竿节		傈僳族	夏历二月初八日	云南怒江傈僳族自治州、福贡、碧江、泸水一带	有爬刀竿、跳火海、汤秋千，丢烟包等活动	
插花节		彝族	夏历二月初八日	彝族自治区	把鲜花插在门上和房子周围及牛羊的头上角上。吃糯米粑粑，放篝火，吹芦笙、跳舞唱歌等活动	
拜日望	拜二月	白族	夏历二月十三日至十九日	云南兰坪、泸水、碧江、维西等地	有立"栽棍"（吉祥棍），化装跳锅庄舞，赶街集会等活动	"拜日望"意为"拜二月"
赶鸟节		瑶族	夏历二月初一	湖南江华一带	有对歌，品尝"鸟仔粑"等风俗	
那吾鲁孜节		哈萨克族	公历3月22日前后	新疆北部	人们相互拜访，共食用七种食物作成的"库吉"，并举行习习羊、赛马、摔跤等活动	那吾鲁孜，有辞旧迎新之意

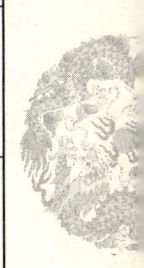

节名	别称	族名	时间	流行地区	活动内容	备注
三月三	仙歌节(壮)、地蚕会、花炮节(侗)	壮、苗、布依、侗、瑶、畲、仡佬等族	夏历三月初三	以上少数民族居住地区	有对歌、赶街(壮族)、迎客、挑葱、讨篮(侗族)以及扫寨、祭神(布依)、祭祖,吃团结酒,跳竹竿、表演铜钱铃双刀舞,打狗归球(黎族),举行歌会等风俗	
上巳节	上巳、三巳、重巳、重三、元巳、三月三	汉、朝鲜、布依等族	夏历三月三日	汉族地区及朝鲜族居住地区	有踏青、探春、流杯作诗(或乞子),以及吃青精饭,吃糯米饭(布依),举行歌会等习俗	
花朝节	挑菜节、百花仙子节、扑蝶会	汉、壮、白等族	夏历二月三日或二月二日,也有在二月十二或十五日的	汉族地区及部分少数民族地区	有赏花、种花、挑菜、踏青、赏红、抛绣球(壮)等活动	
清明节	聪明节、植树节、踏青节	汉、彝、壮、布依、满、侗、土家、白、黎、傈僳、瑶、纳西、仡佬、水、羌、毛南、锡伯、普米、俄罗斯、鄂温克、京、赫哲等族	夏历三月间(阳历4月5日前后)	汉族地区及部分少数民族地区	有祭祖、扫墓、插柳、踏青、植树、吃青团等风俗以及放射柳、拔河、放风筝、荡秋千等娱乐活动	

节　名	别　称	族　名	时间	流行地区	活动内容	备　注
姊妹节	吃姊妹饭	苗族	节期各地不同,有夏历三月十三、二月十三、三月十五等	贵州清水江流域一带	有吃姊妹饭和跳芦笙、踩鼓、唱歌、斗牛、赛马等活动	
土王节		侗族	夏历谷雨前二三天	广西三江、融阳一带	有赛歌、斗鸟、赛臂力、比鸟枪等活动。男女青年对歌,谈情说爱	
干巴节		瑶族(兰靛瑶)	夏历三月初三	云南河口瑶山乡	有打猎、捉鱼、酿制糯米酒、染制各色糯米饭,聚饮以及唱瑶歌等风俗	
三月街	祭观音街、观音节	白族	夏历三月十五至二十日	云南大理一带	进行物资交流,并举行赛马、射箭、歌舞等活动	
孚念孚		黎族	夏历三月初三	海南岛	有祭祖、对歌、荡秋千、钻火圈、择跤、跳舞等活动	"孚念孚"为黎语音译
泼水节	京比迈、浴佛节、傣历年、过新年(阿昌族)	傣、布朗、阿昌、德昂等族	夏历清明节前后,正值傣历新年。节期3~5天	云南	互相泼水祝福,并进行拜佛、浴佛,物资交流,吃蒸糯米饭包,有赛龙舟、丢花包、放火花、放高升、放孔明灯及歌舞等活动	傣语叫"景比迈"

节名	别称	族名	时间	流行地区	活动内容	备注
骡马会	三月骡马会	纳西族	夏历三月或七月,会期7天	云南丽江地区	有买卖牛、羊、马等牲畜,交流各地土特产活动,举行赛马,演滇戏等	
仡佬年	过年	仡佬族	夏历三月三日	贵州仁怀地区	祭祖,祭山神,秧苗土地,点放火炮,跳芦笙舞,唱民歌,打秋千,打篾蛋等活动,祭毕宴饮	
乞脱乞迪尔节		塔吉克族	夏历三月间	新疆塔什库尔干地区	举行大扫除,迎福,亲友拜节以及习习羊、跳舞、摔跤,打马球等活动	"乞脱乞迪尔"意为"清除烟尘"
花婆节	婆王诞	仡佬族	夏历三月初三	广西罗城等地	各村赛拜婆王,祈求保护小孩平安成长,祭后宴饮,有新生儿人家要分红蛋	
爬坡节	爬山节	苗族	节期各地不一。有夏历三月十六,四月下旬,四月八日,六月十九日等	贵州施秉、雷山、麻江、凯里	举行爬山活动,同时开展赛马、踩芦笙,斗雀和歌唱活动	

节名	别称	族名	时间	流行地区	活动内容	备注
歌圩	欢龙洞、欢墩、欢敢、欢歌、跳月圩、欢浪花	壮族	多在春秋两季举行，春季多在春节，以夏历三月三最为隆重，秋季多选在中秋节前后。为期数天	广西	传说为纪念歌仙刘三姐，有煮五色糯米饭，招待亲友，并举行对歌、赛歌、抛绣球、放花炮、碰蛋、放球、还球以及舞龙、舞狮、拳术、演壮戏等活动	
浴佛节	浴佛会、乌饭节	汉、藏等族	夏历四月初八日	汉族地区及部分少数民族地区	有浴佛、放生、吃乌饭等风俗	
立夏节		汉族	夏历四月间（公历5月6日前后）	汉族地区	古代有迎夏、祭神等仪式，民间有尝新、七家茶、称人、吃补食等风俗	
四月八	牛王节（布依）、牧童节（布依）、开秧节（布依）	苗、壮、布依、侗、畲、水、仫佬等族	夏历四月初八日	以上少数民族居住地区	有爬山、对歌、纪念亚努（苗族）和给牛洗澡、吃糯米饭等风俗	
跳公节	跳弓节	彝族	夏历四月初三。各村轮流过节三天。	广西那坡县	有跳金竹舞、祭祖等活动。长者走亲访友，交流生产经验；男女青年对歌	

节 名	别 称	族 名	时 间	流行地区	活动内容	备 注
姑娘节		侗族	夏历四月初八日	湖南、贵州、广西毗连地区	出嫁女儿回娘家，有吃乌饭或吃乌饭糍粑等风俗	
绕三灵	绕山林、绕桑林	白族	夏历四月二十三至二十五日	云南大理一带	举行祈祝丰收仪式，集体赴本主庙拜神，并有歌舞活动	"绕三灵"，白语叫"观上览"，意即游逛三处园林
杜因拜专扎坤节	娘娘会，四一八节	锡伯族	夏历四月十八日	新疆伊犁地区	有野游、野餐，赶庙会和忆歌舞、赛马、刁羊、射箭等文娱活动	"杜因拜专扎坤"意为"夏历四月十八日"
花儿会		土、回、东乡、撒拉、保安、裕固等族	夏历四月或五、六月间举行，节期1~3天	甘肃、宁夏、青海等地	有拦路同歌，山歌对唱比赛和演唱歌曲，放映电影以及物资交流等活动	
撒班节	犁头节	塔塔尔族	多在初春（夏历四、六月间）举行	新疆	人们载歌载舞、互相拜节庆贺，并举行赛马、摔跤、赛跑、拔河等活动	

节 名	别 称	族 名	时间	流行地区	活动内容	备 注
牛王节	牧童节（布依）开秧节（壮）牛神节（仡佬）	布依、苗、仡佬、壮等族	时间同各族不一。布依、壮族在夏历四月初八；苗族在夏历十月一日；仡佬族在夏历正月初一	贵州、广西等地	有敬牛，给牛洗澡，用糯米饭喂牛的活动。让牛休息一天	
端午节	端午、重午、重五、端阳、天中节、天长节、解粽节、沐兰节、娃娃节、五月节、龙船节、粽包节、女儿节、女娲节、蒲节	汉族以及蒙古、回、藏、苗、彝、壮、布依、朝鲜、侗、瑶、白、土家、哈尼、畲、拉祜、水、纳西、达斡尔、仫佬、羌、仡佬、锡伯、克、普米、裕固、鄂温克、鄂伦春等族	夏历五月初五日	汉族地区和部分少数民族地区	有赛龙舟、划彩连船、挂香袋、戴香包，插菖蒲、斗百草、采药、吃粑粑，对山歌，以及吃粽子、饮雄黄酒等风俗	

节　名	别　称	族　名	时间	流行地区	活动内容	备　注
夕九节	泣九	瑶族	夏历五月二十九日	广西西部	有猫牛皮鼓,相互拜年和举行宴饮等风俗	
祝著节	达努节、祖娘节、二九节、盘古王节、瑶年	瑶族	夏历五月二十九日。其过节的周期,有的地方过3、5年一次,有的则12年过一次	广西都安、巴马等地	聚餐,跳铜鼓舞,兴郎铁玖舞,点冲天炮,打陀螺以及对歌、笑酒等活动	
庙节	分龙节	毛南族	夏历五月	广西环江的上团、下团等地	有祭祀仪式,喂耕牛糯米饭和粉蒸肉,蒸五色糯米饭等风俗以及走亲访友,对唱山歌等活动	
转山会	绕岩洞	普米族	夏历五月初五	云南宁蒗	人们到泸沽湖畔的狮子山下唱歌跳舞,骑马打枪和燃树枝黑山洞,到大爆布处洗澡等活动	
米阔鲁节		鄂温克族	夏历五月二十二日	内蒙古陈巴尔虎旗莫尔格河流域	给马烙印,除环记,剪耳记,剪鬃,割羊尾势,举行宴饮、歌舞庆祝丰收	"米阔鲁",鄂温克语,意为"庆丰收"
龙船节	龙舟节	苗族	夏历五月初五,或五月十四、六、二十七(3天)	贵州东南部和湖南西部	有赛龙舟、跑马、斗牛、踩鼓和游方等活动	

节名	别称	族名	时间	流行地区	活动内容	备注
六月六	六月场,过小年,关秧门节,六月街,六月桥	布依族	夏历六月初六、十六、二十六日的任何一天	云南、贵州	有宰猪杀羊,包粽子供奉祖先,吃五色糯米饭,以及赶场、对歌、掷花包、赶表等活动	
六月六	天贶节,晒虫节,姑娘节,过小年(布依),歌节,花儿会	汉、苗、壮、布依、侗、水、仡佬、土家、撒拉等族	夏历六月六日	汉族地区及部分少数民族地区	有晒书、曝晒衣物,翻晒经卷,赛马,对歌以及沐浴、浣发,观阴晴,猫狗浴等俗	
火把节	星回节	彝、白、哈尼、傈僳、佤、拉祜、纳西、普米、朗等族	一般从夏历六月二十四日起,至二十五或二十六日。也有在六月二十五日或八月二十四日	彝、白等族居住地区	入夜燃点火把,绕山坡田间漫游;举行泼火、斗牛、摔跤及歌舞、宴饮,并有吃饦饦肉等饮食风俗	
赶花街		彝族	一年两次。一次在夏历六月二十四;第二次在七月十四、十五	云南峨山、新平、双柏一带	有交流物资、跳舞、唱歌、谈情说爱等活动	

节名	别称	族名	时间	流行地区	活动内容	备注
流头节	流头日	朝鲜族	夏历六月十五日	黑龙江、吉林、辽宁等地	具酒食，就东流水头沐浴宴乐，食水团，行龙神祭或水神祭	
绕海会		白族	夏历六月十五日	云南剑川地区	绕剑湖一周，方式同"绕三灵"	
六月年	苦扎扎、那苦扎	哈尼族	夏历六月二十四日前后。节期3~6天	云南南部	有杀牲祭祖、祭神，吃新米饭，荡秋千，跳舞，吟唱史诗等活动，以及扎火把，照角落，送鬼魔等	
尝新节		苗、布朗、布依、瑶、侗等族	夏历六、七月新谷登场时举行	以上少数民族地区	以稻苞或新米饭为供品，祭祖先，有尝新及赛马、斗牛、拨河、斗雀、跳芦笙舞等活动	
七夕	乞巧节、女儿节、少女节、双七节、香桥会、巧节会、鹊桥会、香日	汉、朝鲜、白等族	夏历七月初七日	汉族地区及部分少数民族地区	有乞巧、要七姑娘、比巧芽、曝衣、种谷板、乞双七水、七娘会、香桥会、听私语、接牛女泪、穿七孔针、看蜘蛛网、拾天粉、放河灯（白族）等风俗	
吃信节		苗族	夏历七月的戊日，节期4天	贵州台江、交包寨一带	有斗牛、斗雀、跳芦笙、打球等活动，男女青年有对歌活动	
立秋节		汉族	夏历七月间（公历8月8日前后）	汉族地区	古代有迎秋仪式和摸秋、戴楸叶、食赤小豆等风俗，民间有祥人、吃瓜、尝新等活动	

节名	别称	族名	时间	流行地区	活动内容	备注
台望节		瑶族	夏历二月十七日晚	广西西部	有登高、赏月、对歌、帮歌、占卜一年气候等活动	
中元节	盂兰盆节、鬼节、目连节、七月半年节、七月半	汉、蒙古、苗、彝、壮、布依、瑶、白、土家、水、仫佬尔、毛南、布朗、仡佬等族	夏历七月十五日	汉族地区及部分少数民族地区	旧时有盂兰盆会、祭鬼等习俗，现民间有放河灯、祭祖等活动。演出《目连救母》	
海坡会		纳西族	夏历七月	云南永宁泸沽湖一带	男女青年载歌载舞以结交阿注等活动	
丰年祭	丰收节、丰获节、收获节、马拉努祭、莫拉期塔	高山族(除雅美人外)	时间各地不一，有在夏历七月末、八月初，也有在七月份，节期3～4天	台湾、福建	其项目包括筑路祭、社祭、路祭、家祭、敬神祭、迎神祭、家祭、歌舞祭等。节日期间，各地还举行编花冠、烤肉、做竹筒饭、搭茅屋、春米等比赛和唱杯歌、跳摆舞、泼水、赛河、摔跤、射箭等活动	莫拉努·马拉期塔为高山族邵人语，意思是通过祭祀祖灵，祈求丰收、人畜兴旺
纳顿	七月会、庆丰收会、庄稼人会	土族	夏历七月中旬到九月中旬，会期1天	青海民和县官亭、中川、甘沟一带	吃蒸饼，迎"会手"和舞蹈表演	"纳顿"系蒙古语"那达慕"的借词，即"游要""跑庙会"之意

节 名	别 称	族 名	时 间	流行地区	活动内容	备 注
中秋节	团圆节、八月节、秋节、女儿节、青会、走坡节	汉、蒙、回、彝、壮、布依、白、哈、朝鲜、土家、傈僳、侗、黎、拉祜、纳西、羌、仡佬、达斡尔、高山、锡伯、裕固、京、鄂伦春、鄂温克、赫哲等族	夏历八月十五日	汉族地区及部分少数民族地区	有玩月、拜月、步月、吃月饼、团圆饼、守月华、烧斗香、舞火龙、点塔灯、放天灯、放河灯以及搭望月架望月亮（朝鲜族），以牛心祭祖（仡佬族），放花灯（壮）等风俗	
秋夕节	嘉俳	朝鲜族	夏历八月十五日	吉林、辽宁、黑龙江等地	有祭祖、扫墓、喂牛戏、龟戏、索战、狮子戏、踏地神（农乐）及跳舞等活动	秋夕节，朝鲜语叫"嘉俳"
赶坪节		侗族	夏历八月十五、十六两天	贵州黎平古邦一带	有芦笙会、对歌，演侗戏等活动	
新米节	团圆节	景颇族、傈僳族	夏历八月九月或十月在谷子成熟后分户举行	云南景颇族地区、傈僳族居住地区	举行祈祷仪式和尝新米等活动，并交流生产经验	
后生节		仫佬族	夏历八月十五日	广西罗城等地	举行"走坡"，唱山歌、互送月饼和布帛鞋等信物	

节 名	别 称	族 名	时 间	流行地区	活动内容	备 注
马奶节		蒙古族	夏历八月末，节期1天	内蒙古锡林郭勒草原	骑马乘车，带马奶酒聚会。杀羊宰牛，备奶食，煮手扒肉宴饮。有赛马，歌舞，献诗等活动	
老人节		朝鲜族	无统一日期，延边地区在夏历八月十五日	吉林、黑龙江、辽宁等地	向老人祝寿，青年表演文艺节目	
重阳节	重九节、九月九、登高节、茱萸节、女儿节、菊花节	汉、蒙、彝、布依、白、苗、侗、畲、仡佬等族	夏历九月九日	汉族地区及部分少数民族地区	有登高，送花糕，吃重阳糕，插茱萸，赏菊，饮菊花酒，食蟹，放风筝，以及对歌，斗牛，打围，骑射等习俗	
吾司扎	尝新节、吃新米节、赊包谷节	拉祜族	夏历九月、六月2天	云南	有祭祖，向神灵献新米，宴请外寨亲友，吃团结饭等活动	
会街	熬露	阿昌族	夏历九月初十日到十四日，会期5天	云南陇川、梁河等地	有耍白象和跳舞，唱歌等娱乐活动	"熬露"为阿昌语
芦笙节	九月芦笙会	苗族	春节之后，春耕之前，也有在夏历九月至二十九日	贵州东南部	有跳芦笙，对歌，拔河，赛马以及文艺表演等活动	

节名	别称	族名	时间	流行地区	活动内容	备注
苗年	冷酿鏊	苗族	夏历九、十月或十一月的卯日或丑日举行，时间3天，也有10～15天	贵州黔东南苗族、侗族自治州和广西壮族自治区大苗山等地区	祭祖、开财门、敬年神，走村串寨、访亲会友，还有斗牛、赛马、跳芦笙舞、踩花山等活动	苗年，苗语叫"冷酿鏊"
立冬节		汉族	夏历十月间（公历11月7日前后）	汉族地区	古代有迎冬、祭神仪式，民间有办冬学、扫疥，占晴雨等风俗	
寒衣节	鬼节、送寒衣	汉族	夏历十月初一	汉族地区	上坟，为死者送纸、烧纸糊衣服等风俗	
十月年	年收扎勒特节、大年	哈尼族	夏历十月第一个属龙日，历时5～6天或7～8天不等	云南南部	杀猪宰牛、舂粑粑、蒸黄糯米饭，祭天地祖宗、办酒宴，出嫁的姑娘回娘家献祖过年，以及荡秋千、摔跤、舞蹈等活动	"年收"是新年的意思，"扎勒特"是"捏团子"的意思
羌年		羌族	夏历十月初一	四川茂汶（阿坝一带）	有敬神、祭祖、拜年和喝咂酒，唱酒歌、跳锅庄舞等活动	
牛王节	敬牛王菩萨、祭牛王、牛神节	仡佬族	夏历十月一日	贵州仁怀、遵义地区	有杀鸡、备酒，敬奉牛王和浴牛，为牛披红挂彩，给牛吃糯米糍粑等活动	

节 名	别 称	族 名	时 间	流行地区	活动内容	备 注
依饭节	喜乐愿	仫佬族	夏历十月举行	广西罗城等地	各家杀猪杀鸡,包粽粑,聚饮,并有"走坡",唱歌,跳舞等文娱活动	依饭,为仫佬语音译,意为"庆丰收,保人畜"
九月大会	十月大会	裕固族	夏历十月二十四日至二十六日	甘肃肃南裕固族地区	人们汇集寺院向宗喀巴像烧香、叩头,有诵经,吹号,敲鼓,吃手抓羊肉,炸馃子等活动	
倒稿节		瑶族	夏历十月十六日	湖南江华一带	有斗牛,吃倒稿饭,唱丰收歌"等活动	"倒稿",意为"丰收"
耍歌堂节	歌堂节,耍望节,耍歌堂	瑶族	每3~5年举行一次。一般在夏历十月十六日举行,历时3~5天不等	广东连南,连山八排瑶族居住地区	有祭拜祖公神像和烧篝火,对歌,以及做糯米糍粑招待亲友等风俗	耍歌堂,瑶语意为庆丰收
冬至节	冬节,交冬,亚岁,长至节,贺冬节,一阳节	汉,彝,壮,朝鲜,白,黎,畲,仫佬等族	夏历十一月间(公历12月22日前后)	汉族地区和部分少数民族地区	有祭祖,拜贺,做冬节,送冬盘以及吃饺子,吃馄饨,吃汤团等风俗	
冬 节	扬节,吃扬节,侗年	侗族	夏历十一月初一	贵州,湖南,广西毗连地区	有吃糯米糍粑,宰鸡杀鸭,吃酸鱼,花酸菜,以及拜年,斗牛等活动	

节名	别称	族名	时间	流行地区	活动内容	备注
扣扎	过年	拉祜族	夏历十一月至次年正月间,节期3天	云南金平	有杀猪、拜年、宴饮等活动	
除夕	除夜、大年夜、年三十、过年	汉、蒙、壮、布依、朝鲜、满、哈尼、土家、拉祜、达斡尔、鄂温克、鄂伦春、赫哲等族	夏历十二月最后一天晚上	汉族地区及部分少数民族地区	有接灶、贴春联、贴窗花、挂年画以及祀年、祭祖、辞岁、拜年、团拜、吃年饭、喝分岁酒、留宿岁饭、守岁、给压岁钱等活动	
密枝节	祭密枝	彝族	夏历十二月前后,亦有在十二月三十日	云南弥勒、路南圭山,大理巍山等地	各村男子杀绵羊前往密枝林中祭场祭祀,由毕摩诵祭神经。并有赶雀等活动	
过赶年	赶年	土家族	夏历十二月二十九日(汉族二十八日的前一天)	湖南西部和湖北西部地区	有祭祖、同树、守田埂,以及吃蒸坨肉和合菜等风俗。还举行跳摆手舞、演小戏、和竞技、贸易、集会等活动	
小年		仡佬族	夏历十二月三十或七月初六	贵州遵义、毕节、仁怀等地	杀年猪(或牛羊)祭祖	

节名	别称	族名	时间	流行地区	活动内容	备注
大年	大过年	普米族	夏历十二月二十三日开始，直到翌年正月，节期3天至15天	云南宁蒗、兰坪、丽江、维西、永胜、和四川木里、盐源等地	除夕有祭祖、守岁等习俗，正月初一有背净水、举行成年礼以及露营、篝火晚会、射弩、赛马、摔跤、跳高、踢毽子等活动	
卡雀哇		独龙族	夏历十二月间举行	云南	互相拜节，宾主共饮同心酒，并举行剽牛祭天活动，祝愿来年生产丰收，人畜平安	卡雀哇，意为"集中族人祭祀"
特毛且	打铁节	基诺族	夏历十二月或翌年一月内择吉日举行	云南西双版纳傣族自治州景洪基诺山区	剽牛祭天和举行打铁备耕等象征性仪式，敲牛皮大鼓、跳芦笙、竹筒合奏、翻竹等活动	特毛且，即"过年"，意为大家打铁，准备生产工具，故又名"打铁节"
扣加	过年	拉祜族	夏历腊月举行，节期7天	云南耿马	合村杀猪一头，分到各户，有祭祖、宴饮等活动	
那达慕大会	那达慕、那雅尔	蒙古族	多在夏、秋季节"放包"祭祀时举行，一般一年举行一次	内蒙古、新疆、辽宁、吉林、黑龙江、甘肃、青海等地	有祭敖包和摔跤、赛马、射箭、棋艺、歌舞以及贸易等活动	那达慕，蒙古语，是"游戏"或"娱乐"之意

节名	别称	族名	时间	流行地区	活动内容	备注
圣纪节	圣纪节、圣纪会、圣会、圣忌、冒路德节	回、维吾尔、哈萨克、东乡、柯尔克孜、撒拉、乌孜别克、塔吉克、塔塔尔、保安等族	伊斯兰教历三月十二日	以上少数民族居住地区	清真寺举行颂经，赞圣和讲述穆罕默德的生平轶事，家家宰牛宰羊，炸油香，做子招待客人、亲友拜节祝贺	为纪念穆圣诞生日与逝世日
开斋节	尔德、菲图尔、大开斋、大年、大聚、大会礼、肉孜节、尔德节、大尔德、小尔德	回、维吾尔、哈萨克、东乡、柯尔克孜、撒拉、乌孜别克、塔吉克、塔塔尔、保安等族	伊斯兰教历十月一日	以上少数民族居住地区	节前打扫院落，粉刷房屋，准备清真食品。人们沐浴更衣，聚集清真寺或荒郊举行会礼。有拜节，游坟扫墓，唱歌跳舞等活动。有的民族还举行赠送节日食品，射箭，赛马，摔跤等娱乐活动	开斋节为阿拉伯语"尔德·菲图尔"的意译；"肉孜"为波斯语，意为"斋戒"，"尔德"为阿拉伯语，意为"节日"
古尔邦节	宰牲节、献牲节、忠孝节、尔德节、大会礼日、尔德节、库尔班节、小开斋节	回、维吾尔、哈萨克、东乡、柯尔克孜、撒拉、乌孜别克、塔吉克、塔塔尔、保安等族	伊斯兰教历十二月十日	以上少数民族居住地区	人们沐浴焚香，到清真寺举行会礼，观看宰牲仪式，并互相拜节，举行歌舞集会，宰羊、赛马、摔跤和姑娘追等娱乐活动	古尔邦节，阿拉伯语称"尔德·古尔邦"，也称"尔德·艾祖哈"。"尔德"是节日之意，"古尔邦"和"艾祖哈"均含"牺牲"、"献牲"之意

节　名	别　称	族　名	时间	流行地区	活动内容	备　注
藏历年	洛萨尔	藏族及路巴、门巴等族	一般藏历正月一日(拉萨)或十一月一日(昌都),或十二月一日(年楚河以南地区)	西藏及青海、四川、甘肃、云南等地藏族居住区	过年前夕,有吃团圆饭、食土粑,喝青稞酒,吃煎炸果子,手抓羊肉等风俗。初一晨有背吉祥水,互献哈达,逛"林卡"相互拜年,互献哈达,逛"林卡"和跳锅庄舞、赛马、角力、射箭、赛牦牛、披河,唱山歌等活动	"林卡"指园林,公园
传召	攒召,默朗青波	藏族	藏历正月上半月	西藏地区	喇嘛云集拉萨。团体诵经,人们到寺庙去"放布施"	
萨噶达瓦节	沙岗达娃(门巴族)	藏族及门巴族	藏历四月十五日	西藏地区.	拉萨地区,在布达拉宫背后的龙王潭畔搭起帐篷,有歌舞,乘坐牛皮船等活动。云南地区则举行盛大法会,朝拜达摩山,有绕山仪式。错那县门巴族,各户出屋酥油、糌粑,晚上屋前屋后点灯庆祝	纪念释迦牟尼诞生,圆寂,成佛和文成公主进藏成亲的日子
藏戏节	藏戏节	藏族	藏历七月初一,连续4、5天	西藏地区	各地藏剧团齐聚拉萨的罗布卡,举行盛大演出会,民间有吃酸奶子习俗	"雪",藏语,即吃酸奶子;"顿",藏语,为宴请的意思,即"雪顿节","吃酸奶子的节日"

节名	别称	族名	时间	流行地区	活动内容	备注
望果节	旺果节、雀可节(门巴族)	藏族及珞巴、门巴等族	秋收前选择一吉日举行。1~3天不等	西藏地区	结队骑马,绕地头转圈,歌舞、拔河、赛马、射箭等活动,预祝农业丰收	"望"藏语指田地;"果"藏语指转圈
冰浴节	冰浴周、嘎玛日吉	藏族	藏历七月上旬,一周时间。	西藏等地	有到江湖下水游戏、游泳、冰浴和到野外进餐等活动	"嘎玛日吉",藏语,意为"洗澡"
都瓦节	超度亡魂节	维吾尔族	与汉族清明节相似,无固定节期	新疆喀什、和田等地	有游坟、超度亡魂等风俗	
彝年		彝族	时间因地而异,由毕摩占卜而定,一般在彝历十月上旬择一吉日举行。节期3~5天	四川凉山地区	人们走访亲友、相互拜年,并有歌舞(压板)、转磨秋、腾斗(斗鸡)、赛马、射箭、角力等活动	毕摩为彝族巫师
关门节	奥瓦萨、进洼	傣、布朗、德昂、佤等族	傣历九月十五日	云南	人们停止外出,禁止青年谈情爱和结婚,集中力量搞好生产;举行盛大的"赕佛"活动,以食物、鲜花、银币、纸币等献佛,并有歌舞活动	

节 名	别 称	族 名	时 间	流行地区	活动内容	备 注
开门节	豪瓦萨、出隆	傣、布朗、德昂、佤等族	傣历十二月十五日	云南	人们去佛寺拜佛，以食物、鲜花、腊条、钱币献佛，举行娱乐集会，放火花、高升、点孔明灯、跳舞，并舞灯环游各村寨，庆祝斋期结束	
卯节	借卯、歌节	水族	每年水历九、十月卯日，五、六月（夏历）择一卯日举行	贵州三都、荔波等地	有祭祖，唱歌，跳舞以及击铜鼓和皮鼓等活动	凡过卯节的地方即不过端节
端节	借端、过端	水族	每年水历十二月下旬至次年二月上旬（即夏历十一月下旬至十二月上旬），逢亥日或午、未日，各地各村轮流过端	贵州	有吹芦笙，敲铜鼓，唱民歌，跳舞，赛马、斗牛、拨河，演出花灯剧等娱乐活动和吃鱼包韭菜，喝年酒等饮食风俗	端节，水语叫"借端"，意为"借年"过年
巴罗提节	点灯节	塔吉克族	伊斯兰教历八月间，历时2天	新疆塔什库尔干地区	有点燃小酥油烛和酥油火把，祈祷上天降福和招来吉祥以及扫墓活动	

节名	别称	族名	时间	流行地区	活动内容	备注
诺劳孜节		柯尔克孜族	按柯尔克孜历计算,相当于公历3月22日	新疆	举行祭祀仪式,有烧松柏火,跳火堆和吃用七种以上食物做成的"克缺饭"等风俗。人们骑马相互兑拜年,进行赛马,马术表演以及刁羊、摔跤、荡秋千、唱歌、跳舞等活动	"诺劳孜",为伊朗语,意为"春雨日"
洛沙	达娃脚又巴洛莎,达娃堂波洛莎	门巴族	藏历元月初一至十五日	西藏错那、墨脱一带	有枪水、拜年、唱歌、跳舞、聚会,演戏聚会风俗	
珞巴年	旭独龙节,洞更谷乳木节	珞巴族	各地节期不一或藏历十二月,或二月,都在一年的收获季节后	西藏珞渝地区	请巫师念经,村落举行氏族聚会,有饮酒,听本民族历史故事,跳舞等活动	"洞更谷乳木",珞巴语,意为"过年的节日"

二、岁时节令

历书与历法

　　历书是根据历法用年、月、日编排的一种印刷品,它是协调人们的行动和安排各种活动不可缺少的东西。

　　古代的历书称为"皇历",这是因为唐朝文宗皇帝曾下令:历书必须由皇帝亲自审定,并只许官印禁止私刊。每年至除夕,皇帝就把新历书赐给文武百官,受赐的臣子受宠若惊,立即上表颂谢皇恩。所以至今还有人把历书称"皇历"。"老皇历"一词便由此而来。唐德宗贞元二十一年(785)制历大臣专为宫廷设计了一种日历,每天一页,既有时令,又可记事。如国家大事、宫廷要闻、帝王言行、天气阴晴都可如实登载。年终汇集一起,便是一套有价值的资料,很像如今的台历。

　　我国古代的典籍之林中,有一本有关天文历法的著作,名叫《夏小正》,保留于《大戴礼记》。书中记载一年十二月有关天象、农作物生长及其他物候季节变化情况。从中可以窥见古代大自然的整体面貌,候鸟飞去又复还;昆虫蛰醒、产卵、鸣叫;梅花和桃花的结实,又被人们制成调料等。它还提醒人们种黍、种麦、捕鱼、牧羊、驯鹿、养马等。所记的这些生态现象,经现在科学家考察认为,大多数的结论还是正确或有一定道理的。可见在世界大部分地方还沉浸在蒙昧之中的时候,我们的祖先就有了这部不同凡响的科普物候历了。

明清以后的历书在内容上迎合了封建统治者的需要,在年月日时,生产物候和文史知识等之外,被涂上了相当的封建迷信色彩,渗入了若干"择吉算命""关煞禁忌"之类骗人的货色。建国后国家十分重视历书的编辑、出版和发行,在内容上增加了科技文化含量,紧密结合生产实际,更加体现了人民生活和社会需要,受到人们的欢迎。

历书(也称通书),是根据历法编排的,而历法则是按天体运行规律制定出来的。

在几千年以前,人类长期过着"山中无历日,寒暑不知年"的生活,只能按太阳的升落来生活起居。后来,首先对昼夜交替的一"日"和寒暑变更的一"年",有了计时观念;接着又把太阴的盈亏变化周期作为一"月"的记时单位。

所谓历法,就是把年、月、日、时等计时单位按照一定的法则进行组合,便于记录和计算的时间序列。这种序列同时又符合天体运动的规律和地面物候变化的实际。

我国是从事天文研究较早的国家。也一直十分重视历法的制定。据《汉书·艺文志》记载,早在秦以前就有了古历六种。以后每个朝代,屡经变革,历法仍在不时修改,先后曾出现历法百种以上。到了明清,历法臻于完善,基本定型。

由于历书是根据天体、物象和人们的生产生活需要而产生的,因此国家民族不同,历法也就各异,直到今天世界各国的历法仍名目繁多,异彩纷呈,但如果按其本质归纳起来,主要有三种。

一是阳历,全称太阳历或纯阳历,是以太阳运动为主要依据而制定的。以地球绕太阳一周的时间为一年,平年365天闰年366天。一年分为十二个月,一、三、五、七、八、十、十二月为大月,每月三十一天;四、六、九、十一月为小月,每月三十天;二月是二十八天。但因地球绕太阳一周实际为365.24219天(太阳年),所以每四百年中有九十七个闰年,闰年在二月末加一天,全年是366天。现在国际通用的公历就是阳历的一种。

公历以公元纪年为标准。公历纪元又称基督纪年,是目前世界上多数国家采用的一种纪年法。因它采用累计方法纪年,简便宜记。它以传说中的耶稣基督降生年为公元元年(相当于我国西汉平帝元年)。这种纪年法开始在教会中使用,直到公元16世纪先后为欧洲各基督教国家采用。我国于辛亥革命后的1912年起采用公历。新中国成立后仍以前制。

二是阴历,也称太阴历,是根据地球的卫星——月亮圆缺盈亏变化的周期而制定的。以月球绕地球一周的时间(29.5305天)为一月,大月三十天,小月二十九天,积十二个月为一年,一年354天或355天。

阴历的日期表示着一定的月相。初一是朔(新月),十五、十六或十七是望(满月),初七、八是上弦月,二十二、二十三是下弦月。月相变化是人们很容易直接看到的天相,所以各国的历史上大都首先采用太阴历,后采用太阳历。伊斯兰教历就是阴历的一种。现在也只在阿拉伯和非洲一些国家保留。

三是阴阳历,它兼有阴历和阳历的性质。主要特征是按月相盈亏变化的周期来定月,又按照寒暑节气的周期来调整年的长度。由于月球绕地球一周是29.5305天,不是一个整数,因此又分小月与大月,小月二十九天,大月三十天。一年又分十二个月,但它的十二个月总天数不足一个回归年,大约每年相差十一天,因此为了与回归年统一，又规定了"三年一闰，十九年七闰"的方法，闰年为十三个月。平年总天数小于一个回归年，闰年总天数大于一个回归年，十九年中的平均值就基本与回归年一致了。据说古代的巴比伦历、希腊历和我国的太初历、大明历、皇极历、奉元历等都是阴阳历。在人们的长期生活中，阴阳历一直被用来指示农时，与农业生产息息相关，后来人们干脆把它叫"农历"，沿袭至今。因这种历法相传始于我国夏代，所以又称"夏历"。

阳历、阴历各有所长，而阴阳历则可截长取短，互相补充。阳历虽然能指示季节，能准确地确定地球在黄道上的位置，但却不能反映月球与地球的关系。阴历能反映月相变化，而月相变化又与地球潮汐、海流、气象、地震、日月食都有密切关系。同时它的正月比阳历的元旦更接近春季的开始，春节又正好在冬忙之余，春耕之前的岁寒时节，在这样的时节庆祝新春，最为适宜，所以公历将与农历长期并存下去。

中国历法的演变

历法，推算岁时节候的方法。是年、月、日等计时单位，按照一定法则组合，以便计算较长时间的系统。一般的以天象为依据。我国的历法，历史悠久，丰富多彩，是优秀的文化遗产之一。以下简介几种古历：

夏历：我国古代历法之一。西汉初年流传着所谓六种古历，即黄帝、颛顼、夏、殷、周及鲁历。古代历法有以建子、建丑、建寅三个月的朔日为首的。夏历以建寅之月为正月。

殷历：以建丑之月（即夏历的十二月）为正月。至于殷时有无历法，内容如何，与其他历法的根本区别等，有人质疑，尚在考证中。

周历：西周开始使用的历法，以建子之月（夏历的十一月）为

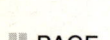

岁首。

太初历："至武帝元封七年（前104），汉兴百二岁矣"，汉武帝刘彻采纳了大中大夫公孙卿、壶遂、太史令司马迁等"历纪坏废，宜改正朔"的谏议，制定并颁行了"太初历"，恢复了《夏历》制，以孟春正月（建寅）为岁首之月。这个规定大约延续了两千多年，一直到清朝末年。人们称"行夏之时"。

大明历：南朝宋、齐时杰出的科学家祖冲之编制。首次把岁差计算在内，并改进闰法。开始规定一年有365.2428天，和当时地球绕太阳一周的实际周期差数不到50秒，比当时其他历法更为精确。

十二气历：北宋沈括创制的一种历法，记载于《梦溪笔谈》中。规定按节气定月，不管月亮的朔望，以十二气为一年，立春之日为元旦，惊蛰为二月一日，依此类推；一年365天，大月31天，小月30天，一般大月小月相同，彻底实行"太阳历"。这种历法有利于农事安排，对农业生产来说，比现行的公历（阳历），还要合理。八百多年后（1890）英国出现过类似的历法；在太平天国的"天历"中也有反映。

授时历：元朝郭守敬与王恂、许衡等人共同编制的。因古语有"历象日月星辰，敬授人时"而得名。于元至正十七年（1280）完成，十八年开始实施。曾实行三百六十年。比过去的旧历精确，且有新的成就。吸取前人的经验，又经过实际观测，以365.2425日为一年，29.530593日为一月；将一年的二十四分之一作为一气，以缺中气的月份为闰月。一年同地球绕太阳运行一周的时间只差26秒，和现行的公历格利哥里历相同，但要早出现三百年。明代颁行的《大统历》基本上沿袭《授时历》，两者加在一起，施行共三百六十四年，是我国古代实施最久的历法。

年·载·岁·祀

百节年为首。中华民族的传统中有许多绚丽多彩的节日,但是要说最隆重,最有影响,最能体现民族特色的,还要算岁首正月的过年了。

大家都知道,年,不仅是一个节日,也是时间的概念,计时的单位。地球绕太阳从某一定标点又回到同一标点所经历的时间就称"回归年"。一年全长 365.2425 天。历法上的年为了应用方便,不采取回归年,而是用了完整的天数。公历的平年 365 日,闰年 366 日,每四年一闰,每百年少闰一次。农历是根据月亮的朔望共 12 个月算一年。一年 354 天,每三年一闰年,闰年是 383 或 384 天。

又因为年这个时间概念,最初是根据农作物生长周期循环而形成的。庄稼每岁一熟,故以年名岁。"周以稼穑兴",我国大概从西周开始,才有了"年"这个名字。

民间流传的一句俗语说"一年半载",虽然它至今还未被学界重视而录入辞典或成语之中,但把"年"与"载"相提并论,总是有些来头的。穷原竟委,载,也是年的别称,不过载的形成要比年早得多。《书·尧典》中记:"九载绩用弗成";《书·舜典》"帝曰:格,汝舜!询事考言,乃言底可绩,三载";《大禹谟》:"朕宅帝位,三十有三载"。可见唐尧、虞舜时把年称为载。又据《旧唐书·玄宗纪》说:于唐天宝三年,改年为载,至肃宗乾元元年复旧,凡十四年。

"载"字意符从车,本意是乘载。《说文》也说:"载,乘也。"至于载的年岁之意,许多注家曾作过诠释。孙炎注云:"载,取万物更始也。"郭璞也注云:"取物终更始。""离离原上草,一岁一枯荣"。大概当没有历法的时候,先民只能以草木枯荣作为时节的标志。为了确定年岁和时令,必须时刻密切注意观察物候,如:草木的萌生与枯落,作物的春华与秋实,候鸟的飞来又飞去,降霜下雪、河封冰开、昆虫蛰起等。经过实践、总结,再实践、再总结,又结合天象变化的研究,才产生了历法。我国古代很多文献均记载有各民族使用过的观察物候来记载岁时的物候历。《魏书》谓,羌族"俗无文字,但候草木枯荣以记岁时";《隋书·流求传》说台湾习俗,"俗无文字,望月亏盈以记时,候草药枯以为年岁";宋彭大雅、徐霆的《黑鞑事略》也说,居住在大草原的蒙古族人在成吉思汗以前仍用着以"草青则为一年"的历法。

叙述到此,还得说一说与年并称和并用的"岁"与"祀"。

岁,繁体写作"歲"。一年为一岁。《书·尧典》:"朞(今以"期"代),三百有六旬有六日,以闰月定四时,成岁。"《诗·魏风·硕鼠》:"三岁贯汝,莫我肯顾。"

岁,取岁星运行一次之意。岁星,即木星。在黄道带里每年经过一宫,约十二年运行一周天。我国古代用以纪年。

据说:以岁名年,行于夏代。

祀,有两种解释:一是祭祀,二是殷代特指年。殷代实行"殷历",以农历十二月为岁首,并以此月为祭祀天地祖宗之月,举行"合祭"百神之礼,因改岁为祀。《国语·周上》:"夫祀,国之大节也。"《书·伊训》:"惟元祀,十有二月,乙丑,伊尹祠於先王。"注:"祀,年也。"接着又说:"夏曰岁,商(殷)曰祀,周曰年,唐虞曰载。"从而也概括了笔者写本篇文字的内容。

干支纪年

我国目前除采用公历外,仍沿用夏历这一传统历法,其纪年使用的是干支纪年法。

干支,是天干地支的合称。天干、地支,也叫十干十二支,是我国古代发明的计时方法。天干的"天"表示在上,干表示为主。

通常用甲、乙、丙、丁、戊、己、庚、辛、壬、癸这十个符号表示次序，组成六十干支时这十个符号写在上边或前边，所以这十个符号总称为十天干；地支的"地"表示在下，支表示为从。通常用子、丑、寅、卯、辰、巳、午、未、申、酉、戌、亥这12个符号表示地支次序，总称十二地支。组成六十干支时这12个符号写在下边或后边。

干支纪年法是采用天干地支记录年序的方法。每年用一组干支表示，甲子开始，癸亥结束，六十年为一周期，周而复始，循环往复。这六十组干支是：甲子、乙丑、丙寅、丁卯、戊辰、己巳、庚午、辛未、壬申、癸酉、甲戌、乙亥、丙子、丁丑、戊寅、己卯、庚辰、辛巳、壬午、癸未、甲申、乙酉、丙戌、丁亥、戊子、己丑、庚寅、辛卯、壬辰、癸巳、甲午、乙未、丙申、丁酉、戊戌、己亥、庚子、辛丑、壬寅、癸卯、甲辰、乙巳、丙午、丁未、戊申、己酉、庚戌、辛亥、壬子、癸

丑、甲寅、乙卯、丙辰、丁巳、戊午、己未、庚申、辛酉、壬戌、癸亥。我国史学中广泛使用干支纪年以表示重大事件的，如戊戌政变、甲午战争、庚子之乱、辛亥革命等。

同十二地支成对应关系的还有十二生肖纪年法。十二生肖以十二种动物组成，它与十二地支的对应为：子鼠、丑牛、寅虎、卯兔、辰龙、巳蛇、午马、未羊、申猴、酉鸡、戌狗、亥猪。只要有子出现，便是鼠年，有丑出现，便知是牛年，余类推。

四季的划分

一年分春、夏、秋、冬四时，每时三月，其第三个月为季月，季月终则进入另一时。因为四时中各有一个季月，所以四时也叫四季。早在汉蔡邕的《月令问答》中已有四季之名。至于四季各从什么时候起，到什么时候止？划分方法很多，归纳起来有以下五种。

其一，按照节气划分。从"立春"到"立夏"为春天；从"立夏"到"立秋"为夏天；从"立秋"到"立冬"为秋天；从"立冬"到"立春"为冬天；

其二，按照农历月份划分。农历正月、二月、三月为春天；四月、五月、六月为夏天；七月、八月、九月为秋天；十月、十一月、腊月为冬天；

其三，按照阳历的月份划分。阳历 3 月、4 月、5 月为春天；6月、7 月、8 月为夏天；9 月、10 月、11 月为秋天；12 月、第二年的 1月、2 月为冬天。

其四，天文学上的划分方法。从"春分"到"夏至"为春季；从"夏至"到"秋分"为夏季；从"秋分"到"冬至"为秋季；从"冬至"到"春分"为冬季。

其五，按照气候划分。气候学上将五日平均气温叫做"候温"，并且规定：候温稳定在 10℃以上，算进入春季，22℃以上算进入秋季，下降到 10℃以下算进入冬季。

我国从古代开始，紧密结合生产和生活的实际，总结出一年四季，春夏秋冬，而且还概括出一年四季有"八风"的基本规律。

俗称的"八风"亦称"八方之风"，即首先是：东、西、南、北风。还有偏方向的东北、西北、东南、西南风。

古时，将每季三个月九十天，划分为两个阶段：立春到春分，

多为东风。春分到立夏，多为东南风。春季三个月，多为东风和东南风。

立夏到夏至，多为南风，夏至到立秋，多为西南风。夏季三个月，多为南风和西南风。

立秋到秋分，多为西风，秋分到立冬，多为西北风。秋季三个月，多为西风和西北风。

立冬到冬至，多为北风，冬至到立春，多为东北风。冬季三个月，多为北风和东北风。

"季"与"月"的别称

节气交易，寒来暑往，一年四季和十二个月的名称，在古籍文献和实际应用中有多种别称，大部分与物候、农事、历史事件与传说有关；也有与阴阳五行，花草果木，民俗事象有关。

释 季

春季称三春，也叫青阳、韵节、苍灵、阳节、九春、艳阳、淑节、阳春、青春。

夏季称三夏，也叫朱明、清夏、炎夏、炎亭、九夏、朱夏、朱律、炎节、长嬴。

秋季称三秋，也叫素商、凄辰、金天、九秋、高商、商节、素节、日藏。

冬季称三冬，也叫严节、元冬、岁余、九冬、青冬、安宁、冬辰、元序。

释 月

一月建寅，称正月、端月、征月、初月、嘉月、三微月、开岁、发岁、献岁、肇岁、芳岁、华岁、早春、孟春、春王、孟阳、孟陬、新正、夏正、三之日、陬月、元月、献春、上春、初春、开春、初景、春岁、青阳、大簇、太簇、泰簇。

二月建卯,称杏月、令月、丽月、花月、仲春、酣春、仲阳、竹秋、如月、冷月、殷月、阳中、夹钟、四之日。

三月建辰,称桃月、蚕月、末春、季春、暮春、晚春、杪春、莺春、桃浪、雩风、嘉月、喜月、樱月、禊月、宿月、寎月、樱笋时。

四月建巳,称槐月、乏月、阴月、麦月、梅月、仲月、初夏、维夏、孟夏、槐夏、麦候、麦序、正阳、纯阳、余月、巳月、乌月、卯月、张月、麦秋、仲吕、井吕、朱明、清和月。

五月建午,称榴月、恶月、蒲月、仲夏、小刑、郁蒸、鸣蜩、天中、皋月、皋月、鹑月、午月、毒月、桔月、微张、中夏。

六月建未,称荷月、焦月、季月、暑月、季夏、精阳、溽暑、徂暑、且月、长夏、晚夏、林钟、百钟、伏月、荔月。

七月建申,称桐月、兰月、凉月、瓜月、巧月、孟秋、肇秋、兰商、首秋、初秋、上秋、早秋、新秋、瓜时、相月、冷月、开秋、绮节、夷则、巧夕、霜月。

八月建酉,称桂月、仲商、仲秋、中秋、正秋、桂秋、叶月、壮月、清秋、秋凉、剥枣、南吕。

九月建戌,称菊月、朽月、三秋、季秋、杪秋、穷林、凉秋、暮秋、暮商、季商、霜序、长月、玄月、末秋、梢秋、杪商、授衣、授衣节、青女月。

十月建亥,称吉月、良月、孟冬、上冬、开冬、初冬、阳月、立冬、方冬、小阳春、正阴月、小春月、寒月。

十一月建子,称葭月、畅月、仲冬、冬月、辜月、云半、冬半、子月、黄钟、黄锤、风寒、芸生、月冻、冬子月、龙潜、一之日。

十二月建丑,称冰月、腊月、严月、除月、季冬、杪冬、暮冬、残冬、末冬、穷节、嘉平、季月、极月、黄冬、晚冬、暮岁、暮节、冬季、节季、雕年、大吕、穷阴、穷冬、穷纪、星回节、二之日。

古观象台

关中十二个月

正月里，新年到。敲锣鼓，放花炮。春联显，红灯照。吃饺子，煮元宵。耍社火，好热闹。

二月里，龙抬头。大仓满，小仓流。爆米花，响锅炉。杏花雨，润如酥。锄麦田，赶春牛。

三月里，正清明。桃花红，柳条青。种瓜豆，闹春耕。祭祖先，去踏青。荡秋千，放风筝。

四月里，到小满。割大麦，收菜蚕。赶集市，人往还，制忙笼，备刀镰。女看娘，情意绵。

五月里，正端阳。屈子溺，汨罗江。吃粽子，饮雄黄。麦上场，人信忙。播晚秋，紧插秧。

六月里，逢天贶。曝经卷，晒丝绸。荷满池，日当头。禾正旺 汗滴土。炒面茶，打油酥。

七月里，正七夕。牛郎星，会织女。喜鹊桥，渡佳期。醪酒熟，待亲戚。秋老虎，正逞机。

八月里,是中秋。虫唧唧,风飕飕。板栗子,大石榴。月饼甜,团圆酥。桂花香,歌满喉。

九月里,过重阳。送花糕,收秋粮。种小麦,露始降。百花凋,菊自黄。登高处,福寿长。

十月里,正冬藏。月朔日,祭祖忙。白昼短,夜苦长。朔风起,雁南翔。穿棉鞋。裹冬装。

冬月里,正天寒。冬至日,数九天。草枯谢,地封严。兽防冻,人御寒。农家肥,送田间。

腊月里,又忙年。腊八粥,糖瓜粘。灶君佬,上青天。剪窗花,扫房间。守除岁,迎新年。

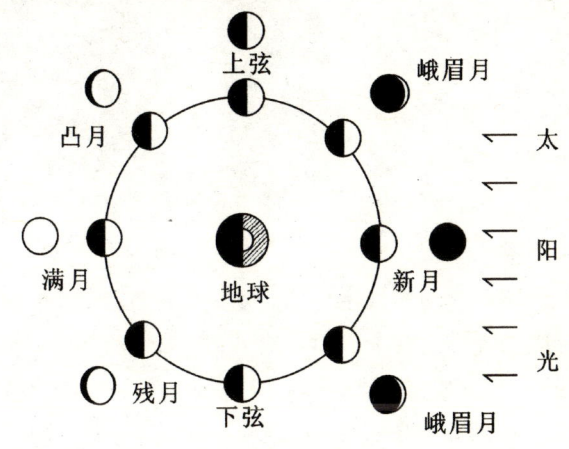

月相变化图

时辰与更次

古时,我国人民利用一定容积铜壶内漏出的水量来计时,称为"铜壶滴漏"的方法来计时。这种计时方法,一直延续到清代才被废除。那时把一昼夜分为十二等份,每一等份称为一个时辰,共十二个时辰。十二时辰,用天干地支中地支的十二个代号表示:子、丑、寅、卯、辰、巳、午、未、申、酉、戌、亥。对应今天的二十四小时:半夜十一点到一点为子时;凌晨一点到三点为丑时;三点到五点为寅时;早晨五点到七点为卯时;上午七点到九点为辰时;九点到十一点为巳时;中午十一点到十三点为午时,其余以此类推。

这样的时辰相当现在的两个小时。自从钟表传入中国以后,人们就把一个时辰称大时,时半个时辰称小时。从此有了"小时"一词。

古人又把一个时辰分为时初和时正两部分。时初四刻,时正四刻。这样一个时辰八刻,一昼夜就是九十六刻了。

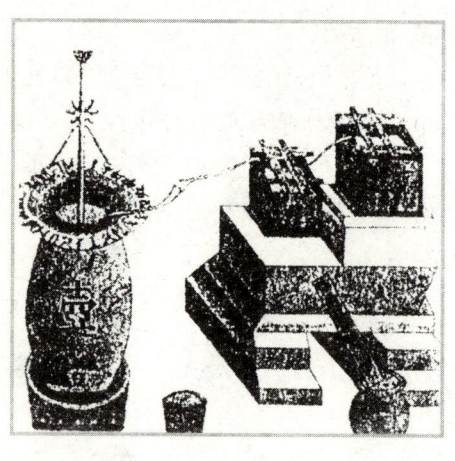

漏 壶

清代皇家对时间的规定更为详细。《大清会典》中写道:"凡候时皆准以昼夜。周日十二时。时八刻。刻十五分。分六十秒。合昼夜皆九十六刻。析之为一千四百四十分。又析之为八万六千四百秒。"一刻钟为十五分,八刻就是一百二十分,也就是两个小时,一个时辰,完全和今天的二十四小时制相同了。

另外,还有个传统的报更(又称打更)计时法,即晚上七点到九点为一更;九点到十一点为二更;午夜十一点到凌晨一点为三更;一点到三点为四更;三点到五点为五更。

报更用的器物,有的响钟,有的击鼓,有的鸣锣,有的敲梆……。《乐府诗集·木兰诗》:"朔气传金柝,寒光照铁衣"的"金柝",就是三足一柄,白天用以炊煮,晚上用以打更巡夜的军用铜器。城镇均设有专门报更的更鼓楼。

很多文艺作品都描述过这夜间的计时单位——五更。如《游龟山》田玉川的唱词:"耳听得谯楼上,三更三点。"民歌《叹五更》中"一呀一更里,月牙儿正偏西"。还有《花亭相会》中,张梅英回忆她在家时陪高文举的五更读书,都说明五更计时是普遍采用而成为习俗的。

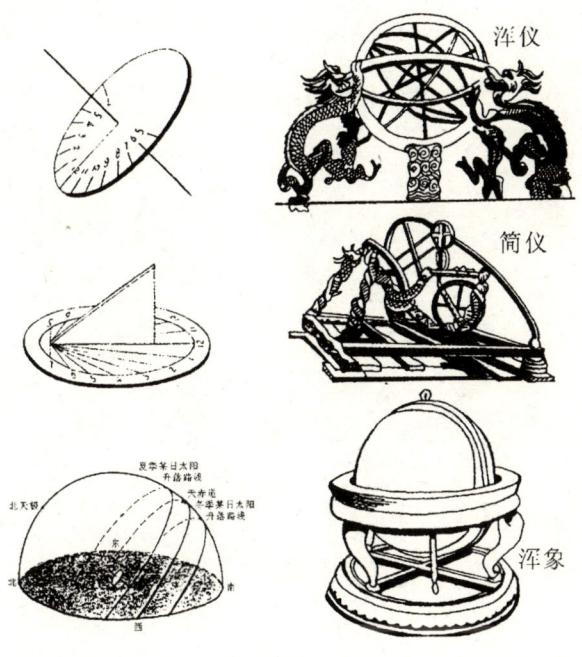

最早的天文仪

三、物候节气

二十四节气

二十四节气是我国节气的总称,起源于我国黄河流域。根据太阳在黄道上的位置,以地球绕太阳公转一周为360°,每隔15°为一个节气。当地球转到这些位置的一瞬间,叫做"节气相交"。所以不仅有日月,还有时和分。二十四节气平均每月有两个,月初称节气,月中称中气。节气有十二个:立春、惊蛰、清明、立夏、芒种、小暑、立秋、白露、寒露、立冬、大雪、小寒;中气也有十二个:雨水、春分、谷雨、小满、夏至、大暑、处暑、秋分、霜降、小雪、冬至、大寒。每个节气都有它的特定含义,其中反映季节变化的有立春、立夏、立秋、立冬、春分、夏至、秋分、冬至;反映气温变化的有小暑、大暑、处暑、小寒、大寒;反映降雨和凝物的有雨水、谷雨、白露、寒露、霜降、小雪、大雪;反映物候和作物生长情况的有惊蛰、清明、小满、芒种。

　　二十四节气是我国人民对天文、气象、物候长期观察、探索的科学总结，是我国独有的伟大科学研究技术成果。早在春秋时，我国人民已有运用"土圭"（亦称圭表）测日影的方法，能测立出春分、秋分、夏至、冬至四大节气。以后，通过若干年和无穷次的农业生产实践，逐渐充实改善，到秦汉年间，二十四节气的科学概念，已被人们公认，并完全确立了下来，成为农事活动的主要依据。

二十四节气表

	节气名	立春 （正月节）	雨水 （正月中）	惊蛰 （二月节）	春分 （二月中）	清明 （三月节）	谷雨 （三月中）
春季	节气开始日期	2月4日或5日	2月18日或19日	3月5日或6日	3月20日或21日	4月4日或5日	4月20日或21日
	太阳到达黄经	315°	330°	345°	0°	15°	30°
	节气名	立夏 （四月节）	小满 （四月中）	芒种 （五月节）	夏至 （五月中）	小暑 （六月节）	大暑 （六月中）
夏季	节气开始日期	5月5日或6日	5月21日或22日	6月5日或6日	6月21日或22日	7月7日或8日	7月22日或23日
	太阳到达黄经	45°	60°	75°	90°	105°	120°
	节气名	立秋 （七月节）	处暑 （七月中）	白露 （八月节）	秋分 （八月中）	寒露 （九月节）	霜降 （九月中）
秋季	节气开始日期	8月7日或8日	8月23日或24日	9月7日或8日	9月23日或24日	10月8日或9日	10月23日或24日
	太阳到达黄经	135°	150°	165°	180°	195°	210°
	节气名	立冬 （十月节）	小雪 （十月中）	大雪 （十一月节）	冬至 （十一月中）	小寒 （十二月节）	大寒 （十二月中）
冬季	节气开始日期	11月7日或8日	11月22日或23日	12月7日或8日	12月21日或22日	1月5日或6日	1月20日或21日
	太阳到达黄经	225°	240°	255°	270°	285°	300°

二十四节气的含义

1. 立春（农历正月·节气）

立春就是春天到了，从这天起就进入春季气候。每年公历2月4日前后，太阳到达黄经315°时开始。为全年的第一个节气。

按照月令七十二候的解释："正月节，立，建始也……"在这个节气期间，我国黄河流域一带，其气候和植物的生长现象，表现为"东风解冻、蛰虫始振、鱼陟负冰"。这个时候的天气已逐渐转暖，草木复苏、大地回春，标志着春季降临了人间，是农民开始备耕的季节了。

2. 雨水（农历正月·中气）

雨水有两个含义：一是表示冬季已经过去，气候渐暖，开始降雨了；二是表示降雨量开始增多。每年公历2月19日前后，太阳到达黄经330°时开始。

按照月令七十二候的解释："正月中，天一生水。春始属木，然生木者必水也，故立春后继之以水。"这时，我国古代黄河流域与之相应的物候现象为"獭祭鱼，候雁北，草木萌动"。到这个时候，我国大部分地区的雨量逐渐增加。经过了严冬的冰雪风露，这时冰消解冻，草木复苏，土地松解，是可以耕作的季节了。

3. 惊蛰（农历二月·节气）

惊蛰是天气逐渐转暖了，蛰伏地中冬眠的昆虫和小动物开始出土活动了，越冬的虫卵也开始孵化了。每年公历3月6日前后，太阳到达黄经345°时开始。

按照月令七十二候的解释："（夏历）二月节……万物出乎震，震为雷，故曰惊蛰，是蛰虫惊而出走矣。"这时，我国黄河流域的气节变化为"桃始华，仓庚鸣，鹰化为鸠"。这个时候天气逐渐转暖，有时可以听到春雷声，冬眠的动物在这个时候，也将蠢蠢欲动。

4. 春分(农历二月·中气)

分者,半也。其意有二:一是春季之半,平分了春季;二是白天黑夜相等,都是12小时。每年公历3月21日前后,太阳到达黄经零度(春分点)时开始。这一天阳光直射赤道,昼夜几乎等长。从这一天以后,阳光直射位置逐渐向北移,北半球昼长夜短。天文学规定,春分为北半球春季开始。

按"月令七十二候"解:"(夏历)二月中,分者半也,此当九十日之半,故谓之分。"春分是阴阳相半的意思,"故昼夜均而寒暑平"①。这时,我国古代黄河流域与之相应的物候现象为"玄鸟至,雷乃发声,始电"②。这个时候,我国大部分地区的越冬作物,已进入春季生长的阶段。

5. 清明(农历三月·节气)

清明是天气清洁而明净的意思。每年公历4月5日前后,太阳到达黄经15°时开始。《淮南子·天文训》:"春分后十五日,斗指乙,则清明至。"清明本为二十四节气之一,代表一个节气。"月令七十二候"解释为"夏历三月节……物至此时,皆以洁齐而清明矣。"在古代黄河流域,这个时候的气候现象为"桐始华、田鼠化鴽、虹始见"。这时,我国大部分地区,气候温暖,雨水充沛。农民多于此时开始春耕、春种,植树、插柳。

在古代,清明前两日(或说前一日),原为"寒食节",有禁火、食冷食之俗。由于两节距离很近,后"寒食节"与"清明节"融合,形成了一个传统的节目。(容后介绍)

6. 谷雨(农历三月·中气)

谷雨是"雨生百谷"的意思。这时天降雨,是百谷生长的好季节。每年公历4月20日前后,太阳到达黄经30°时开始。

---

① 见《春秋繁露·阴阳出入上下篇》
② 见月令七十二候。

按"月令七十二候"解:"夏历三月中,自雨水后,土膏脉动,今又雨其谷水也……盖谷以此时播种,自上而下也。"古代的时候,我国黄河流域一带的地区,这个季节"萍始生,鸣鸠拂雨,戴胜降于桑"。谷雨前后,一般天气转暖,雨量也较以前增加,是我国北方地区,春季农作物播种、出苗的重要季节。农谚:"枣发芽,谷雨前后种棉花。"

7.立夏(农历四月·节气)

立夏是夏季的开始,立字是建立的意思。每年公历 5 月 6 日前后,太阳到达黄经45°时开始。

按"月令七十二候"解:"夏,假也,物至此时皆假大也。"古代黄河流域,这个时候的气候和动植物的生长情况是"蝼蝈鸣,蚯蚓出,全瓜生"。我国古代人民,喜欢以立夏作为夏季的开始。这个时候,全国大部分地区,农作物生长逐渐旺盛,田间管理日益繁忙。民间以立夏日之阴晴,予卜一年的丰歉。如无雨则认为将主干旱,有"立夏不下雨,犁耙高挂起"之谚。

8.小满(农历四月·中气)

小满是夏熟作物,这时籽粒开始饱满,但尚未成熟,所以叫"小满"。每年公历 5 月 21 日前后,太阳到达黄经60°时开始。

按"月令七十二候"解:"(夏历)四月中,小满者,物至此小得盈满。"意思是说,这个季节,籽粒饱和而盈满,最易发芽成长。这时,我国古代黄河流域的物候现象为"苦菜秀,靡草生,麦秋至"。这个时候,我国北方地区农作物籽粒,逐渐饱满,而南方地区则进入夏收夏种季节。民间认为小满宜雨,有雨主丰无雨主旱。江南地区,自该日起,农家蚕妇进入繁忙的煮蚕茧治车缫丝阶段,并取菜籽在车房磨油,天旱则用连车戽水入田。

9.芒种(农历五月·节气)

芒指麦芒,种是种子。芒种是表征麦类有芒作物开始成熟收割的季节;同时又指回茬晚秋作物正是播种的时期。每年公历 6

月6日前后,太阳到达黄经75°时开始。

按"月令七十二候"解:"五月节,谓有芒之种谷可稼矣。"这个季节,我国古代黄河流域的物候现象为"螳螂生、鵙始鸣、反舌无声"。这时,我国长江中下游地区,将进入多雨的黄梅时节。农业生产上,多忙于夏收夏种。民间认为芒种得雨主丰稔,谚语说:"芒种无雨,山头无望。"古人云:"芒种后遇壬,为入霉。"[1]民间以入霉日数,预测霉头之高下。如芒种一遇壬,则霉高一尺。至第十日遇壬,则霉高一丈。

10. 夏至(农历五月·中气)

夏至是表示炎热的夏天已经到来。每年公历6月22日前后,太阳到达黄经90°时开始。

按"月令七十二候"解:"夏,假也;至,极也,万物于此皆假大而极也。"此时,我国古代黄河流域的物候现象表现为"鹿角解、蜩始鸣、半夏生"[2]。此日,北半球白昼最长,为夏季开始,其后阳光直射位置渐向南移动,白昼渐短。这个时候,农作物生长旺盛,杂草、病虫迅速滋长蔓延。农村正忙于加强田间农作物的管理工作。

11. 小暑(农历六月·节气)

暑者,炎热也。小暑即炎热还不太大。每年公历7月7日前后,太阳到达黄经150°时开始。

按"月令七十二候"解:"六月节……暑,热也。就热之中分为大小,月初为小,月中为大,今则热气犹小也。"这个时候,我国古代黄河流域的物候现象为"温风至,蟋蟀居壁,鹰始挚。"这个季节正值初伏前后,我国大部分地区,进入一年最热的时期。对于农作物,急忙于秋夏作物的田间管理工作。民间习俗,多以小暑日为断霉之日。这时黄梅天气已过,无有蒸湿之患。

---

① 见清顾禄《清嘉录》
② 见月令七十二候

12. 大暑（农历六月·中气）

大暑是比小暑时那种炎热的天气还要热。每年公历 7 月 23 日前后，太阳到达黄经 120°时开始。

《通纬·孝经授神契》："小暑后十五日斗指未为大暑。"暑是热的意思，热有大小之分，前有小暑，现为大暑，是天气最热的意思。古代黄河流域与之相应的物候现象为"腐草为萤，土润溽暑，大雨时行"[①]。这个时候正值中伏前后，是一年中最热的季节，也是喜温农作物生长速度最快的时期。民间有饮伏茶、晒伏姜、烧伏香等风俗活动。

13. 立秋（农历七月·节气）

立秋，从这天起进入秋季气节。每年公历 8 月 8 日前后，太阳到达黄经 135°时开始。

"月令七十二候"解为："七月节，立字解见春（立春）。秋，揫也，物于此而揫敛也。"揫（jiū），收敛的意思，是说到这个时候，万物开始收敛了。这个时候，我国古代黄河流域与之相应的物候现象为"凉风至，白露敛，寒蝉鸣"。从此以后，气温开始下降。我国北方大部分地区，已进入秋田管理阶段，我国中部地区的旱稻开始收割，后季稻进行田间移栽和管理工作。

14. 处暑（农历七月·中气）

处是终止、躲藏的意思。处暑表示炎热的夏天即将过去，天气转凉的象征。每年公历 8 月 23 日前后，太阳到达黄经 150°时开始。

"月令七十二候"解为："七月中，处，止也，暑气至此而止矣。"就是说暑热的天气，到这个时候，已经过完了。这时，我国古代黄河流域与之相应的物候现象为"鹰乃祭鸟，天地始肃，禾乃登"。从此以后，我国大部分地区，气温逐渐地下降，炎热的天气已经没有了。民间认为处暑后，天气仍然很温暖，如再过 18 日

① 注：见月令七十二候

后,才有凉爽的天气。

15. 白露(农历八月·节气)

露是一种地面上的水蒸气凝结的现象。白露是说露是银白色的。每年公历9月8日前后,太阳到达黄经165°时开始。

"月令七十二候"解为:"八月节……阴气重重,露凝而白也。"意思说,这时天气逐渐变凉了,田间的露水凝结成小珠珠的现象。这时,我国古代黄河流域之相应的物候现象为"鸿雁来,玄鸟归,群鸟养羞"。这个时候,我国大部分地区,气候变凉,可以增添夹衣或毛衣。民间认为白露前后,有露主稻穗易实,无露主岁歉。棉花是日忌起风,谚云:"白露日西风,十个铃子九个空。白露日东北风,十个铃子九个脓。"①

16. 秋分(农历八月·中气)

分者各半也。秋分是整个秋季(90天)一分两半,平分了昼夜之意。每年公历9月23日前后,太阳到达黄经180°(秋分点)时开始。此日同春分一样,阳光几乎直射赤道,昼夜几乎等长。从此以后,阳光直射位置更向南移,北半球昼短夜长。天文学规定秋分为北半球秋季开始。

《春秋繁露·阴阳出入上下篇》:"秋分者,阴阳相半也,故昼夜均而寒暑平。"这时,我国古代黄河流域与之相应的物候现象为"雷始收声,蛰虫坏户,水始涸"②。这个季节,正是我国北方地区,进行秋收秋种的时期。而在东北地区,这个时候又是五谷登场,田中无生物的状态。

17. 寒露(农历九月·节气)

寒露是露气寒冷的意思。每年公历10月8日前后,太阳到达黄经195°时开始。

---

① 铃子,指棉桃。
② 见月令七十二候

按"月令七十二候"解为:"九月节,露气寒冷,将凝也。"意思说,这个时候田间寒冷的露水,将凝结成像小珠儿似的。此时,我国古代黄河流域一带的物候现象为"鸿雁来宾,雀入大水为蛤,菊有黄华"。清顾禄《清嘉录》:"寒露乍来,稻穗已黄,至霜降乃刈之。"这个时候,我国大部分地区,天气已转为凉爽,正是农民进行秋收秋种的季节。

18.霜降(农历九月·中气)

霜是水气凝华的现象。霜降是说从这天起开始降霜。每年公历 10 月 23 日前后,太阳到达黄经 210°时开始。

按"月令七十二候"解为:"九月中,气肃而凝,露结为霜矣。"古代黄河流域与之相应的物候现象为"豺乃祭兽、草木黄落、蛰虫咸行"。这个时候,沿黄河流域一带,出现初霜。我国南方地区,进入了秋收秋种的大忙季节。民间习俗常以是日下霜不下霜,占卜来年农业生产的丰歉。

19.立冬(农历十月·节气)

立是开始建立的意思。立冬就是说从这天起,开始到了冬季。每年公历 11 月 7 日前后,太阳到达黄经 225°时开始。

按"月令七十二候"解为"冬,终也,万物收藏也。"从此日起进入冬季,是一年的最后一个季度。秋收冬藏,是万物聚藏的季节。古代黄河流域与之相应的物候现象为"水始冰,地始冻,雉入大水为蜃"。我国习惯以立冬为冬季的开始,这时黄河流域的中下游地区,即将结冰,开始农田水利基本建设等农事活动。

20.小雪(农历十月·中气)

小雪是表示气温下降,下雨变为下雪,雪量小或雨夹雪,故称小雪。每年公历 11 月 22 日前后,太阳到达黄经 240°时开始。

按"月令七十二候"解为:"十月中,雨下而为寒气所薄,故凝而为雪。小者未盛之辞。"这时,我国古代黄河流域与之相应的物候现象为"虹藏不见,天气上升,闭塞成冬"。《汉书·律历志》中已有小雪、大雪的记载。可见大雪、小雪在汉代已形成一种节气了。这个时候,天气已冷,开始下雪。

21. 大雪(农历十一月·节气)

大雪是从这天起,雪逐渐地下大了。每年公历 12 月 7 日前后,太阳到达黄经 255°时开始。

按"月令七十二候"解为:"十一月节,大者盛也。至此而雪盛矣。"古代黄河流域一带,其物候现象为"鶡鴠①不鸣,虎始交,荔挺出"。《孝经纬》:"小雪后斗指壬日大雪,十一月节也。积阴为雪,至此日栗烈而大。"这个时候,正是冬季农田基本建设时期。

22. 冬至(农历十一月·中气)

冬至是说寒冷的冬天,从这天到来了。每年公历 12 月 22 日前后,太阳到达黄经 270°时开始。冬至既是一个时令节气,属二十四节气之一,也是一个传统的风俗节日(其活动容后介绍)。我国早在春秋时代,已经测定出来了这个节气,和"夏至"统称为"二至",并应用到生产中来。

按"月令七十二候"解为:"十一月中,终藏之气,至此而极也。"古代黄河流域与之相应物候现象为"蚯蚓结,麋角解,水泉动"。古人对冬至的说法是"阴极之至,阳气始生。日南至,日短之至,日影长之至,故曰冬至。"天文学规定冬至为北半球冬季开始。我国大陆及台湾位于北半球,此日为年中夜最长,昼最短。其后阳光直射位置向北移动,白昼渐长。这个季节我国大部分地区,在农业生产上,处于冬闲状态,除继续进行防冻、积肥、深耕等农事外,还注意保护耕畜安全过冬。

23. 小寒(农历十二月·节气)

小寒是初步的寒冷还没有达到最大的寒冷。每年公历 1 月 6 日前后,太阳到达黄经 285°时开始。

---

① 鶡鴠(hé dàn),一种善斗的鸟。

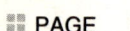

按"月令七十二候"解为:"十二月节,月初寒尚小,故云,月半则大矣。"这个时候,我国古代黄河流域的物候现象为"雁北飞,鹊始巢,雉鸲"。这个时候,正值"三九"前后,谚云:"三九三,冻破砖。"我国大部分地区进入严寒季节。民间以为小寒多风雪,要注意牲畜的饲养,使其安全过冬。

24.大寒(农历十二月·中气)

大寒是说比小寒更冷,从这天起进入严寒的隆冬季节。每年公历1月20日前后,太阳到达黄经300°时开始。

按照"月令七十二候"的解释:大寒是与小寒相对而说的,大寒比小寒更冷。这时,我国古代黄河流域与之相应的物候现象为"鸡乳,征鸟厉疾,水泽腹坚"。《授时通考·天时》:"大寒为中者,上形于小寒,故谓之大……寒气之逆极,故谓之大寒。"这时,我国大部分地区,为一年中最冷的时期。在这个严寒的季节,要特别注意人畜安全,经过冬季休养生息,养精蓄锐,迎接春天的到来。

节气歌

我国独创的二十四节气,不但在科学历史上有一定的价值,而且对指导农业生产也有现实意义,被我国人民广泛应用。节气是一年气候演变的反映。二十四节气起源于黄河流域,当然也只能反映黄河流域气候与农事活动的关系,对其他地区,可能有不适当之处。如霜降即见霜,这种物候现象与霜降日期是相符合的,但黑龙江一带却在八月底就"霜满天"了。所以对二十四节气的使用,一定要根据本地农业生产,气候特点,因地制宜,不违农时。正确体现北魏时农学家贾思勰在《齐民要术》中指出的"顺天时,量地利,则用力少而收获多;任情返道,劳而无获"的至理名言精神。下面录几首《二十四节气歌》。

流传于《华北平原二十四节气与农事歌》:

　　　一月小寒连大寒,　欢天喜地庆新年。

二月立春雨水连，　冬麦开始要返鲜。

惊蛰春分三月间，　麦田施肥与浇灌。

清明谷雨四月天，　棉花备耕种大田。

五月立夏和小满，　禾苗绿油勤锄铲。

六月芒种与夏至，　麦要抢收棉要管。

七月双暑雨连天，　农田排灌放在先。

立秋处暑在八月，　五谷芳香紧开镰。

九月白露又秋分，　精收细耕种麦田。

十月寒露连霜降，　促麦分蘖是关键。

立冬小雪十一月，　白菜收后灌麦田。

大雪过后是冬至，　精选良种迎来年。

周而复始春秋过，　科学种田夺高产。

（作者于学仁，载 1983 年 1 月 22 日《河北科技报》）

流传于东北一带的《二十四节令歌》说：

种田无定例，　全靠看天气。

立春阳气转，　雨水沿河边。

惊蛰乌鸦叫，　春分沥皮干。

清明忙种粟，　谷雨种大田。

立夏鹅毛住，　小满雀来全。

芒种五月节，　夏至不纳棉。

小暑不算热，　大暑三伏天。

立秋忙打靛，　处暑动刀镰。

白露烟上架，　秋分无生田。

寒露不算冷，　霜降变了天。

立冬交十月，　小雪地封严。

大雪河汊上，　冬至不行船。

小寒杀年猪，　大寒过后又一年。

（作者王纪，载 1984 年吉林出版社出版的《民俗趣话》）

流传于陕西关中一带的《节气歌》又说：

立春梅花分外艳， 雨水红杏花开鲜。

惊蛰芦林闻雷报， 春分蝴蝶舞花间。

清明风筝放断线， 谷雨嫩茶翡翠连。

立夏桑椹象樱桃， 小满收蚕又种田。

芒种玉簪放庭前， 夏至稻花如白帆。

小暑风吹早豆熟， 大暑池畔赏红莲。

立秋知了催人眠， 处暑葵花笑开颜。

白露燕走又来雁， 秋分丹桂香满园。

寒露油菜田间绿， 霜降芦花飘满天。

立冬报喜献三瑞， 小雪鹅毛飞蹁跹。

大雪寒梅迎春开， 冬至瑞雪兆丰年。

小寒游子思乡归， 大寒岁底庆团圆。

（录自陕西旅游出版社出版的《1995年历年》）

还有一篇《节气与小麦》歌谣，刊登在《陕西农民报》上，对于北方小麦的种植、管理和丰产也有一定的作用。

一月小寒接大寒， 瑞雪护麦兆丰年。

二月立春雨水涟， 巧管麦田防春寒。

三月惊蛰春分间， 追肥除草莫迟缓。

四月清明谷雨天， 注意抗旱麦苗欢。

五月立夏望小满， 防治病虫把好关。

六月芒种又夏至， 龙口夺食战黄天。

七月小暑和大暑， 碾场犁地搞深翻。

八月立秋处暑间， 肥料麦种准备全。

九月白露秋风凉， 适时播种抢时间。

十月寒露到霜降， 防止牲畜到田间。

立冬小雪十一月， 冬灌保苗走在前。

大雪冬至十二月， 壮苗安度越冬关。

月令七十二候

　　七十二候是古代黄河流域的物候历,它的计算方法是以五日为一候,三候为一气,全年二十四个节气,共七十二候。并根据鸟兽虫鱼、草木生态的变动以及其他自然现象的出现与消失,来验证气候与季节的变化与推移。每一候均以一种物候现象的出现,相互对比,叫做"候应"。这种候应包括非生物和生物两大类:非生物类如"水始涸"、"东风解冻"、"虹始见"、"地始冻"等;生物类有动物和植物,如"鸿雁来"、"玄鸟至"、"蜩始鸣"、"萍始生"、"桃始华"等。七十二候的起源很早,现根据《逸周书》中所记载的材料,已完全确立,对农事活动,曾起过一定的作用。

　　虽然其中有些物候现象描述不很准确,也有些不科学或不太科学的成分,但对于了解古代黄河流域的气候变化,仍有一定的参考价值。何况现时黄河流域所属各个地区,由于千年变化,地区气候的变化,也差别很大。根据《农桑通诀》七十二候见下表:

春季	节气	立春	雨水	惊蛰	春分	清明	谷雨
	候应	东风解冻 蛰虫始振 鱼陟负冰	獭祭鱼 候雁北 草木萌动	桃始华 仓庚鸣 鹰化为鸠	玄鸟至 雷乃发声 始电	桐始华 田鼠化为驾 虹始见	萍始生 鸣鸠拂羽 戴胜降于桑
夏季	节气	立夏	小满	芒种	夏至	小暑	大暑
	候应	蝼蝈鸣 蚯蚓出 王瓜生	苦菜秀 靡草死 麦秋至	螳螂生 鵙始鸣 反舌无声	鹿角解 蜩始鸣 半夏生	温风至 蟋蟀居壁 鹰始挚	腐草为萤 土润溽暑 大雨时行
秋季	节气	立秋	处暑	白露	秋分	寒露	霜降
	候应	凉风至 白露降 寒蝉鸣	鹰乃祭鸟 天地始肃 禾乃登	鸿雁来 玄鸟归 群鸟养羞	雷始收声 蛰虫坏户 水始涸	鸿雁来宾 雀入大水为蛤 菊有黄华	豺乃祭兽 草木黄落 蛰虫咸俯

冬季	节气	立冬	小雪	大雪	冬至	小寒	大寒
	候应	水始冰 地始冻 雉入大水为蜃	虹藏不见 天气上升 闭塞成冬	鹖鸥不鸣 虎始交 荔挺出	蚯蚓结 麋角解 水泉动	雁北乡 鹊始巢 雉始雊	鸡乳 征鸟厉疾 水泽腹坚

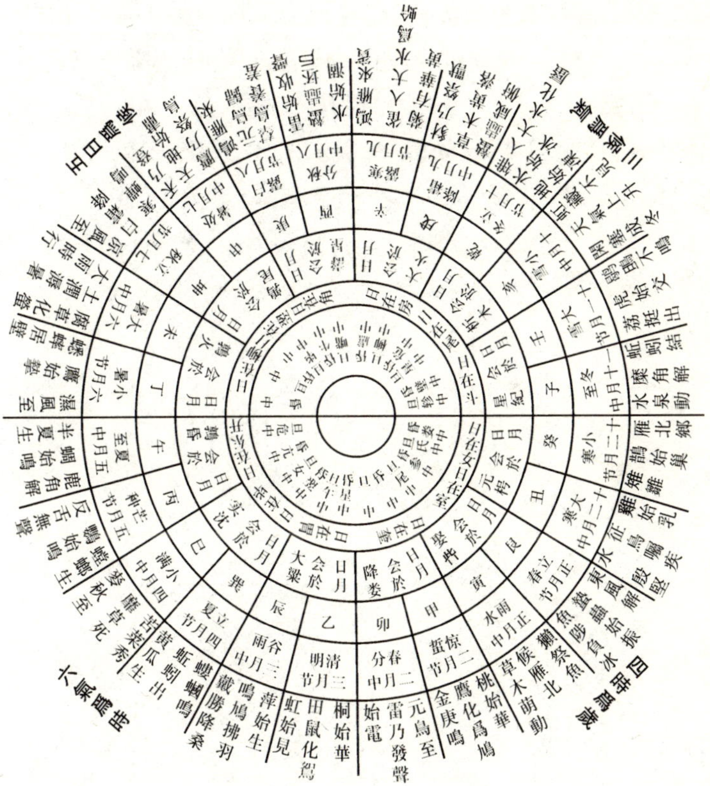

二十四节气七十二候图

二十四番花信风

二十四番花信风，简称"花信风"。古代人认为花期而来的风，叫做"信风"。是测量花开时期的一种方法。《荆楚岁时记》："始梅花，终棟花，凡二十四番花信风。"《吕氏春秋·上农》："风不信，则其花不成。"程大昌《演繁露》卷一："三月花开时，风名花信风。"其具体内容为：自小寒至谷雨，共四个月，一百二十天，其中八气，二十四候，每候五天应一种花信。例如，小寒：一候梅花，二候山茶，三候水仙；大寒：一候瑞香，二候兰花，三候山矾；立春：一候迎春，二候樱桃，三候望春；雨水：一候菜花，二候杏花，三候李花；惊蛰：一候桃花，二候棠梨，三候蔷薇；春分：一候海棠，二候梨花，三候木兰；清明：一候桐花，二候麦花，三候柳花；谷雨：一候牡丹，二候酴醾，三候棟花。

打 春

　　"春打六九头"。"数九"四十五天之后，即第六个"九"到来，就是"立春"。春是吉祥的象征，春为"天地开辟之绪"。"立春"表示春季已经来临，是一年农事活动的开始，故有"一年之计在于春"的说法。所以我国人民一向重视这个节气。围绕这一节气,以"劝农"为内容,各族人民生活中有许多饶有风趣的习俗活动。

迎 春

据史书记载,迎春活动是三千年以前的周代流传下来的。《吕氏春秋·孟春》载:"立春之日,天子亲率三公、九卿、诸侯、大夫迎春于东郊。"《后汉书》记载:汉代立春这一天,京师百官都要穿上青衣,"迎春于东郊,祭青帝①、句芒②车旗服饰皆青,歌《青阳》,八佾舞《云翘》之舞"。据说从汉文帝起,迎春时天子率先垂范亲自扶犁,躬耕于野,表示对春耕的动员。明清以后,各地"迎春"之礼,演变为"报春"之俗。必须由地方行政长官,组织皆穿青衣的队伍,游行于街,并设坛亲自主持报春仪式,先行祭祀神灵,后接受身穿彩服的报子"报春"。上场者,一报"风调雨顺",二报"五谷丰登",三报"国泰民安"。每报群众则同声呼应。每来报者,均有赏赐。

立 春

立春,又称"打春"。秦腔《五典坡》中薛平贵有句唱词,"打罢春,是夏天,春夏秋冬不一般",就是把立春称作"打春"。为什么立夏、立秋、立冬均称"立",唯独立春叫作"打春"?

中国自古以牛祝春,据说是"周公始定立春土牛",相沿成俗。因为我国以农立国,牛是农事的象征,是生产力的代表。《东京梦华录》中说:宋代"立春前一日,开封府进春牛入禁中",立春之辰

---

① 青帝:传说中的"五帝"之一,住在东方,掌管春天时令。
② 句芒:即芒神。

"官吏各具彩杖击牛"。由此可见,打春的原意是"打春牛"。

　　由于人们重视农业生产,坚持不违农时,立春打春牛的习俗也一直延续。至清末,节前各地衙署门前(或农村村口)均用泥土加色料塑造一头"春牛"和"耕夫"(或用竹扎纸糊而成)。立春日由知州、县令(或村中乡老)行香主礼,祭祀春神,然后擂鼓三声,众官员(或乡民)手执红绿丝线捆扎的"春仗"围击春牛,谓之"鞭春",以"示劝农意"。

　　有的地方,在纸春牛肚里藏着花生、栗子、柿饼、核桃之类的干果。当牛被打破裂时,干果流露散落,男女老少都来抢拾。据说,谁拾的多,谁家的庄稼收成就好。

喜燕来朝

春牛图

　　春牛图的全名叫《芒神春牛图》,是年画的一个品种,生活原型出于"打春牛"的活动。过去的旧历书把它刊登在第一页上。画面是一头膘肥体壮的大黄牛,旁站一执鞭的农夫,称"芒神"。背景衬以象征春天的柳条和飞燕。在一般的人眼中看来仅是人勤春早,简朴无华。但是有经验的农夫却可以从中捕捉到很多春的"信息"。

春牛图

若芒神在牛左,必逢阳岁(地支中的子、寅、辰、午、申、戌);在右,必逢阴岁(丑、卯、巳、未、酉、亥)。若芒神站在牛前,立春必在岁前的腊月中旬,表示春来早,农事宜早备;若芒神立于牛后,立春必在年后正月中旬,表示春到迟,宜放心过节;若人牛并行,立春即在年节前后,则时令适中。

古代交通不便,信息传递困难,用这种形象的"打春牛"和绘《芒神春牛图》的办法来宣传春到迟早。自从有了刻版印刷的技术,可以出单页年画和宣传画,它的影响就更大了。土牛迎春的习俗,一直至民国初年还在流行。

春 盘

旧时,立春日设"春盘"食之,并互赠亲友,表示迎春祝福。杜甫《立春》诗云:"春日春盘细生菜,忽忆两京全盛时。"春日即立春。两京即指长安和洛阳。他吃了春盘,感想到了国家的盛衰。苏东坡的《浣溪沙》词中有"青蒿黄韭试春盘"之句。青蒿是嫩莴苣,黄韭即韭黄。从诗词佳句中可以窥见春盘在人民生活中的地位。

春盘,据说始于晋代,有一本名叫《摭言》的书说,春盘中放的是萝卜、芹菜。《四时宝镜》里说:唐代"立春日,食芦菔、春饼、生菜,号春盘"。芦菔即萝卜,生菜即韭菜,此外还有春饼。大概是用春饼卷了炒熟的生菜去吃吧!南宋宫廷里的春盘就不同于民间了。"翠缕红丝,金鸡玉燕,备极精巧,每盘价万钱。"

春盘,因于立春日食春饼,其名后来被"春饼"所代替。《关中记》载:"唐人于立春日作春饼,以春蒿、黄韭、蓼芽包之。"《北平风俗类征》也说:"是月如遇立春……富家食春饼。备酱熏及炉烧盐腌各肉,并各色炒菜,如菠菜、韭菜、豆芽菜、干菜、干粉、鸡蛋等,而以面粉烙薄饼卷而食之。故又名薄饼。"

说实在话,所谓春饼也就是现在流传于民间的煎饼,其薄摊者即称薄饼。立春日,制饼卷起菜肴而食之者的饼,即谓之"春饼"。

上海等地有一种名叫"春卷"的食品,可与春饼相提并论。它以面做成薄如纸的皮子,然后将事前做好的馅子包裹起来,两端用面糊糊严,放入油锅炸熟,金黄酥脆,蘸醋或辣酱油食之。应该说春卷是春饼的发展。

春　幡

古时立春日,人们习惯给屋里的门壁上贴宜春的字画,表示迎春祝吉。在门外树起了垂直悬挂,青色条形的旗子,名曰"春幡",象征万物生长,以"示丰稔之兆"。

有的地方妇女用青色绸子剪成小幡式春燕、春蝶,联成一串,戴在头上,到田野去表示迎春。宋代辛弃疾词句:"春已归来,看美人头上袅袅春幡",描写的就是这种景象。至今在关中流传于潼关一带的"戴春鸡",澄城一带的"吊春穗"即其遗俗。鸡者,吉也。用彩色布制作一个约三厘米的雄鸡,缝在小孩子的帽子顶端,预祈立春吉利;穗者,岁也。用各色布缯编成流苏,作为饰物分别吊在小孩身上或牲畜头上,祝贺新岁平安。

社　祀

"社祀"是古代祭祀土地神的一种仪礼,后来逐渐演变成了节日,即"社日"。社日,有"春社"和"秋社"。立春后第五个戊日为春社,目的在于向土地神祈祷丰收;立秋后第五个戊日为秋社,其内容则是丰收后向土地神报功酬劳。

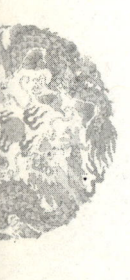

"社"《说文解字》曰:"社,地主也。"《风俗通义·祀典》中说:"社者,土地之主。土地广博,不可遍敬,故封土以社而祀之,报功也。"这种祭祀最迟从夏代起已经存在。《史记·封禅书》有"自禹兴而修社祀,……郊社所从来,尚矣"一段记载,可以说明这个问题。

土地神是由原始的天地崇拜演变而来。我国自古以农立国,民众历来以农为本,没有土地,没有粮食,何谈安身立命?可见,劳动人民与土地、与农业是须臾不可离开与分割的,所以也就十分重视对土地神的祭祀。旧时,村村有土地庙,家家有土地堂,每逢春、秋社日,惯以牲类和醪酒祭祀土地神,伴有戏剧、歌舞和僧道诵经,热闹非常。祀毕,飨以酒食,开怀痛饮。唐王驾《社日》诗"桑柘影斜春社散,家家扶得醉人归"来描写社日祭祀的盛况。

迎　夏

夏季，是一年的第二季。夏季的特点，一是天气炎热，高温酷暑给生产生活带来不便；二是农活集中，夏收、夏种、夏管，交织在一起。人们既要注重适时耕耘，付出辛勤的汗水，又要重视劳动保护，做到劳逸结合，才能保证从事正常生产，获得丰产丰收。于是形成了很多农耕生产习俗。

古俗，立夏之日，帝迎夏于南郊，祭赤帝、祝融①，车服皆赤。"赤日炎炎似火烧"。赤是夏的标记，忠诚的表号。

看麦梢黄

每年小满之后，麦子逐渐成熟。在陕西的广大农村中，出嫁的女儿要到娘家去探望问候夏忙的准备情况。有的地方，把它定为一个节日，叫"看忙罢"。届时，女婿、女儿携带礼品：油旋馍、油糕、绿豆糕、猪肉、黄杏、蒜薹等食品或蔬菜水果，去丈人家慰问，并受其热情款待。农谚云："麦梢黄，女看娘；卸了拨枷②，娘看冤家。③"意思是说，夏忙前女儿过问娘家的麦收准备工作；麦收后母亲又去看望女

看麦稍黄

①　赤帝：五天帝之一，南方之神，即炎帝，火神祝融氏。
②　拨枷：碾场碌碡的外套。
③　冤家：指闺女。

儿,关心女儿家的收成和在麦收中的操劳情况。体现了生产劳动中的心心相连,母女情长。

忙笼会

每年在麦收即将来临之际,关中各地的城镇,都要筹办三五天,大小不同规模的"忙笼会"。笼者,习惯是指竹编的大老筐,过去忙天多用于纳柴和担麦糠。以"笼"名会,倒令人费解。大概因为"笼"既含乱,又容量多,表示忙而有备,忙而可笼吧!

忙笼会是一种专以解决"三夏"中供需矛盾为主题的物资交流会。会上,挂绳索的,磨镰刀的,卖竹器的,修农具的,都忙着讨价还价。有的为填槽和使役而选择猪羊家畜,有的为换旧易新而购买车轭和农业机具,有的为增加产量而精选良种。如果你巡回浏览,可见权把扫帚、刃片镰刀、麦勾谷杈、木锨推板、铁铧木犁、筛子簸箕、竹帘竹席、帆布口袋……琳琅满目,应有尽有。可以各取所需,任你选择,到处呈现出购销两旺的景象。天晚,买卖两方,各得其所。

麦客子

"做啥哩?洗菜哩,我给娃擀面哩!我娃长个大脚汉,出门走州县……

做啥哩?穿针哩,我给他大(爸)缝衣哩!他大黑是黑,给他大(爸)烙个黑锅盔,出门当麦客……"

过了小满,离芒种就已指日可待了。农谚说:"四月芒种不见田,五月芒种刚搭镰(指农历)"。唐白居易的《观刈麦》也写到:"夜来南风起,小麦覆垄黄。"可见交上芒种节,关中各地的小麦就到了"八百里秦川一片黄"的收获季节。

以商雒和甘肃陇东一带的部分农民,年年组成割麦队伍,俗称"麦客子",纷纷前来关中地区。一则从劳力上支援紧张的夏收,再则赚取一些报酬,让自己生活有所改善。有经验的老手,熟知小麦成熟的规律是:先东后西,先坡后塬,最后割平川。麦客子都是从实际出发,依次赶场,循序渐进,几乎每天都有活干。只要下定决心,努力战斗,"足蒸暑土气,背灼炎天光",一天连一天,一镰紧似一镰地割下去,准能赢得一批巨款。

据说,不知什么时候,有几位年轻的"麦客子",初出商州山中,眼界大开,看到秦川大地荡漾着麦的海洋。心想,一望无垠的麦田野,何时才能割完? 就先到古城,看了几天花花世界。等他们出得城来,终南山下,渭河两岸的大片麦田,麦子已经割光了。他们只好空跑一趟,悄悄地溜回原籍。

随着农业机械化进程力度的加强,"割麦不用镰"的时代已经成为现实,收割机械的盛行,大大提高了收割的速度,减轻了农民的劳动强度。麦客子队伍逐年缩减,来者,也有处于"待业"状态。

碾 场

碾场,就是现在所说的"脱粒"。麦子割下来捆成捆子,用大车运到场上,晒干后摞成"麦积子"(麦垛),上盖一层麦秸草。这样既可以防雨,又可以腾出时间和力量,做好秋田的下种,早秋作物的夏季管理和碾场的准备工作。

在脱粒机出现以前,碾场是小麦脱粒的主要手段。一个大清早,天色微明,先把碾麦的场地,漫扫一遍。然后发动更多的人摊场碾麦。

摊场,是把收割回来的麦穗儿(带杆),平摆放(摊)在场面上,有摊整场的,就是把麦捆子解开来,挨个儿平摊起来;有摊乱场的,就是把麦子撒开,乱铺在场地上。

扬 场

摊场,是一个体现风俗性的群众场面。帮忙摊麦的人群,有男有女,有老有少。人越多,说明主人家的人缘好,亲邻关系好。

到了中午,碾罢场后,接着是翻场,也就是把碾过的麦子,翻过来,再碾一遍。翻场要有体力,多少还要有些经验和技术,一些年纪过大的人和太小的儿童,就不能参加了。到了吃中午饭时,不用说主人家会给帮忙的人,招待一顿饱餐。

收麦天,关中农家多爱吃"凉面"。巧妇能把面"擀成纸(薄如纸),切成线(细如线),下到锅里莲花转"。面擀得越细越长越好①,一筷头挑不起来,称做"长寿面"。经过葱花油、芥末、油泼辣子等调料拌和,吃起来特别香口,一个人差不多能咥(吃)两老碗。

下午四点钟以后,"起场"。就是碾完麦子后,把麦草与颗粒分开的过程。把麦草堆在场边,让颗粒(含糠)堆在场中心,等待"有风高扬无风撒"。这时主人提来酒罐子,一般是白米酒和大麦伏酒,加上几碟菜和白面饦饦,让干活的人,再饱食一顿。

颗粒脱出来后,扛装的那些小伙子,唱着秦腔乱弹:"为王的

---

① 擀面,是一种不用刀切,而将擀好的面片用擀杖按住,用切菜刀来回擀划的技术。

打坐在长安地面……"一袋一袋地扛回家中。

打连枷

忙罢会

忙罢会,顾名思义是夏忙后的村会。出嫁的女儿、外甥给娘家、舅家行重礼。重礼多为油塔馍,一般拿20个,每个约1斤重。外加酒肉、时鲜水果等。因为油塔馍是主要的礼物,所以忙罢会也叫做"油塔会"。

忙罢会每个村社都有,为了在同一天集中待客,所以每个村社都约定一个共同的日子,便于亲友来往。大部分村社与庙会结合起来,这样忙罢会的内容,就更加丰富多彩。村上有大戏演出,有马戏团等各项活动,能招来更多人参加。所以现今的忙罢会,已经变成了农村中的小型物资交流会。

为了过好忙罢会,村人可忙火开了。准备好足够的食宿后,要把自己的姑姑姨姨、老小舅家的至亲厚友接在家中,藉以聚会,共享天伦之乐事。同时,总结交流生产经验。

若逢村上演大戏,还要事前搭好看台,便于亲戚客人观看演

出。不用说,坐在看台上看戏的人,多半是老太婆、媳妇、孩子等人。

三伏天

"伏"是隐伏以避盛暑的意思。农历以干支纪日,从夏至以后的第三个庚日起入初伏,第四个庚日起是中伏,立秋后第一个庚日始为末伏。一般的每伏各占十天(也有中伏二十天的),是一年中最热的一段时间。

古代的伏腊,均为节日。西汉时在三伏的头一天要给百官赐肉;两宋时要把宫廷窖藏的天然冰块赏赐给大臣解暑。近代民间多有喝"伏子酒"以清凉消暑的习俗。伏子酒是一种米酒,用去皮的大麦(俗称麦仁)为原料酿制而成。

夏至九九歌

"夏九九"八十一天,记述了一年天气由热变冷的过程。与"冬九九"形成对应。歌曰:

夏至入头九,　　羽扇握在手。

二九一十八,　　脱冠着罗纱。

三九二十七,　　出门汗欲滴。

四九三十六,　　卷席露天宿。

五九四十五,　　炎秋似"老虎"。

六九五十四,　　乘凉进庙祠。

七九六十三,　　床头摸被单。

八九七十二,　　子夜寻棉被。

九九八十一,　　开柜拿棉衣。

立　秋

立秋，就是秋季的开始，是我国各族人民普遍重视的节令之一。

耧　播

秋，"揪也，物于此而揪敛也"。也就是春生秋实，"万物成就"之意。可见，秋是成熟的季节，收获的季节。的确，秋收、秋播、秋管，互相交织，农活繁而杂，历时多且长，手工操作多，劳动强度大。

立秋后，"秋老虎"锐气不减。白露后又往往形成时阴、时雨天气，有些年份更是秋雨连绵，虽然有利于秋播，但却影响农作物的成熟和收获。在天气晴朗的日子里，显得天高云淡，自古有"秋高气爽"之说。但是，好景不长，随南北热冷空气的不断较量，不觉寒霜始降，秋光渐深，天气变冷，草木凋零，在一片肃杀景象中步入了寒冬。

迎 秋

　　古代，立秋之日，天子亲率三公、九卿、诸侯、大夫，到西郊"迎秋"，并举行祭祀少皞①蓐收②的仪式。《后汉书·祭祀志》中记："立秋之日，迎秋于西郊，祭少皞、蓐收，车旗服饰皆白，歌《西皓》，月佾舞《肩命》之舞。"

　　江南人认为立秋日当天闻雷鸣声，则稻秀不实，有"秋毂碌，收秕谷"之谚。立秋后见虹，则认为主歉收，谓之"天收"。北方在立秋前一日，陈冰瓜，蒸茄脯、煎香薷而饮。院中露一宿，新秋日阖家食饮之，秋后无余暑疟痢之疾。

拾棉花

---

　　①　少皞：亦作少昊，字青阳，黄帝之子，世称"金穗王"，也称"金天师"。
　　②　蓐收：西方神名，司秋。《礼·月令》孟秋之月："其帝少皞，其神蓐收。"

测体重

六月伏暑,遍地生火。使人坐不安,立不安,既不能走出去游玩,又不能坐下来休息,而且活路多,出勤率高、消耗量大,自然使体内脂肪大量减少。农谚有"六月石头瘦三分"之说。不知什么时候起,流传下来立秋日测体重的习俗。立秋这天,拿来大秤,秤人体重。以体重多少与夏日所测之数相比,看是胖了还是瘦了。如瘦了,则提醒你入秋后要调节饮食,加强锻炼,保障健康,安全过冬。

摸　秋

"摸秋",在陕西农村以及外省的某些地方,是一种流传很广的乡俗。就是在立秋的那天晚上,到瓜园去偷瓜。平日里,瓜田李下,园主看得很紧;立秋后,瓜园多数已经看管不紧了,索性让孩子摘去。看见了全当没看见,听到了全当没听见,假装不知道。也只有这天,才偷得正当,偷得合理入俗。因此,为避忌"偷",起了个有诗意的名词叫"摸秋"。

不过各地摸秋的时间、人员和用意,不尽相同。关中平原,中秋夜晚,婚后尚未生育的妇女,在小姑或女伴的陪同下,到瓜田豆棚里,暗中摸摘瓜豆。认为摸取南瓜,易生男孩,摸到扁豆,易生女孩。如摸到白扁豆更吉利,除生女孩外,还是俩口白头到老的好兆头。

陕西雒南地区,中秋之夜,孩子讲究在月亮初升时,钻进秋田里,摸一样东西回家。如果是葱,则认为孩子聪明;如果是瓜果,则认为孩子将来不愁吃喝,事事顺利。

商南地区的农村,在秋收季节,个头矮的儿童去摸高粱;没有男孩的父母去摸茄子；没有女孩的父母去摸辣子；智商差的孩子去摸葱。成为一时的风俗。

戴楸叶

每逢立秋之日，各地农村有戴楸叶的风俗。《临安岁时记》："宋代，立秋之日，男女都戴楸叶，以应时序。"历经元、明、清各朝，一直流传至今。楸叶，即楸树之叶。据说，立秋日，戴楸叶，可保一秋平安。现在农村，每年立秋前后，不仅戴楸叶，而且还有人把楸叶或树枝编成帽子，在阳光下戴上，可以乘凉、消暑。平平安安进入"处暑"、"白露"。

吞食赤小豆①

《临安岁时记》：宋时立秋日，"或以秋水吞食小赤豆七粒。"可见，从宋时起，逢立秋日即有此俗。冯应京《月令广义》中也有记载："立秋日，以赤豆七粒或十四粒，服井华水，面西吞下，一秋不犯痢疾。"可见这种风俗活动，在民间已有深远的影响，并一代一代地流传下来。

入秋防"秋燥"

秋天的光临，阳气日减，寒气渐升，气温变化较频较骤，且早晚温差也非常大。有时空气温湿，适合病毒菌的繁殖，是传染病的多发季节，长期以来，人们已经树立起了入秋防病的传统观念和习惯，防患于未然；有时，"秋老虎"盛行，气候干燥，又易引起

① 赤小豆：豆科植物，高约二尺余，花生在叶腋，结细长的荚果，内有暗红色种子。可煮食，亦可入药。

"秋燥症",尤其体弱多病的老人,抗菌能力较弱的孩子,以及从事艰苦劳动的工作人员,更容易引起虚火上浮,咽干舌燥,头昏脑涨,鼻塞咳嗽等一系列病症。不但要注意饮食调养,寒暖适应,而且更需要加强锻炼,适当"秋冻",以保障身心健康。

立 冬

冬,四季之末。

按陈希龄的《恪遵宪度抄本》解释:"冬,终也,物终藏也。"一年农事已经完毕,农民进入"半年辛苦半年闲"的"秋收冬藏"季节,有时间、有条件去从事深耕、积肥施肥和农田基建。

立冬之日,古有"迎冬"之俗。《后汉书·祭礼》记:立冬之日,迎冬于北郊,祭黑帝①、玄冥②,车服皆黑。

日南至

日南至,也称为"冬至",是二十四节气之一。时在阳历每年十二月二十二日前后,是一年中白昼最短,夜间最长的一天。从天文学的角度来说,由于太阳的直射光线,一年之中徘徊于北纬二十三度半与南纬二十三度半之间。夏至则直射于北纬二十三度半,为北半球白昼最长的一天。以后日渐南移,冬至则移至南纬二十三度半,对北半球来说,是太阳最偏斜,也是白昼最短的一天。其后,太阳北移,就是民间所说的"冬至当日回"。

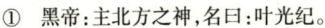

① 黑帝:主北方之神,名曰:叶光纪。
② 玄冥:水神,一谓雨师。《礼·月令》孟冬之月:"其神玄冥"。

量日长

冬至,昼最短,夜最长。其后,阳光直射位置向北移动,白昼渐长。古人非常重视这个日子,谓之"迎长日"。魏晋时宫廷往往"以冬至之后,立晷①测影,准度日月星"。魏晋宫中也喜欢用红线测定日影。民谚云,"吃了冬至面,一天长一线",即指此。民间也说:"过了冬至,长一枣刺;吃了五豆,长一斧头;吃了腊八,长一杈把;过了年,长一橡;过了十五,长的没模。"这与"十月日头碗边转,能行的婆娘做三顿饭"形成了明显的反差现象。

话气温

"冬至未来莫道寒"。到了冬至后,真正的寒冬才开始来临。这是因为夏季那半年太阳对地球直射时所储存的热量没有释放完。冬季这半年,北半球的白天连续时间短,接受的热量少,消耗的热量多,尽管从冬至起,白天开始增长,但北半球所得的热量,仍然"入不敷出",所以气温继续下降。从冬至起,进入"数九",以后每天气温还在下降,约一个月后,降到最低值,才逐渐开始回升。这就是人们常说的"冷在三九"。谚云"三九三,冻破砖","四九四,冻破树"。

"九九"消寒

从冬至起,就进入九九八十一天的严寒季节。如何熬过这段时间,民间流传着各种度寒的风俗活动。

---

① 晷,古代用来观测日影以定时刻的仪器。

其一,画《九九消寒图》,明代文学家刘侗在他的《帝京景物略》中曾经描写过"画九"的方法:"日冬至,画素梅一枝,为瓣八十有一,日染一瓣,瓣尽而九九出,则春深矣。"陕西关中的文人、画家、诗人,每年冬至日起,墙壁上画一张梅花树,树开八十一朵花,每日染红一朵,冬尽,一树红梅全面盛开,则冬尽春来。清孙雄的《燕京岁时杂咏》中"素梅一瓣染成朱,画出消寒九九图"句,即指此。

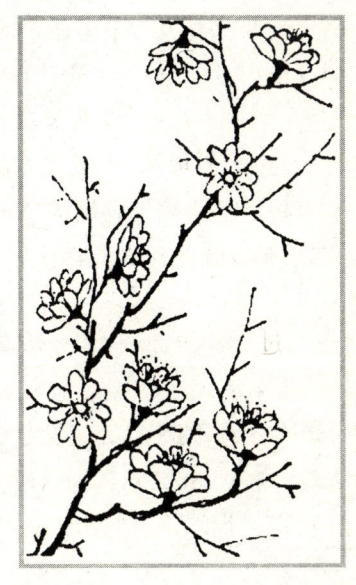

其二,《九九消寒句》,亦称"写九"。如写:"亭前垂柳珍重待春风。"句中有九个字,每字都是九笔,一共八十一笔。从冬至之日起,每过一天写一笔,句成则寒尽春来。

其三,《九九消寒表》,亦称"涂九"。即画张表格,按九行八十一格排列。从冬至日开始,每日用颜色涂染一格。当格子全部染完之日,就是冬尽春来之时。

1	2	3	4	5	6	7	8	9
10	11	12	13	14	15	16	17	18
19	20	21	22	23	24	25	26	27
28	29	30	31	32	33	34	35	36
37	38	39	40	41	42	43	44	45
46	47	48	49	50	51	52	53	54
55	56	57	58	59	60	61	62	63
64	65	66	67	68	69	70	71	72
73	74	75	76	77	78	79	80	81

其四,《九九迎春联》,亦称《联句》。书写一副对联,每联必须九个字,每字必须九笔,如:

故城秋荒屏栏树枯荣

庭院春幽狭巷草重茵

将以上字按笔画描成空格,每天在上下联各填一笔,全联填完,已是春暖花开的季节了。

冬　学

冬天夜里最长,而且又是农闲季节,是办"冬学"的最好时间。冬学非正规教育,有各种性质:如"识字班"招收成年男女,目的在于扫盲;"训练班"招收有一定专长的人,进行专业知识训练,培养人才;"普通学习班"主要提高文化,普及科学技术知识。

过去,冬学的校址,多设在庙宇或公房里。教员,主要请本村或外村有文化知识的人承担,给予适当的报酬。

放　牧

初冬,草木干枯,为了改善牲口饲料结构,常见成群的"牛倌"(放牛娃),拉上牛到野外寻吃嫩草。

郊野的麦田里像草坪一样,一层青草铺满大地。只要麦根扎的实在,初长出地面的麦苗,不怕牲口吃,人脚踩。常见冬季里在麦田搭台唱戏,人山人海,把麦苗踏平了,但第二年麦子长得特别兴旺。因此,冬季在麦田里放牧的人不少。

放牧人过去多半是十几岁的穷孩子,他们上不起学校,只好当牛倌,人们把他们叫做"放牛娃"。

放牛娃每天吃罢早饭后,带上干粮,把牛拉到野外的麦田里,让牛吃草(麦苗)。中午一般不回家。到了日落西山才回来。牛

肚子吃得饱饱的,就算成功地完成了任务,可能得到主人的赏识,否则就要受到指责。

放牛娃联合起来,趁牛吃草之际,在田野开展各种有趣的活动。一种是在地头、路边围坐起来,"丢方"、"顶四楞"、"狼吃娃"。这三种游戏都是民间"围棋",不用场地,活动简便。用小石子作棋子,画上棋盘,就可随时随地开展起来。还有一种野外游戏是"打矛"(打 gǎ)。矛有两种:一种是用木头削成的两头尖,中间大,极似枣核的"尖尖矛";一种是长约十公分,两头停的木头节,称"齐头矛"。齐头矛的打法是:先在地头挖一个小窝,用木别子撑着,然后手持矛棒(打矛的木棒),狠击木别子的一端,令矛泛起,再以棒将矛击向远方。打远赢,打近输,输者喝"嗽"(一口气从矛落处喝到打矛的地点)。

再一种野外娱乐就是讲故事、唱山歌、哼秦腔。在田野里常听放牛娃的歌声:

太阳出来，满天红，

放牛娃，心里喜洋洋！

……

"数九"歌谣

　　冬至是冬季严寒季节的开始，民间所谓的数九习俗也正从这一天数起。每个九里都有农谚来说明寒暖的程度，反映自然的变化和人们的生活。我国地域辽阔，南北气候差异很大，各地农谚不尽相同，九九歌谣也各具风采。

　　江南流行的九九歌：

冬至是头九，　　两手藏袖口。

二九一十八，　　口中似吃辣。

三九二十七，　　见火如见蜜。

四九三十六，　　关门把炉守。

五九四十五，　　开门寻暖处。

六九五十四，　　杨柳发青丝。

七九六十三，　　行人脱衣衫。

八九七十二，　　柳絮飞满地。

九九八十一，　　穿蓑戴斗笠。

　　江北的九九歌是：

一九二九，　　伸不出手。

三九四九，　　冻死猫狗。

五九六九，　　隔河看柳。

七九河开，　　八九燕来。

九九寒尽，　　春暖花开。

　　《帝京景物略》记载明代北京的九九歌：

一九二九，　　　相唤不出手。

三九二十七，　篱头吹觱篥。

四九三十六，　夜眠如露宿。

五九四十五，　家家推盐虎。

六九五十四，　口中呬暖气。

七九六十三，　行人把衣单(袒)。

八九七十二，　猫狗寻阴地。

九九八十一，　穷汉受罪毕。

才要伸脚睡，　蚊虫蝎蚤出。

而闽台地区的九九歌，与此迥异：

一九二九不冻手，

三九四九寒气有，

五九六九河垂柳。

七九雨水至，

八九始惊蛰。

九九再一九，

遍地耕牛走。

陕西关中地区流行的九九歌，又反映我国大西北的冬季景象：

头九暖，　　　二九冻破脸。

三九三，　　　冻破砖。

四九五九，　　闭门厮守。

五九半，　　　冰消散。

六九七九，　　阳坡看柳。

七九六十三，　行人把衣袒。

九九八十一，　老汉顺墙立。

九九再九九，　镰把攥在手。

五、节日风俗

汉族传统节日

（一）春　节

　　春节是我国民族，特别是汉族最重要的传统节日。民间习惯称为"过年"。从腊月二十三日"祭灶"开始到翌年正月十五日"元宵节"，都是过年的范围。春节的由来，一说源于原始公社的"腊祭"。《左传·僖公五年》："虞不腊矣。"西晋杜预注："腊，岁终祭众神之名。"这就是说，一年农事完毕，为了报答神灵的恩赐，乃举行庆祝丰收的活动，就是所谓"过年"。二说，"年"是果实丰收，五谷成熟的意思。庆贺"年"的丰收，尧舜时就有此俗。《谷梁传·桓公三年》："五谷皆熟，为有年也。"在最早的甲骨文中，"年"的写法是""，在"禾"字下面连写两笔，整个字形颇像憩长根深的黍形，用以表示五谷丰登。由此看来，"年"本来是一种植物,是我国谷类植物的统称。

春节门楣

在我国民间,有一则神话传说:远古时代,有一种凶恶的怪兽叫做"年",每到岁末,来到村庄吃人吃牲畜,人们害怕极了。有一次,"年"去一个村庄,走到村边,听见牧童噼里啪啦的鞭炮声就吓跑了。它跑到另外一个村庄,看见小孩子们穿着红色的衣服,也吓得跑了。它又窜到第三个村庄,看见村里的灯火辉煌,照得它头昏眼花,又被吓跑了。这样连续三年,它都不敢进村,最后饿死在荒山野林了。人们总结"年"有三怕,即怕"响"、怕"红"、怕"光"。于是每当岁末过年时,人们就用红纸写对联张贴,并敲锣打鼓、鸣放鞭炮,灯火通明,彻夜不息。这样,危害人类的"年"就不敢进村了。时间长了,就形成了既定的节日风俗。

新年第一天

新的一年来到了,当你翻开日历,首先映入眼帘的就是"元旦"二字。古时元旦亦称:元日、元辰、元朔、元正、正旦等。

"元"是第一或开始的意思。"旦"《说文解字》说："旦,明也,从日见一上,地也。"我国在发掘大汶口文化遗物中,曾发现一幅太阳从山巅升起,中间云烟缭绕的图画。经考证,这是"旦"字最古老的写法。后来,殷商青铜器铭文上,"旦"字被简化成日出地平线的形状。大概是古人,清晨远望东方的太阳冉冉从地平线上升起,就用太阳的形象"⊙"和大地的形象"一"组成一幅绚丽的图画,记录下这黎明的时刻。

一元复始,万象更新。宋代吴自牧在《梦粱录·正月》中说："正月朔日,谓之元旦,俗呼为新年。"南朝史学家萧子云,在他的《介雅歌》中也说："四气新元旦,万寿初今朝。"元为年之始,旦为日之晨。他们都把元旦为一日之始,引申为新年的第一天了。

可是,旧时王朝更迭,元旦时间并不一致。夏以正月初一为元旦,殷商王以腊月一日为元旦,周王立国以十一月为元旦;春秋战国,诸侯纷争,都想"王者起始",各用各的历法;秦始皇统一天下,颁颛顼历,改十月为一年岁首;直到元封七年(前104),汉武帝接受司马迁等的建议,重新制订"太初历",才确定与夏朝相同的元旦——正月初一为岁首。《史记》所谓"夏汉改历,以正月为岁首",即指此。

1912年初,孙中山在南京就任临时大总统,为了"行夏正,所以顺农时,从西历,所以便统计",宣布中国改用"民国"纪元,以世界通用的阳历元月为岁首,并决定以公元1912年1月1日(阴历辛亥年十一月十三日)为民国元年一月一日。从此,两年并称,两年并过。人们习惯把元旦叫"阳历年",把农历的正月过年叫"阴历年"。

1949年9月27日,全国政协第一届全体会议决议规定："中华人民共和国纪年采用公元。"为了区别阳历和阴历两个年,又鉴于二十四节气中的"立春"恰在农历新年前后,因此,便把阳历新年称作"元旦",把农历新年改为"春节"了。

吃"五豆"

　　每年交上腊月,年气就来到了。农历腊月初五日,家家户户吃"五豆"。所谓吃"五豆",就是吃用五样豆子熬成的粥。如大豆、黄豆、绿豆、豌豆、打豇豆等。先在水中清泡一宵。第二天早晨起床后,主妇们淘米(大米、小米皆可),放进已泡好的五样豆,就熬成一锅丰盛的"五豆粥",作为腊月初五这一天的第一顿饭。家家如此,概莫例外。

　　俗话说:"吃了五豆就糊涂。"意思是说,全年辛勤劳动,节俭过日。但到过年时,就要舍得花钱,过一个红火的年。如大办年货、肥吃海喝、行厚礼等行为,看起形似糊涂,但家家如此,互相攀比,唯恐落后。群众谓之"忙年"。

办年货

　　每年交上腊月,农村贸易市场空前活跃,赶集办年货的人群络绎不绝。年前的贸易市场,货物齐全,人山人海,呈现出一种节日的繁荣景象。农副产品,京广杂货,节日礼品,简直是五花八门,应有尽有,琳琅满目。最引人注目的还算是各式各样的木版年画、门神、窗花、花炮、焰火、泥塑等。

　　农村的集市贸易,在平时有逢单日的,有逢双日的。但在交

年　画

上腊月以后,逢集的日子,就频繁地多了起来。除按规定的日子,进行贸易外,还额外增加数次。每年的腊月二十以后,各地几乎天天都逢集赶会。

办年货的内容,除了吃的、用的、玩的、看的和节日礼品以外,还有几件用品是不可缺少的。就是请灶神,以备在腊月二十三日祭灶。请灶神,实际上就是买灶神的画像(灶王爷),但农民忌讳"买",而说"请",是尊重灶神的意思。其次是年画、门神等过年必用的物品。

写春联

过了腊月二十三日,也就是祭灶以后,村子上的人,忙于写春联,准备过年了。

春联是用大红纸写成的对联。据史载春联是从桃符演变而来的。传说古代东海度朔山有一棵蟠曲三千里的大桃树,它的枝叶伸向东北方的"鬼门",万鬼皆由此门而入。树下有两位神仙,一个名叫神荼(tú),一个名叫郁垒(lěi),时常把守着山门,监视鬼的行动,发现有为非作歹者,即用草绳捆起来喂老虎。于是,从春秋战国时起,每逢过年,人们就用两块桃木板,上刻神荼、郁垒的画像,竖立在门前,以示避邪。这就是桃符的来源。王安石《元日》诗云:"爆竹声中一岁除,春风送暖入屠苏。千门万户瞳瞳日,总把新桃换旧符。"

由桃符到对联,是从后蜀主孟昶开始的。孟昶亲笔书写的"新年纳余庆,嘉节号长春。"可以说是我国最早的一副对联。

春节期间张贴的对联,叫做"春联"。春联还包括有"春条"、"春语"、"斗方"等。春节期间,家家户户的门庭院落。都贴上鲜艳夺目的春联,如"岁岁平安日,年年如意春。"(横额"大地回春")春条如"出门见喜"、"竹报平安"、"万福来朝"等。斗方是在一块方形

神荼　郁垒

的红纸上,单写一个"福"字,倒贴在门壁上,取其"倒"(到)的谐音:福气到(倒)来。"春语"一般是一段祝贺的话或勉励的语言。如"勤为摇天树,俭乃聚宝盆""万恶淫为首,百行孝当先"。

春联、春条的内容,丰富多彩。张贴的时候,因地制宜,有的放矢。如给屋梁上贴"抬头见喜";给银柜上贴"黄金万两""招财进宝";给面瓮上贴"米面如山";给院落里贴"满院生辉";给老年人坑头上贴"身卧福地""寿比南山";给青少年坑头上贴"少者怀之""身强体壮";给牲口厩里贴:"六畜平安""骡马成群";给粮仓上贴"年年丰收""五谷丰登";给斗上贴"日进斗金";给车辕上贴"日行千里,夜走八州。"等等。总之,内容有针对性,使人高兴、满意。

爆竹迎春

爆竹,也称"炮竹""爆仗""爆竿"。

在《红楼梦》二十二回中,元春曾为爆竹写过这样一首灯谜:"能使妖魔胆尽摧,身如束帛气如雷。一声震得人方恐,回首相看已成灰。"形象地描绘了燃放爆竹的情景。

爆竹的产生历史悠久,我国民间自古就有爆竹迎春的风俗。早在周代的《诗经》里已有"庭燎之光"的记载。就是说人们遇过年时,便把竹子和松枝绑成火把,燃烧于庭堂,藉其光和声来驱鬼消灾。《神异经》上说:"西方山中有人焉,长尺余,一足,性不畏人,犯之令人寒热,名山魈。以竹着火中,毕剥有声,而山魈惊惮。"《荆楚岁时记》记述:"正月一日,三元之日也,鸡鸣而起,先于庭前爆竹,以避山魈恶鬼。"王晋声为《千家诗》的《元日》注解也说:"山家以除夕烧竹,竹爆裂之声,山魈闻声畏惧而远避。"可见当时由于科学不发达,楚国山中人们常患疟疾,认为是恶鬼作怪,每遇除夕,用竹子爆烈之声除祟避邪,祈求一岁平安。这种带有迷信色彩的习俗,后来逐渐演变为一种娱乐活动。

相传,唐初有个叫李田的人,在小竹筒内装上硝,导以爆炸,以硝烟驱逐山岚瘴疠之气,减退疫病流行,这便是后来爆竹的雏形。火药的发明是我国劳动人民对人类社会的伟大贡献之一。

宋代民间始用纸、麻、火药制成鞭炮,已达相当高的水平,并作为节日喜庆的点缀,被广泛流传。有人赞扬说是:"爆竹山呼,声闻于外。"明代万历年间,北京宛平县知县沈榜写的《宛署杂记》说:"烟火其名不一,有声者曰响炮;高起者曰起火;起火中带炮连升者,曰三级浪;不响不起,旋绕地上者,曰地老鼠……有花草人物形象者,曰花儿,名几百种。其别以泥函者,曰沙窝儿。以纸函者,曰花筒;以筐函者,曰花盆。总之曰烟火。"发展到清代,爆竹的花样不断更新,可生产千奇百态的鞭炮,变幻莫测的烟火,规模更加扩大。到了今天,爆竹不断推陈出新,品种层出不穷,有的光彩夺目,有的绚丽壮观,发火的"电光炮",带哨的"小火箭",更是洋洋大观,不一而足。既能使人精神振奋,又给节日和喜庆增加了色彩。

千百年来,骚人墨客,对于燃放爆竹不知用了多少笔墨。唐初诗人来鹄的《早春》诗,曾形象地描写新年点燃爆竹的景象:"新历才将半纸开,小庭犹聚爆竿灰。"南宋诗人范成大,还专门写了《爆竹行》,记述他对放爆竹的感受:"朝岁爆竹传自昔,吴侬政用前五日。"

除夕守岁

农历腊月三十日的晚上,是年末最后一个时辰。"一夜连双岁,五更分二年。"是新旧年的交替,人们最重视这段时光,所以有"除夕守岁"的风俗。守岁,就是守住时间,不愿意让这一年空空地过去。这种风俗已有两千多年的历史。南宋诗人姜夔专门写了《守岁》的诗,诗曰:"千门列炬数林鸦,儿女相思来到家,应是不眠非守岁,晓窗春色入灯花。"北宋诗人苏轼也有一首《守岁》诗:"欲知垂尽岁,有似赴壑蛇。修鳞半已没,去意谁能遮?况欲系其尾,虽勤知奈何。明年岂无年,心事空蹉跎。努力尽今夕,少年犹可夸!"

　　守岁的风俗活动,十分丰富多彩。一般从三十日中午,吃罢午饭后,就作"守岁"的准备工作。这时家家户户设起供俸祖宗的香案,贴上门神;屋前屋后的门窗上,贴上花花绿绿的春联、窗花;室内贴上年画;院庭的墙壁上贴有春条。屋前屋后特别是院庭里,打扫得干干净净。最引人注目的是大门、中门讲究的人家都要张灯结彩,除贴春联和门神外,还要在门额上贴赤火(用彩色纸剪小长方形,上有钱眼,呈菱形)、序子(黄表剪成,形如赤火)。这时,鞭炮齐鸣,震耳欲聋,藉以庆祝新年的来临。按传统的风俗,这时债主不能来讨债了,即就是贫穷人家,也能安心地过年了。

麒麟送子

　　到了掌灯的时候,屋前屋后,灯火辉煌,如同白昼。在一阵锣鼓声、鞭炮声之后,全家人等都在祖宗堂前围炉取暖,共叙天伦之乐事。有讲故事的,谈经验体会的,说笑的。还举办各种杂耍,如耍纸牌、打麻将、猜灯谜,捉迷藏等。此刻不分男女老少,不论辈分高低,都要尽情地欢乐,一直闹到深夜或天明,这就叫"除夕守岁"或"欢度除夕"。

　　除夕守岁对小孩来说,更是一个欢天喜地的日子。他们尽情地玩,尽情地乐。夜深了,他们一个一个地入睡了。当黎明的鞭

炮声把他们从甜蜜的梦中惊醒时，发现自己的床头、枕头底下，压着各样的红纸包，里边包着崭新的钱币，这就是传统的"压岁钱"。此刻他们的心情，是多么的高兴啊！

敬神灵

每逢春节，人们都要敬神灵，这是几千年来形成的风俗。旧时差不多每个城镇都有城隍、关帝庙；每个村庄，都有土地庙、火神庙等，镇守一方。大年初一，即除夕十二时以后，人们抬着节日的献礼，组成浩浩荡荡的队伍，给庙宇里的神像进香。各村各社都想抢烧"头炉香"，不免争先恐后，但忌打架斗殴。他们认为烧了"头炉香"，就是周围村庄的冠军，可保财源亨通，百事如意。所以，人们很重视这个机遇。

春节期间，过去农村的每家每户，都设有"土地堂"，并配有"土中生白玉，地内产黄金"的对联；给天地爷，贴上"天高光日月，地厚载山河"的对联。还有"龙王"、"马王"、"仓库神"、"灶神"（号称家宅六神），都贴上对联，在年节期间，享受"晨昏三叩首，早晚一炉香"的礼遇。

祭祖先

大年（腊月）三十日午前，各家户的子孙都要去上坟，接祖先回家。下午各家的正厅，都设立香案，以祭祖宗。陕南山区的人民，还端端正正的书写"天地君亲师"五个大字，列在祖先的前位。祭祖先，有用纸描绘的画像，精裱而成，称为"神轴"。平常卷起来，过年时挂起来；有用木板制成长约 1 尺，宽约 5 寸的木制"神匣"。里边按辈分上下写着"×故显考×大人讳××之神位"、"×故显妣×孺人讳××之神位"。谓之"牌位"。

祖宗堂前,摆上高三尺,宽约一尺的"枣花"(面花)。各式各样的献供,有献三牲(牛、羊、猪)的;有献糕点、鲜果的,不一而足。香案前的正中央摆着香灰炉,蜡烛台和香火筒。从腊月三十日起,每天都要烧香点蜡,举行祭祀之礼。现在仍承旧制。

拜 年

大年初一起床后,第一个有意义的活动,就是拜新年。这时,香火案前灯火辉煌,烟雾缭绕。先鸣炮焚香,拜祭祖宗。然后以辈分先后给爷爷奶奶拜年,说声:"爷爷(奶奶),给您拜年啦!"磕个头或鞠躬就过了。接着给爸爸妈妈拜年,依此进行。

向家里人拜完年后,走出门来给本家户族,左右邻居拜年。元旦新春,拜年的人群,熙熙攘攘,来来往往,呈现出一种"年年有余庆,处处气象新"的节日气氛。

从正月初二日起,向亲戚、朋友家拜年。先向舅家、丈人家拜年,后向姑家、姨家拜年。再按亲疏远近关系,依次拜年。这种拜年活动一直延续到正月十五日。至于朋友间的拜年活动,按习惯一直延长到正月底。俗语有"有心拜年,寒食不迟"之说。

拜年的礼品,有厚有薄。陕西关中地区一般送礼馍(糕子、油塔、包子)20个,外加点心、水果等;陕西南部地区,送米粉、酒、肉、糕点等;陕西北部地区,送黄米糕、油炸糕、摊黄、烟、酒等。凡是新亲厚于一般亲戚的礼品。新女婿向丈人家拜年,头一年至少要行"四色礼"(酒、肉、花馍、糕点或其他四样),多至"八样礼"、"十二件"不等。回礼(不空回)也有讲究:女儿出嫁后,头一年没有生小孩前,回送"蛋蛋馍"(小圆馍)八至十六个。生过小孩的回送"枣花"(面花)数个。

至于朋友间的拜年礼品,一般送"南点心"(南方名城生产的点心)一封。有名望的人把自己"名片"挂在礼品封上。这样一来一往,互相拜年,实际是一种社交活动。

陕北秧歌拜年

耍社火

从正月初二起,各村社的社火头(负责耍社火的头目),就召集有关人,研究本年度是否耍社火及其规模大小等问领。原则既定,就按计划进行。

耍社火的规模大小,视年景的好坏而定。一般在盛世,人民丰衣足食的年景,传统的社火活动,如雨后春笋,蓬勃地开展起来。

耍社火的活动,一般按三个步骤进行:

(一)试耍与挑战

主张耍社火的村社,装扮儿桌社火,名曰"试耍"。先在本村社的街上游行,带有发动群众的意思。然后再到邻村社去游行玩耍,邻村社必须热情接待,凡是社火经过的要道、十字路口,都要鸣放鞭炮,并设立香案,摆上糖果、糕点、饮料,款待对方。耍社火

长安社火

的一方,邀请邻村社的一方,也能装扮几桌社火,共同耍起来,俗称"挑战"。

（二）骂阵

有些村社,本来不想耍。但挑战的一方,一日数次去邻村,有意先装扮一些轻松、活泼、愉快的社火,意在引起对方兴趣。若对方仍执意不耍,则挑战的一方,故意在社火的内容中,插进挑斗性或带有激发性内容的节目,如《伐子都》《取长沙》《杀四门》《三娘教子》《岳母刺字》等。这种做法,俗称"骂阵"。直到对方应战后,双方研究共同参战。一场规模较大的耍社火活动,就轰轰烈烈地开展起来了。

（三）耍社火

社火是流行在民间的一种集体广场游艺活动的总称,包括耍狮子、龙灯、芯子、高跷、竹马、旱船等。社火的种类很多,有平头

桌子,即在方桌子上扮演社火,四人抬着走。如扮演《断桥》,则在三条桌子上,各立白娘子、许仙、青儿的戏剧人物形象。化妆很巧妙,受到人们喜爱。比平头桌子艺术更高一点的,要算是芯子社

高 跷

火了。有平台芯子、杂技芯子、转芯子和挂芯子等等。芯子的特点是巧、妙、玄、绝,譬如扮演《赵匡胤千里送京娘》,要使京娘站在赵匡胤手举的蟠龙棍上,这样能给人以玄妙的艺术感受,十分引人入胜。还有一种大型社火,叫做"山社火",高达三丈,山上扮装的故事人物有二十多人,由五十多人抬着走,十分豪迈、壮观。白昼天常耍的社火,还有高跷(亦名柳木腿),用柳木做成的腿,绑在足胫上行走。扮演时可来回走动,边走边表演,打诨取闹,绘形绘色,耐人寻味。大约陕西东府的社火尚武,有马社火、血社火等,以雄壮、威武取胜;陕西西府的社火尚文,即寓意于戏,讲究精巧,以玄、妙、佳、绝取胜;陕南地区的社火,多以跑旱船、划龙舟等形

式出现,博得群众喜爱;陕北高原地区的社火主要盛行秧歌、信天游、锣鼓等。如拜年秧歌,各显特色,很受群众欢迎;安塞腰鼓、洛川整鼓,均闻名海内外,人人皆知。

演"跑毛驴"的孩子

跑毛驴

(四)下场子

耍社火活动在各村社普遍开展起来,先是循环游行,互相较量,接着便商量"下场子"事宜。下场子,实际是"会演"。会演的规模有大有小,或以县为单位,或以区为单位,或以片为单位。地点设在便于群众集中的镇街上。这天,四面八方的社火队伍,彩旗飘扬,敲锣打鼓,浩浩荡荡地来到阵地,举行盛大的社火评比大会。

来自各村社的社火头目人,组成主席团,并聘请专家、学者、农村中多知多懂的老艺人为"评审员",都在主席台上就座。

会演开始,鞭炮齐鸣,锣鼓喧天。接着各个参赛的村社,抬着引人耀眼的社火,依次绕主席台走一圈,边走边表演。

在场子里走一大圈后,再到附近的村子里游行,最后回归到自己的村庄。

各村社的社火队伍,经过主席团时,掌声雷动,鞭炮震耳。上上下下结合在一起,专家和群众,领导和社火头目,共同评比出社火的优劣来。看社火的群众团体或个人,当场给认为好的社火,披红(红绸子)插花(大红花)。

（二）元宵节

灯节的社火

正月十五是元宵节，关中人也称"过十五"。这天，天上明月高挂，地上灯火通明，人们特别喜欢这"一轮明月打头圆"的元宵之夜。自古金吾不禁，踏月观灯，正是最好的游兴时节。元宵节，在我国可算是一个独具风采的传统节日，也留下了许多饶有风趣的节日风俗。

道教称正月十五为上元，七月十五为中元，十月十五为下元，合称"三元"，分属天、地、水三官的诞辰。上元节，盛行观灯，所以也称"灯节"。上元燃灯的记载很早，远在汉代，汉武帝就在这天晚上燃灯，以纪念太乙神（北极星君）。据《僧史》记载，"腊月赏灯"的习俗是汉明帝从西域引进的。西域腊月晦日，称为大神变，该日烧灯表佛。此俗引进中国后逐步发展为"灯节"。唐代把赏灯的时间，正式定为正月十五。据史书记载，睿宗先天二年（711）正月十五日夜里，于安福门外，做了一个20丈高的灯轮，用锦绣加以妆饰，挂上50000盏花灯，就像一株巨大的灯树。成千的宫女和长安少妇，在灯树下唱歌跳舞。到了唐玄宗（李隆基）时，元宵赏灯的规模更大，规定元宵前后三夜（正月十四日至正月十六日），金吾驰禁，开市赏灯永为常式。宋代继承唐代习俗，乾德五年(967)太祖颁布诏令,把元宵赏灯作为一项制度固定下来。明太祖建都南京,为了招徕天下客商,于元宵节放灯十天,便于客商来往。清太宗时,仍然规定元宵五夜"自十五至十七均为灯节,惟十五日谓之正灯耳",开市赏灯。到了近代,元宵节活动更加丰富多彩了,不仅举办大型灯展,还有放焰火、耍社火、敲锣鼓、放鞭炮等助兴。

吃元宵

我国各地的人民群众在元宵节的时候都习惯吃一种用糯米粉裹皮,用红白糖、青红丝、果饵等作馅而滚制成球形的食品。这种食品起初叫"浮圆子""乳糖圆子",后人称为"糖圆""汤圆"或"粉果"。由于专在元宵节吃,所以也把它叫做"元宵"。

吃元宵,据说始于唐,盛于宋,流传至今。据考南北朝的时候,好像还没有这种食品。《荆楚岁时记》一书只说"正月十五日作豆糜加油膏"。那时候是用豆粥上面加盖些肉脂去祭祀蚕神,然后供人享用。到唐代,《酉阳杂俎》载:元宵节吃"汤中牢丸";《开元天宝遗事》载:"造面茧,进焦𫗧"。"牢丸"与"面茧",是同是异,不得确知。而茧即茧。面茧,就是用糯面做成的茧形食品,亦用以祭蚕神,这很可能就是浮圆子的前身。至于"𫗧"音堆,系蒸饼一种。"焦𫗧",即烙饼。

到北宋就出现了"煮糯为丸,糖为臛(疑为臛),谓之圆子"。也就是把糖放在汤里的实心圆子。到南宋才有了白如雪,形似球,放在锅里又浮又沉的糖馅圆子。也就是诗人姜白石在《咏元宵》中写的:"贵客钩帘看御街,市中珍品一时来。帘前花絮无行路,不得金钱不肯回。"诗中把元宵称做"珍品",足见价钱是相当昂贵的。

南宋周必大在他的《平园续稿》一书中说:"元宵煮浮圆子,前辈似未曾赋此。"作者的《元宵煮浮圆子》一诗中有"今夕知何夕，团圆事事同"之句。可见自古以来，人们认为浮圆子是阖家团圆，生活美满的象征，所以讲究元宵节才吃这种食品，久而久之，便直呼为元宵了。

元宵发展到今天，有荤有素，有甜有咸；可汤吃、可油炸，也可热蒸，制作精巧，品种繁多，风味各异，饶有风采。它早已跳出了应节食品的范围，成为一种四时皆备，南北各长，老幼咸宜，或自食，或馈赠的风味佳品。

灯节与灯

元宵节，也称"灯节"。我国从汉代以后的各朝各代都有张灯、赏灯，围绕灯开展文化娱乐活动的习俗，以示一年的光明。灯节，到唐宋时已经发展成一年中最热闹的日子。

《旧唐书》《开元天宝遗事》《朝野佥载》《东京梦华录》《梦粱录》等书中都有关于元宵观灯盛况的记载。从唐太宗的"观灯独盛"到唐玄宗的"置百枝灯树"从北宋的"鳌山彩灯"到南宋的"琉璃灯山"无一不淋漓尽致。

唐人苏味道的名句"火树银花合，星桥铁锁开。暗尘随马去，明月逐人来。"描述过当时灯节的盛况。宋代的辛弃疾在名篇《青玉案

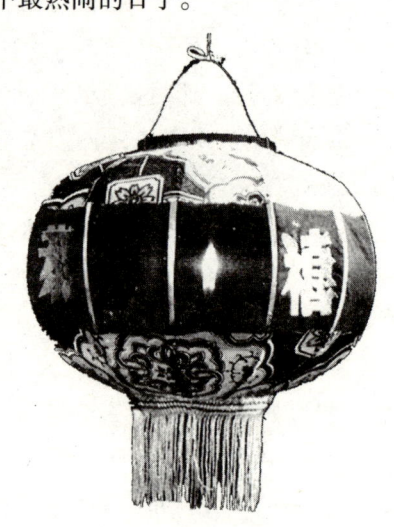

灯笼

·元夕》中描绘当时的灯节是"东风夜放花千树,更吹落,星如雨
……玉壶光转,一夜鱼龙舞"。唐伯虎赞《元宵》的佳句"春到人
间人似玉,灯绕月下月如银",可以说是诗中有画,画中有诗。明
代诗人何景明在他的《元夕怀都下之游》中写道:"忆昨长安元夕
来,王侯弦管上楼台。已见炬如千树裂,更看灯似百花开。"正是
情景并茂,水乳交融。

"春前腊后天好晴,已向街头作灯市。""灯市"是灯笼聚集的
交易场所,千百年来,盛行不衰。每年"破五"以后灯品上市,举目
四望,各式灯彩,一街两行。北京的灯市口大街,西安的南院门、
八仙庵,就是正月灯笼咸集成市的地方。

花灯,是一种综合性的民间艺术,它荟萃采扎、雕刻、裱糊、剪
纸和诗画于一炉。这种久负盛名的传统工艺品,主要有宫灯、纱
灯和耍灯三种:

宫　灯

宫灯，因过去专为宫廷、官府所用故名。主要分为"六方宫灯"和"花灯"两大类，其工艺各具特色，别有情致。

六方宫灯，以紫檀、红木、黄杨作骨架者贵，用其他硬木者次之。造型、结构，有六个对称面，分上扇和下扇两层。上扇宽而短，下扇窄而长。六角有六根连立柱的横木伸出灯沿，上刻龙头或凤头，上悬六条彩色穗坠。在短立木之间镶着六块小画屏。下扇有六根长立柱，立柱外侧镂有花牙，内侧镶有六块长方形画屏。显得雍容华贵，高雅俏丽。宫灯流传到民间，就比较简单了，只是在灯架上罩以红绸。由宫灯衍化而来的有盘折形、八角形、方形、钟形、葫芦形灯笼等。

纱灯，以木条、竹篾、藤条等为骨架，一般的呈圆形，大红色，以绸围笼。上下两端都贴有金纸云朵，底部坠以流苏。年节喜庆作装饰，特别美观大方，所以被命为"红庆灯"。天安门城楼上悬的就是这种灯，格外引人注目。如果将各种颜色的彩纱，再绘上图案，然后贴在灯架上，则称彩纱灯，同样可以用于喜庆和庭堂的装饰，以增添欢乐气氛。

纱灯造型也变化极多，有圆形、方形、伞形、亭形、花瓣形等，各尽其妙。

耍灯，因用于孩子戏耍为目的，实际是一种应节的"年料（撂）"。工艺技巧一般，收藏价值也不高，多用竹篾、麦秆、纸、纱、绢之类的低廉材料制成。由于扎作简易，构思巧妙，倒也五彩缤纷，各具特色；小巧玲珑的兔子灯，栩栩如生的鲤鱼灯，翩翩起舞的蝴蝶灯，还有一走一点头的羊娃灯；车轮灯迎风飞转，走马灯武将交锋，无骨灯变换形状，火罐灯直挂高竿……真所谓满街花灯，满街笑，万紫千红喜迎春。

灯，既能照明，又能点缀环境，美化生活。自从人类学会用火以后，灯也就诞生了。最早是燃烧植物躯秆取火的为灯。后来又用铜、铁、锡、陶瓷制成灯盏，注入动、植、矿物的液体油料，以棉、麻作灯芯,燃火焚膏,以取光明。以后又有了蜡烛、汽灯、电石灯、沼气灯、电灯。从利用大自然火的燃烧,到探索宇宙空间新的光源,是灯的来龙去脉,也是人类不断谋取享受,追求光明的成果。

送 灯

从正月初五日起,开始送灯。主要是舅父给外甥送灯,俗话说:"外甥打灯笼照旧(舅的谐音)。"意思是说,每年正月外甥打的灯笼,好或不好,可以看出舅父家的富裕情况。另外,还有干爸给干儿女送灯的。

随着送灯活动,即有小孩子打灯笼、玩灯笼的风俗活动。每年正月初五以后的每天晚上,各家各户的小孩,男男女女,成群结队,打上各自家的花灯,走街串邻,有说有笑,高高兴兴地玩花灯,赛花灯。

老舅送花灯

追 灯

新媳妇过门第一年,娘家要给女儿家举行盛大的送灯活动,俗称"追灯"。灯的质量高低,要视其双方家境贫富的情况而定。

富贵人家送南木架子、水磨花的宫灯一对；一般人家送大红纱灯一对，即可。除主灯以外，还要送一只小花灯，俗称"引灯"，意思是引导新婚夫妇，早生贵子。

"追灯"这天，男方家庭要摆酒宴，招待来亲。一般是吃两餐，早餐是"四道吃"（喝酒四个菜）臊子面，或"八道吃"（喝酒八个菜）臊子面。午餐的席面更讲究，常见的有"十二件子"（喝酒四个菜，吃饭八个菜）、"重八件"（喝酒八个菜，吃饭八个菜）、"二十四台"（喝酒、吃饭共二十四个菜）等等。

灯笼会

元宵节玩花灯的习俗流传至今，仍然被人们所重视。民间的打灯笼活动，从正月初五日起，一直玩到正月十六日。最后三天，进入玩灯笼的高潮，即"大闹花灯"。"闹"者，相互媲美之意也。在这三天内，有以村为单位，也有以数村为单位，举行盛大的灯会集中表演。各村各户的儿童，男男女女，打上花样别致的花灯，云集在一个广场上，手之舞之，足之蹈之，夹杂竹马、旱船、大头和尚等文艺节目表演，热闹异常，十分壮观。

这种闹灯活动，一共连续三天。一曰"试灯"，跃跃欲试的意思。二曰"闹灯"，即正月十五晚上，是重点表演灯笼的一个晚上，要大闹而闹之，大有"不闹出一个高水平，决不罢休"的气势。民俗歌谣："灯笼会，灯笼会，灯笼灭了回家睡。"但是，谁也不想睡，要与对方比高低，争夺花魁。三曰"完灯"，这是当年灯节最后一个晚上，灯节过完了的意思。当天夜里（正月十六），灯展活动进入尾声，打灯笼的人群里，出现了男孩的灯笼碰打女孩的灯笼，或男女孩之间的灯笼对打。他（她）们以灯碰灯，以灯打灯，相互拼击，并不恼怒对方，而是喜笑颜开的。这是为什么？原来是按照传统的风俗，今年的灯节过完了，必须把灯笼打烂、烧毁，图个吉利,明年另有新的花灯。

灯展·灯谜·焰火

近代的元宵节,各村社,各事企业单位,都在正月十五日前后,举办盛大的花灯展览。展出的花灯,品种花样繁新,以饱观众的眼福。古时的花灯,只限于油灯、漆灯,或燃香、燃蜡等灯。那时的"火树银花",也不过只限于小手工业罢了。现在的电子化和机械化,给灯展增加了崭新的内容。

伴随着灯展,还有猜灯谜的活动。猜灯谜的风俗,古已有之。那时叫做"射虎",射中了就受奖。

我国最早发明火药,有了火药,就有了焰火。焰火,始于唐代,到了宋时,已很盛行。经过元、明、清的发展,焰火的内容增加,放焰火的技术日益提高,已经达到精益完善的程度。陕西省蒲城县的焰火,驰名中外。特别是蒲城县兴镇的焰火,最有名气。1987年,蒲城的焰火受到国际界的礼遇,应邀到法国巴黎表演,法国总统米特朗伸出大拇指赞扬说:"伟大的中国民间艺术!"

喝米面茶

元宵节除吃"元宵"外,陕西关中地区的居民,还喝一种特制的米粉茶,名曰:"米面茶"。米面茶类似油茶,不同的是用米粉做成的。制法是先将大米碾成面粉,放在铁平锅里,同时放进菜籽油、芝麻、花生仁等,用小火轻轻地炒熟(呈黄米色),然后冲着煎开水而饮。

"喝米面茶",至关重要。俗话说:"吃过五豆就糊涂,喝过米面茶才灵醒。"意思是说,年前腊月初五吃过"五豆"后,进入年事阶段,为了过好红火年,要排场,讲大方,不惜大办年货,花钱有些多了。到了正月十五日,基本上过完年了。这时端着米面茶的碗,边喝边算,该节约的没有节约,总算清醒了过来。

放天灯

每年元宵节期间,我国广大农村,流传着一种"放天灯"的风俗活动。据史籍可查,唐宋时已有此举。放天灯是为了增添灯节的气氛,把灯节活动引向一个更新的高潮。天灯一般为圆锥形,大小有如背篓,用薄木片作骨架,外面糊上白纸或红纸。灯底部绑着一个十字架,点燃油灯后,周围用土密封。当灯火将罩内氧气燃完,仅剩二氧化碳气体后,取掉周围的土,灯就会自动地上升,高度可达 500 米左右。天灯在空中随风飘荡,煞是好看。直到灯火熄灭,才慢慢地降落下来。

点火塔

点火塔的这种风俗流行于陕西榆林地区的神木县。春节前,家家户户将检拾好的大量煤块,摞成平整的方形。然后在门口前垒成三、四米高的火塔,有圆锥形,有四棱分明的大雁塔形,也有底座为正方形,上端为圆锥形的。火塔的中间放有柴木,底部有通风口,俗名"炉坑",正对家门。除夕之夜或正月十五、十六夜间,零时至一时点火。一般先放鞭炮,由户主点火。约二小时,可将火塔烧得通红。民间流传说,点火塔可以祛邪避灾,迎接光明幸福。每当火塔烧红后,男女老少围塔狂欢歌舞,通宵达旦,别具风采。

转九曲

转九曲,亦称"九曲会"、"灯游会",盛行于陕西的延安、榆林

地区,每年农历正月十五日前后举行。

　　古时候的"转九曲",是一种祭祀老子的宗教活动,有许多迷信讲究。现在人们相信科学,不相信神灵了,只把"转九曲"作为一种娱乐或一种健身的体育活动。"转九曲"阵地的摆法,是按传说中姜子牙《黄河阵》的阵式,在广场上设东、西、南、北、中等九门。九门连环在一起。将360根高粱秆,等距离的栽成一个"四方形阵图",俗称"柱头"。再将柱头与柱头连接起来,点放367盏灯。中间那根柱头,点放七盏灯,叫做"七星灯"。就整个形式看,九曲就像一座很大的城郭。九曲十八湾,没有重复的路径。这大城廓内又有九个小城廓,小城廓的门径,走回各不相同。转九曲只能顺着围墙顺序走,只许前进不许后退。也不准拐弯抹角,转移方向。否则,你就走不出去。

　　转九曲的习俗,我国其他各地亦有。《帝京景物略》记明代的北京城中:"十一日至十六日,乡村人缚秫稭作棚,周悬杂灯,地广二庙,门径曲黠,藏三四里,入者误不得径,即久,迷不出,曰黄河九曲灯也。"

(三)正月的杂节

　　正月,是农历年开头的第一个月,有征月、端月、早春、孟春等别名。但正月,不叫一月,正字也不读正(zhèng)而读正(zhēng)。据《春王正月》说:"正月为一月,人君即位,欲其常居道,故月称正也。"就是说,古代帝王大都在每年的头一月接受文武百官的朝拜,为了表示庄重独尊,便把一月改为"正月"。另据记载,周朝时期,许多国家大事,一般的安排在正月处理,所以把正月又叫"政月"。到了秦代,因秦始皇出生在正月,取名嬴政,为了避他的名讳,就下令规定把"正(zhèng)月"读成"正(zhēng)月",相沿成习。

正月是个汉族民俗文化相当丰富的月份。其中有中华民族最重要的两大节日。一是五天的年节，二是三夜元宵，可谓妇孺皆知。但是正月又是一个充满节日气氛的月份，如：鸡日、人日、祀蚕日、炼丹日……许多"杂节"。随着时代的发展，或被大节融合，或被人们淡化，或失掉了赖以存在的基础地位。已不被人们普遍重视。为了维护其节俗的统一性，资料的完整性，提供其发展过程中的变异性，对这些常人很少涉猎的年中之节，节中之俗，作些简要的记述，很有必要。

"破五"与"送五穷"

农历正月初五日，称"破五"，是旧时汉族传统岁时风俗，流行全国各个地区。《天咫偶闻》："正月初五日名破五。以前禁妇女往来。"《燕京岁时记》亦载："初五日谓之破五。破五之内不得以生米为炊，妇女不得出门。至初六日，则王妃贵族以及各宦室等冠帔往来，互相道贺。新嫁女子亦于是日归宁。"陕西的农村和城市，在正月初五前不烧干锅（不烙饼）；商店停止营业；屋内垃圾不准扫出去，放在拐角处。待到正月初五早晨，大放鞭炮，名曰"炮五"。这时，才能烧干锅烙饼吃；商店才能开门，祝愿"开市大吉"；才能把堆积起来的垃圾，扫出大门外。

人们把正月初五这天，倒去垃圾的活动，叫做"送五穷"，意即把穷气送走。陕北一带，在正月初五这天早晨，习惯由一位老者担着炉灰，到冰滩上划一个大十字，将灰倒其上，焚香烧纸，叩头祝曰："穷鬼！穷鬼！速离我去。"有的地方，由家庭主妇端上垃圾土，倒往远处，口中念道："送穷神，送穷神，把穷神送个干干净净。"有的地方，正月初五这天，家家户户剪穷纸人，扔出门去，据说可以把穷神赶出门外。

人 日

　　人日，即农历正月初七，古代人把这一天看作是人生富贵安危重要的日子。据《西京诗话》引《方朔占书》云："岁后八日，一日鸡，二日犬，三日豕，四日羊，五日牛，六日马，七日人，八日谷。其日晴则所生之物育；阴则灾。"为讨吉利，古俗正月初一不杀鸡，初二不杀狗，初三不杀猪，初四不杀羊，初五不杀牛，初六不杀马，初七不行刑。此后，人日便形成了人类争取生存幸福，消灾避难的传统节日。每年逢此日，人们都盼望天气清明，举行各种风俗活动，以寄托思念亲友，祈求亲人安康幸福的心愿。南朝梁人宗懔《荆楚岁时记》载："正月初七日为人日。以七种菜为羹，剪彩为人，或镂金薄为人，以贴屏风，亦戴之头鬓。又造华胜①以相遗，登高赋诗。"可见当时人日节的风俗活动，已很丰富多彩了。

　　正月初七日的"人日"，俗称"人齐日"，即"七"的谐音。这天全家人要齐全，外出的人尽量赶回来住，是一个忌讳出差的日子。如遇紧要事，也得早晨出门，晚上赶回，等全家人齐全，一个也不缺，才算过好"人日"节。陕西关中地区，初七的早上，家家户户吃一顿长寿面，让人们的灵魂长长的，让老年人"福寿长存"；让小孩长了再长，"长命百岁"。陕北一带还有"用糠著地上，以艾炷灸之，名曰救人疾，俗为"疾七"的习俗。"疾七"取"疾弃"、"疾去"之谐音，隐含祛凶求吉之意。

　　文人雅士也有在这一天"登高赋诗"者，可见古人对这个节日的重视。以"人日"为题材的吟咏很多，其中以薛道衡的《人日思归》最为人们所传诵。薛道衡在隋朝官至内史侍郎，曾出使江南的南朝。"入春才七日，离家已二年；人归落雁后，思发在花前。"

---

　　① 华胜，又名花胜、彩胜，是一种环形或方形连环的发饰。

这首诗抒发了流寓江南陈朝时的思乡之情。

这个节日后来也作"仿唐习俗"传到了日本,称"人胜节"。过节人们都吃七种草(水芹、荠菜、鼠曲草、鹅肠草、接骨草、油白菜和萝卜)煮成的汤。又把这七草放进粥里,成为"七草粥"。

杨公忌

宋代杨家将的故事,在我国通过小说、戏剧、曲艺等艺术形式的传播,已是家喻户晓了。杨公忌是缅怀杨家保家卫国,一门忠烈,名垂千古的英雄业绩。

杨公忌,每月皆有,如:正月十三日,二月十一日,三月初九日,四月初七日,五月初五日,六月初三日,七月初三、二十九日,八月二十七日,九月二十五日,十月二十三日,十一月二十一日,腊月十九日。传说:杨家将这一天忌出兵打仗。忌日中以正月十三日最为重要,传说,宋代名将杨业,又名继业(并州,太原人,《宋史》有传)于这一天殉难疆场,秦腔剧唱词中有"我的父李陵碑前命不在!"

民间到了这一天,忌出行、移迁、埋葬、婚娶、动土,男的停止生产,女的禁用针线,连拜年、送灯等活动也避开这天进行。

老鼠嫁女日

老鼠嫁女,亦称"鼠纳妇",是汉族人民古老的祀鼠活动,流行于全国各地。不过时间各有不同。苏北在农历正月十六,苏南在正月初一,湖南在二月初四,陕西在正月十二日……江南一带在老鼠嫁女之前夕,家家户户炒芝麻糖,为老鼠成婚准备喜糖。是日晚孩子们将糖果、花米等,放置在阴暗处或老鼠经常出入的地方,并以锅盖、簸箕为乐器,大打大敲,发出响声,为老鼠嫁女助兴。湖南地区于老鼠嫁女这一天，在屋角、过道上遍插蜡烛，照得通明透亮，为老鼠嫁女制造热烈气氛。陕西的大部分农村，这天不吃囫囵食物(吃磨碎的食品)，下午不用刀切东西，怕伤了鼠爪，鼠害更烈。这天让小孩头枕驴鞍子，在灶房静听老鼠嫁女鼓乐之声。是日晚家人早寝，让老鼠在夜里安安宁宁地举行婚礼。清乾隆《府谷县志》载："十日(新正)各老鼠嫁女日，是夜家人灭烛早寝，恐惊之致害百谷，啮衣裳。"《临潼县志》载："十一日(新正)夜张灯，十二日厨不动刀，谓之鼠忌。"此外，老鼠嫁女日，陕西农村多数人家蒸"茧儿"馍①，说是为老鼠嫁女制作的礼品和食品。并把"茧儿"馍供献在家宅六神②堂前，祈求神仙保佑，让老鼠嫁女喜事成功。有些多年未生子女的妇女，这天晚上悄悄地偷走神堂的"茧儿"馍，回屋里吃，据说可以怀孕生育子女。

老鼠嫁女(面花)

---

① "茧儿"馍，形似老鼠，用黑豆做眼球的花馍。
② 家宅六神，即灶爷、财神、天地、土地、牛马王、仓库诸神。

祀蚕日

我国历史上自从汉代张骞出使西域,就开辟了有名的"丝绸之路"。中国著名的特产——丝绸,顺着这条康庄大道源源不断地被运往西域或中东;西方的商人也纷纷来中国经商。互相频繁交易,往来络绎不绝。丝绸市场的需求,刺激着中国农民"以销定产"。所以从魏晋南北朝起,"整阡陌,树桑果",种桑养蚕和丝织业普遍得到长足发展,也成为国赋和农民的重要收入。在生产力低下和抗拒自然灾害能力相当薄弱的情况下,企望神灵保佑,蚕业丰收的观念随之产生。"祀蚕"的风俗也就自然而然的形成了。

《荆楚岁时记》有正月十五日煮白米豆粥加肉脂去祭祀蚕神的记载。《续齐谐记》中也记述了一则故事:一年的正月十五日,吴县有个名叫张成的人,夜间起床,偶见一妇人,站在他屋的东南方。对他说:我是神仙,明年正月望日,如能以白米豆粥加肉脂来祭我,当会使你家蚕业兴隆。说罢,化风而去。后来,张成如法而做,果然桑蚕年年丰收。由于这个传说的影响,祀蚕神之俗相继传开,江浙一带尤其。更由于养蚕最怕鼠害,接着又有了"鼠忌",和以"茧儿馍"祭神等风俗的产生。

燎百病

在陕西东北部的广大农村中,每年农历正月十六日黄昏,家家户户把从山峁崖畔砍来的柠条子、酸枣树堆在一起点燃。在火光燃旺时,将床上的被褥拿来虚燎,边燎边念:"燎百病,燎百病。百病消散身安宁。"年轻小伙子也口念《燎百病辞》,从熊熊大火上,勇猛地跳越过去。小孩则由大人抱着跃过。以为这样可以除灾灭病。

西安地区把燎百病称为"游百病""走百病"。过去每逢正月十六日,市民携带儿女到各寺院进香或去城外的曲江、雁塔等处出游,企图在游乐和欣赏大自然风光中使百病消除。

关中西部地区又把燎百病变为"摇百病"。即是在"落灯"的正月十六晚上,无论男女老少,每人手掬数炷香,散步于村内外。有人还边走边念:"摇一摇,百愁消。百愁消,抢大刀,大刀刺去病魔妖……"就是说"摇"的目的在于驱除病魔对人的困扰。摇,或亦可理解为"遥"。即人在无拘无束的逍遥活动中,把疾病消逝掉。

吴江周用有描写明代京师《走百病行》诗:

都城灯市春头盛, 　　大家小家同节令。
姨姨姥姥领小姑, 　　撺掇梳妆走百病。
俗言此夜鬼穴空, 　　百病尽归尘土中。
不然今年且多病, 　　臂枯眼暗偏头风。
踏穿街头双绣履, 　　胜饮医方二锺水。
谁家老妇不出门, 　　折足蹒跚曲房里。
今年走健如去年, 　　更乞明年天有缘。
蕲州艾叶一寸火, 　　只向他人肉上燃。

天穿节

农历正月二十日,是我国农村中流传的"补天补地"节。这就是古人所谓的"天穿节"。到了这一天,陕西关中产麦地区,家家户户都要烙锅盔(或饦饦馍)、摊煎饼,由祖母或主妇当众切开锅盔和煎饼的一小块,抛向房顶,象征着"补天";接着又抛向井里,象征着"补地"。其余的锅盔、煎饼、饦饦馍,全部分给家里的男女老少吃,每人一份,不得缺少一个人。渭北等地还有烙"菜合合"的,名曰:补天补地"菜合合"。

这种锅盔、煎饼、饦饦馍，都是圆形的，专为"补天补地"而作，所以叫做"补天饼"。吃罢补天饼后，听老人讲女娲补天的故事。

传说，远古有位女神名叫女娲，当时世界上只有她一个人，十分孤单寂寞。后来她抟黄土为泥，捏造成人的形象，结果成功了，世界上才有了人类。谁知正在这时，天上的神仙发生了冲突，打起

女娲炼石补天

仗来了。一下子踩塌了半边天，露出了一个大窟窿。大地也成了横一道竖一道的深坑。坑里冒出了大水，森林发生了大火灾，野兽也跑出来伤害人类，使人民处于水深火热之中。女娲为了保护自己的子孙后代，在河边拣五色石子和成胶糊，补住了天。为了结实，还斩了乌龟的四只脚，作为天柱，撑住了天。并杀死了作恶多端的孽龙，用芦草灰填满了地坑，堵住了洪水，人们才得安居乐业。

后来，炎帝的后裔为了反对黄帝后裔的残暴统治，愤怒地撞倒了为支持统治地位的天柱——不周山（乌龟的一只脚），天地又塌陷了。人们运用女娲补天补地的技艺，又重新修补了天地。为纪念女娲"补天补地"的神功，每年农历正月二十日，才有了"补天补地"的风俗活动，一直流传至今。

炼丹日

　　每年的正月二十三日,传说是太上老君的"炼丹日"。也是民间习俗中所谓的初五、十四、二十三,正月里的"三大忌日"之一。此日忌交易、忌出行、忌开业、忌伐木、忌破土、忌上梁、忌修造、忌迁徙,特别是老牛忌使役,妇女忌针钱。民谣:"正月二十三,老牛、老妪(老年妇女)闲一天"即指此。据说,所有这一切,都是为炼丹营造一个安闲的自然环境。同时,过去各家门上都贴《金牛图》,表示金牛星帮助炼丹有功;在屋里的家具上贴用黄纸剪成的宝葫芦,表示是盛丹之器;人人口念:"新春正月二十三,太上老君不出庵。仙丹炼得天下乐,一年四季保平安。"

金牛祭祖

　　炼丹日,最早是道教的一个节日,观庵之内有设坛祭神之事。随着道教在民众中影响的加深,这个节日的活动也流传到民间。既然节中忌禁殊多,也就只有停止生产,去参加各种娱乐活动。

从这个意义上讲,农民仍把这天当"年"来过。

填仓节

每年农历正月二十五日,是汉族人民的传统节日,流行于全国各地。顾名思义,填仓就是填满仓库的意思。填仓的活动很多,有的地区的人民,在该日糴米积薪,收贮煤灰为填仓。《帝京岁时纪胜》载:"京师居民不事耕凿,素少盖藏,日用之需,恒出易市。当此新正节过,仓廪为虚,应复置而实之,故名其日曰填仓。"有的地区的人民,在正月二十五日以酒肉饱腹为填仓。《燕京岁时记》载:"二十五日人家市豕牛羊肉,恣餐竟日,客至若留,必尽饱而去,谓之填仓。"《帝京景物略》载:"二十五日大啖饼饵,曰填仓。"有的地区的人民,这天以灰画囤于地,置五谷杂粮于囤内,象征围仓,亦称"填仓"。现在农村中,每年正月二十五日,仍有表示填仓的活动,他们一大早开门时,由家中主事的人,端上草木灰,在自家院内撒成一个圆囤粮仓,画上花边,写上"丰"、"福"字样。还撒梯子形,做上梯子填粮仓姿势,以示"填仓"。填仓者,意即提醒人们节约粮食,增加库储,以备荒、备歉。

送穷日

送穷者,送走穷鬼也,是我国古代颇有特色的一种岁时风俗。

古人认为:月尽为穷,月新为富,每月皆然,故正月晦日(大建三十,小建二十九)为送穷,二月二为迎富。《荆楚岁时记》记:"正月晦日送穷鬼之事,其源远在唐。"

唐代文学家李邕所著的《金谷园记》早为传说中的穷鬼(穷神)在当时被赋予了具体的形象和特点:身材瘦小,喜穿破烂衣

服，喝稀粥，即使做了新衣服给他，也要用火烧破了才肯穿，真不愧是一个"穷祖宗"。因为他是正月最后一天归天的，所以人们就在晦日送他走。这也十分符合古代人民的传统心理，即希望在辞正月，迎仲春之际，送走昔日岁月的贫穷、辛酸和苦难，迎来幸福美好的生活前景。

穷鬼的送法，似乎各地不一：池阳（即今泾阳县）风俗"扫除屋室尘秽，投之水中，谓之送穷"。据说唐时，是根据穷鬼"好衣敝、食糜"的特点，作稀饭、弃破衣，是日祝于巷，曰除贫。韩愈的《送穷文》则说："结柳作年，缚草为船，载糗舆粮，牛系轭下，引帆上樯，三揖穷鬼而告之曰……"至现在这种风俗好像已被人们淡化，或者已与"破五送穷"相融会。但陕西户县张家滩村还保留着"月尽会"的形式，年年不改，有大戏演出。据说，始于送穷，属唐代遗风无疑。但现在内容却是庆丰收。风俗在传承中发生了变异现象。

今存唐诗四万八千余首，言及送穷者极少。仅诗人姚合有《晦日送穷三首》不妨录于下：

> 年年到此日，沥酒拜街中。
> 万户千门看，无人不送穷。
>
> 送穷穷不去，相泥欲何为？
> 今日官家宅，淹留又几时。
>
> 古人皆恨别，此别恨消魂。
> 只是空相送，年年不出门。

（四）青龙节

飞龙腾空（剪纸）

农历二月初二日，为传统的"青龙节"。其时正当阳历三月初，处于"惊蛰"节气。冬眠的动物开始苏醒，草木开始发芽。"春雷响，百草兴"。天气变暖，河水解冻，大自然呈现出一派生机盎然的景象。"二月二，龙抬头"。据说这天，沉睡了一冬的龙，就要开始抬头了。在唐以前，这天没有多少活动，唐以后始有挑菜、迎富、踏青等项活动，时称"挑菜节"、"迎富节"。宋末元初，在我国北方地区，又和"惊蛰"联系起来，逐渐演变成为以驱虫害和祈丰收为内容的传统节日。明、清以来，"二月二"的风俗活动，更加丰富多彩。有人认为"龙抬头，百业兴"是个吉日；有的人说"药王临，药水盆"，宜沐浴、剃头、理发。

迎　富

唐人在（正月）"晦日送穷"之后，紧接着就是二月二"迎富"。

相传,古时候有一户人家的儿子,被邻家于二月二日求得而归养。谁知邻家不久由贫穷转富足,后来竟然成为良田百顷,骡马成群的一方富户。且因其子乐善好施,为富而仁,死后被荐为"富神"。所以后人认为,二月二是个由穷转富的吉日,每于此日祭富神以迎富,成为习俗。据说富神在世时生活俭朴,粗茶淡饭,最喜食野菜,特别是"茵陈蒿"。人们就挑野菜献给他。唐韩鄂《岁华纪丽》有"后以此日出野田采蓬,兹向门前以祭之,以迎富"的记载。蓬,即蓬蒿,亦曰"茵陈蒿"。多年生草本植物,广产我国南北,全草有香气,可以入药,有发汗、利尿、利胆作用。营养丰富,春日叶嫩柔软,采之可做菜食。此俗,盛于唐宋代犹存。其后记载甚少。挑菜、采蓬之俗,至今仍盛行不衰,但多不与迎富相连。

南宋诗人魏了翁有《二月二日遂宁北郭迎富诗》云:

才过结柳送贫日,又见簪花迎富时。

谁为贫驱竟难逐,素为富逼岂容辞。

贫如易去人所欲,富若可求我亦为。

里俗相传今已久,漫随人意看儿嬉。

炒豆豆

二月二这天,我国北方都有炒豆豆的习俗。用大米炒,称"米花";用包谷豆炒,称"包谷花";用大豆炒的,称"豆花"。另外,还有用面粉加水和成面团,搓成条状,再切成小方块,像棋子一样,用火炒熟,名曰:"棋子旦"。以上炒制食品,爆炒时都发出一种响声,就像鞭炮齐鸣一样,是为了祝贺龙的抬头,也是为龙供献出一份最珍贵的食品。所以"包谷豆"、"米花"、"豆花"、"棋子旦"不仅是节日的特定食品,也是送给女婿、外甥、外孙的珍贵的礼品。

若有远在外地工作、经商、求学的家人，也要留一份送给他们品尝，共享节日愉快。

打围墙

二月二这天，流传着一种古老的风俗，就是"打围墙"。即在正屋的周围，用草木灰撒上一圈。寓意可以消毒，防止虫蛇咬伤。据说穿山甲（领水之兽）最害怕草木灰，用草木灰围上屋子，虫蛇就不敢侵犯了。陕西南部的佛坪一带，人们在清早黎明时，用擀杖敲门，围绕屋子用簸箕撒一圈草木灰。南郑县、西乡县人民，不但在这天用草木灰沿室外抖撒，而且边撒边说："二月二，灰簸箕，虫虫蚂蚁飞过去。"陕西的榆林、府谷等地，每年"二月二"将腊月祭灶时，给灶神供献的枣牌（花）亦用油炒过，让全家老幼分而食之，成为当地的传统风俗。

引钱龙

"二月二"一大早，主人把草木灰，从井旁一直撒到厨房内的水缸旁边，这种活动叫做"引钱龙"。意思是说，龙能给人们带来金钱，可以发家致富。这天，许多农家都烙"龙鳞饼"（类似龙鳞的馍），据说吃了这种饼，不会受冻；巧妇们还擀制又长又细的白面条，俗称"龙须面"，吃了这种面，年轻人身体健康，老年人可以长寿。

咬 虫

在陕西华阴县地区，每年青龙节，流传着"咬虫"的风俗。"咬虫"也叫做"咬蝎子"、"吃蝎子尾巴"。这是一种象征性的说法，其实是吃像蝎子、蝎子尾巴的花馍。这种花馍是供献给药王(孙思邈)的食品。二月二,祭祀药王后,把这些花馍,切成小块,在铁锅里烘干,分给小孩吃。认为这样可以杀死肠道中的寄生虫,使小孩健康成长。

耀县孙家原药王孙思邈祠

抬懒婆娘

"二月二,龙抬头"。这天,陕西扶风地区流传着一种奖勤罚懒的传统风俗。他们把一年来做出优异成绩的先进妇女,张榜表扬。同时,把大家公认的"懒婆娘"哄笑一番。提醒了这些"懒婆娘",正月已经过完了,繁忙的春耕生产即将开始,人人鼓起干劲,不能再游手好闲了。有的地方还把"懒婆娘"装扮成社火,抬在街上游行。

(五)花朝节

在我国民间的传统节日中,有一个似乎被大多数人遗忘了的节日,叫做"花朝节"。

"百花生日是良辰,未到花朝一半春;红紫万千披锦绣,尚劳点缀贺花神。"清代诗人蔡云在他的《吴歈》留下的这首名诗,至今耐人寻味。并涉及到了"百花生日""花朝"和"花神"几个关于花的历史典故。唐代人郑怀古的《博异志》就曾记述过关于花神的故事。二十世纪五十年代的一部深受欢迎的电影《秋翁遇仙记》就是根据民间故事花神的传说而经过艺术加工拍摄的。有了花神,自然就有关于花的风俗。

百花生日

旧俗农历二月十五日为百花生日,故称此日为"花朝节"。唐司空图《司空表圣诗集》一《早春》:"伤怀同客处,病眼即花朝。"宋吴自牧《梦梁录·二月望》也说:"仲春十五日为花朝节,浙间风俗,以为春序正中,百花争望之时,最堪游赏。"一说为十二日,见于清吴研人著的《情变》:"每年二月十二相传是百花生日。"又一说为二月二日,见《翰墨记》:"洛阳风俗,以二月二日为花朝节,士庶游玩,又为挑菜节。"

花朝月夕

花朝,月夕,犹花晨月夜,即良辰美景之意也。《旧唐书·罗威传》:"每花朝月夕,与宾左赋咏,甚有情致。"亦特指阴历二月半和八月半。田汝成《熙朝乐事》:"二月十五为花朝节,盖花朝月夕。世俗恒言,二八两月为春秋之中,故以二月半为花朝,八月半为月夕也。"

花王花相

旧时品花以"国色天香"的牡丹为群花之首,世称"花王"。

宋欧阳修《洛阳牡丹记·花释名》："钱思公尝曰：'人谓牡丹花王，今姚黄真可为王，而魏花乃后也。'"韩琦《夜合》诗："直饶妖牡丹，须让花中王。"

人们称牡丹为花王，芍药为"花相"。宋杨万里《多稼亭前两槛芍药，红白对开二百朵》："好为花王作花相，不应只遣待甘泉。"大概因为花以牡丹为王，芍药则近侍也。

挑菜御宴

古代皇帝均十分重视花朝节。相传唐太宗李世民曾在花朝节这天，为欢度佳节，曾亲自在御花园中主持过"挑菜御宴"，因为他认为花对人来说，是美的象征，对国来说是吉祥之物，故于花朝节设宴，以示大唐江山百花争艳，春满人间。

所谓挑菜御宴，就是在宴席的佳肴中点缀各种可供食用的花草，如荠菜、茵陈蒿等，然后边饮酒边食之。

女皇武则天也在花朝节这天到兴庆宫游玩，令宫女采集百花，和米捣烂蒸成花糕，以赐群臣。

宫里的群臣和大夫也曾纷纷外出踏青、赏花、饮酒、赋诗，尽情娱乐。

老君圣诞

每年的二月十五日既是百花生日，又是太上老君和民族英雄岳武穆的圣诞之日，民间则把二者的纪念活动结合起来进行。这天前后不少庵观都举办庙会或物资交流大会。常常是庙内香烟缭绕，钟鼓并鸣，庙外熙熙攘攘，热闹非凡。

老君一直被冶炼业（包括铸针）尊为行业祖师，岳武穆又有"岳母刺字"的故事。人们便趁他们圣诞之时，为幼女扎耳孔。由外婆或村中的老妪将系着红丝线的针从耳垂处穿过,把红丝线留在耳孔中,以便喜庆时佩戴耳环。民间多数人认为这天扎耳孔既安全,又吉祥,以祈将来花容月貌。

不少善男信女这天要到庵堂里参神拜祖。穿红戴绿的妇女还把红线或五色缯粘在花木上,将彩纸挂在花丛中,也有将小三角彩旗插在花盆中,来祝贺百花生日,谓之"赏红"。

花谚兆丰

各地农民又把花朝节日的晴雨和五谷丰登联系在一起。民谚有"花朝月明,棉花十分""花朝日晴,万物成熟"之说。花朝节在春分前后,已是北方春耕的开始,人们借花的气象预卜日后之丰歉,正反映了人民群众向往美好,盼望丰收的愿望。

迎春花会

花朝节的具体日期南北各异,纪念活动的名目和内容也十分繁多,但以花为中心的爱花、赏花、赞花的观念和习惯却比较统一,而且种花、插花、养花的范围和规模也大大超过了古人。当我国北方还未到百卉争艳的时候,南方则早已进入万紫千红的时令了。广州、昆明、成都、南宁、福州每年都要举行迎春花会,虽然时间不一定在二月十五,但其花品之繁,规模之大,是古代花朝不能比拟的。特别是广州花会,论历史、论声势,更是闻名遐迩。据考,今天的花会正是古代花朝节的继承与发展。

(六)清明节

春分后 15 日为清明,这时日行 15 度,天气晴朗,故名"清明节"。时在每年农历三月,所以也叫"三月节"。清明节是我国二十四节气之一一,又是一个传统的风俗节日。在这一天,自古有扫墓、祭祖、郊游、戴柳等风俗活动,谚语说:"清明不戴柳,红颜成皓首。"

清明上河图(部分) 北宋张择端 绘

冬至后105天为"寒食节",大约在清明节前一、二日。"寒食节"又名"冷节"、"禁烟节"。据说是为了纪念介子推死难绵山而设的纪念日。介子推,春秋时人,曾"刮肉奉君",有恩于晋文公(重耳)。后来,重耳归国,当了国王,大封功臣,却忘记了介子推。后派人在山西绵山,找到了介子推的尸体,已被烈火烧成炭人了。为此,晋文公下令修火禁,这就是"寒食节"的来历。"寒食节"最初断火一个月,让人们冷食、冷饮。后减断火为七天、三天,最后到一天。期满后重新生火。

"清明"与"寒食"本是两个节日,因时间距离很近,所以,近代人们都把这两个节日合二为一,叫做"清明节"。

祭 祖

清明祭祖的活动在秦汉以前就有记载,不过形成一种固定的风俗,当从汉代开始。据《后汉书》记载:"秦始皇起寝于墓侧,汉

 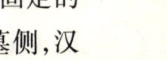

因而不改，诸陵寝皆以晦、望、二十四气、三伏、社、腊及四时上饭其亲。"这里说的"二十四气"当然包括清明在内，就是说汉代继承了秦时的先例，于每年清明节扫墓祭祖，就形成了一种较为广泛的风俗。

清明上坟

我国广大农村，于清明节前几天，就有人到祖先坟墓培土、修整。到了清明节这天，率领子孙在祖坟前，设立香案、备酒食、烧纸钱，诚心祭奠。家家户户在门前插柳，表示为死者招魂。清明节前，远在外地工作的子弟，要赶回家乡扫墓祭祖。因事不能回家的人，也要捎回来一些纸钱，让家里人代为焚烧。出嫁的女儿，也不例外，同样要送回来一些烧纸，表达祭祖之情。

旧时陕西各地多设有"坟头会"。由会首主持，于清明节时杀猪宰羊，先在祠堂的神主前，举行祭祀礼。再由长者率领男丁，到祖坟前烧纸，然后会餐。最后公布账目，并按丁（只记男性）以户为单位，分享祭礼食品，称为"领份子"。

陕西延安、黄陵一带的人民，于清明节这天，除吃凉粉、枣糕外，还把在节前蒸的"罐罐馍"，由各家的孩子提上，到祖坟前，焚香烧纸，将"罐罐馍"顶儿掐下来埋于坟中。又以红、白、黄三色纸剪成花絮，糊于柳树枝上，名曰"花树"，插在新死者的坟墓上。

祭黄帝陵

《史记·五帝本纪》:"黄帝崩,葬桥山。"桥山,在今陕西省黄陵县。黄帝陵位于黄陵县城北一公里的桥山之巅。1961 年被国务院公布为第一批全国重点文物保护单位,编为古墓葬第一号。黄帝庙位于桥山东麓,1977 年,陕西省文物管理委员会,将其并入黄帝陵保护范围。

桥山,下有沮水环绕,又有群山环抱,总面积 8500 亩。山上古柏覆盖面积 1337 亩,81600 余株。多数树龄在千年以上,是全国最大的古柏群。

祭黄陵

每年清明节,省内外的炎黄子孙、归国华侨、海外游子,前来黄帝陵祭奠者,络绎不绝。远在春秋时,"宰我问孔子曰:'荣伊言黄帝三百年,请问黄帝何人也? 抑非人也? 何以至三百年乎?'对曰:'生而人得其利百年,死而人畏其神百年,亡而人用其教百年'。"①孔子与宰我的对话,说明黄帝在"百年"之后,对社会的影响很大,人们为了悼念他,天长日久,形成了固定的风俗。稍晚于孔子的秦灵公,在公元前 422 年,曾"作吴阳上畤,专祭黄帝。"从此以后,历代每年清明节,都照常祭祀黄帝陵。民国二十六年(1937)4 月 5 日清明节,当时正是国共两党谈判期间,中国国民党特派委员张继、顾祝同;国民政府主席林森特派陕西省政府主席孙蔚如;中国共产党、苏维埃政府主席毛泽东和中国人民抗日红军总司令朱德,敬派代表林祖涵(林伯渠),各自携带祭文,来到桥山,列队致祭、宣读祭文。

近年来,特别是改革开放后,国际贸易开展,中西文化交流。每年清明节,愈来愈多的国外华侨、海外游客、台胞、港澳同胞,不辞万里,返回祖国,祭奠黄帝陵。

踏 青

"佳节清明桃李笑,雨足郊原草木柔"。在生机盎然的春天里,人们到郊外去祭扫,虽然怀念祖先的气氛是庄重的,但同时郊游踏青则又充满了欢欣和喜悦 。踏青,也称春游,古时也叫寻春、探春。"清明一霎又今朝,听得沿街卖柳条"(杨韫华《山塘擢歌》);"稚子就花拈蛱蝶,人家依树系秋千"(王禹偁《寒食》);"梨花风起正清明,游子寻春半出城。日暮笙歌收拾去,万株杨柳属流莺"(吴惟信《苏堤清明即事》)。从历代诗人许多雅俗共赏的清明诗句中,足见当时的踏青是热闹非凡的。

宋代诗人张先有"芳草拾翠暮忘归,秀野踏青来不定"之句,

---

① 见《史记·黄帝本纪》。

描绘踏青游人，络绎不绝，妇女趁机采集花草，时已黄昏而流连忘返。画家张择端的《清明上河图》则是一幅以汴河为中心踏青时热闹繁华的真实写照。画中反映出各类人物550多人，牲畜50多头，船20多艘，车轿20多乘，确是盛况空前。南宋国都临安更是一片繁荣景象，"清明前后十日，城中士女艳妆饰，金翠琛璃，接踵联肩，翩翩游赏，画船箫鼓，终日不绝"（见《武林旧事》）。历经宋、明、清各代，这种踏青的风俗一直流传至今。清明前后风和日丽，鸟语花香，草青树绿，到处一片生机。到郊外去一游的确使人赏心悦目，精神振奋，事实证明是国人一种良好习惯和风俗。

由于全国各地春到人间的迟早不一，所以踏青作为节日也因地而异。四川在正月初八，福建在二月二，北京在正月十五。即使在陕西，古代哪一日踏青也其说纷纭。

《开元天宝遗事》记："都人士女，每至正月半，各乘车跨马，供帐于园圃或郊野中，为探春之宴。"

《旧唐书》云："大历二年（767）二月壬午，（代宗）幸昆明池踏青。"《岁华纪丽》亦云："二月二日踏青节。"

《秦中岁时记》则曰："唐上巳日（三月三日），赐宴曲江，都人于江头禊饮，盛踏青草。"这与杜甫《丽人行》："三月三日天气新，长安水边多丽人"相吻合。

但是在我国历史上，特别是唐代，清明节出游踏青者不计其数，流传的历史故事也相当多。德宗时的诗人崔护，就是清明时节踏青至西安城南的桃溪堡与美女桃小春，才有了"借水赠钗"的故事。后来被编成传统戏曲《金琬钗》，很受群众欢迎。

踏青作为一个节日，是应该固定的。原来是上一节的一项内容。但作为一项社会活动，却并不能仅限于一节日。如果从节令和民俗的角度出发，把踏青纳入清明节范围，与祭扫等活动结合进行则最为合适。

荡秋千

时届清明，陕西农村，特别是渭北一带，到处可以看到高大的秋千架和有趣的荡秋千场面。秋千，从前叫"鞦韆"，原意就是揪着兽皮搓合成的绳子而移迁。据说，最早不叫"秋千"而称"千秋"。

在原始社会，我们的祖先为了摘取野果，增高躯体，首先创造了"高跷"。接着又在攀藤上树过程中创造了荡而致远的秋千。最早的秋千只有一根绳子，以手握绳而荡出。后来改造成为两根绳索，加一条踏板。如果游任其上，即可随心所欲，上下荡漾，悠然自得，确有飘飘欲仙之感。

《古今艺术图》一书载："秋千，北方山戎之戏，以习轻趫者。齐桓公伐山戎，流传入中国。"山戎也称

秋千图

北戎，在今河北省北部一带居住。春秋时的齐桓公征服山戎而得秋千，引入中原在宫廷和民间流传。历经战国到秦汉，汉武帝在后庭祈祷"千秋万寿"，令宫女们耍绳戏以为乐，为避忌讳，才将"千秋"二字相倒，呼为"秋千"。高承的《事物纪原》即持这种说法。

唐宋之后，秋千更加流行。《开元天宝遗事》记曰："天宝宫中至寒食，竞竖秋千，令宫嫔辈，笑以为宴乐。帝呼为'半仙之戏'。都中市民相与仿之。"李山甫《寒食二首》中有："风烟放荡花披猖，秋千儿女飞短墙"句。韦庄的《长安清明》中有："紫陌乱嘶红

叱拨,绿杨高映画秋千"句,都说明秋千在民间已相当普遍。

宋代女词人李清照的笔下将荡秋千的妙龄女郎描写得惟妙惟肖:"蹴罢秋千,起来慵整纤纤手。露浓花瘦,薄汗轻衣透。见有人来,抹划金钗溜,和羞走。依门回首,却把青梅嗅。"

到元朝,通过蒙古族把秋千又传到了一些少数民族地区,如东北的朝鲜族、云南的哈尼族等。蒙古族泰不花《应制题秋千》诗中就有:"芙蓉宫额半涂黄,双送秋千过画墙。帘底燕惊雨花乱,树头蜂绕抹尘香"的诗句。

关中的秋千形式多样:有四面八方以绳系牵,形似龙门的"軲秋";有依树缚之或以双杈架支撑横梁的"硬秋";还有以铁轮大车轱辘为配件横架于立柱上,使之转动自如的"轮子秋"。

打秋千的方法在民间也各具特色:一曰"单打"。即一人操持,自行掌握。那些体力健壮,技术娴熟的高手,只要跃上秋板,送出秋䄂,眼看上若箭离弓弦,下如春燕衔泥,一时三刻,荡得与横梁持平,使观者惊心动魄;二曰"对打"。或男或女,双双对站,彼此配合,你拉我推。只要动作节奏和谐,肢体屈伸得宜,就可以在飘游中荡得越来越高;三曰"带秋"。即由一个站上能荡的熟手,带一个坐于其上的生手或小孩。目的在于熟悉"秋性"和锻炼胆量。四曰"赛秋"。赛法也有多种,各地不尽相同。有把秋前高处的树叶或花朵作目标,以脚触之算得胜;有在踏板下栓根"尺绳",量出秋千腾飞的高度;有的把两杆子竖立于秋架前方,横拉一线并系玲铛于其上,以荡者碰铃次数多少决定胜负。

拔 河

拔河,是我国具有悠久历史的一种传统体育活动。传说战国时楚国和吴国在水上作战,连连失利。后来有个人创造了一种叫"牵钩"的武器。每遇吴国的战船时,楚军便用系绳的"钩强"把

船"退则钩之,进则强之",予以夹击。吴军往往处于支援不得进身,退却难以脱离的状态,最后被打得大败。后来这种被称为"牵钩"(也称"拖钩"或"钩强")的武器演变成了一种体育活动,首先在襄(阳)汉(口)一带流行。直到盛唐,才由统治者改为宫苑中一种游戏,盛极一时。名字也由"拔河"所代替。

唐代的拔河,与现在不同。那时用大麻索,长达四、五丈,绳两头,分别系有很多小辫缆,双方由许多人面对面齐力拉牵。麻绳中间竖着一面小旗子,等到小旗子拉过河界限,就判定这一局比赛的胜败。这和我们现在所采用的方法大体一样。所不同的,当时的分界限用旗子,现在的分界线是在场地上划三条平行线,在大绳的中央系一条红带子作为标记。

唐时的拔河游戏在宫廷举行,除嫔妃宫女外,连王公贵族也都参加。《新唐书·中宗纪》载:唐中宗景龙三年(709)二月清明节,中宗(李显)"及皇后幸玄武门,观宫女拔河,为宫市以嬉。"景龙四年(710)"三月一日清明,幸梨园命侍臣为拔河之戏。"《封氏闻见记》云:"时,七宰相、二驸马为东朋;三宰相、五将军为西朋。东朋贵人多,西朋奏胜不平,请重定、不为改。西朋竞输。(仆射)韦巨源、(少师)唐休璟年老,随絙而踣、久不能兴。上大夫,令左右扶起。"

后来,唐玄宗更好嬉戏取乐,多次在御楼前举行拔河比赛。有一次规模最大的比赛,"挽者至千余人,喧呼动地,蕃客庶士,观者莫不震骇"。进士薛胜曾经作《拔河赋》,被辑入《文苑英华》,"其词甚美,时人竞传之"。

为什么要在清明拔河?《隋书·地理志》云:"俗以此庆丰收,用致丰穰,其事亦传至它郡。"因为清明以后不久便是"乡村四月闲人少,才了蚕桑又插田"的繁忙季节。拔河又有祈祷丰收之意,所以帝上倡导,下民仿效,遂成风习。

唐玄宗时的中书令张说在他的《奉和圣制观拔河俗戏应制》

诗说：

> 今岁好拖钩，横街敞御楼。
>
> 长绳系日住，贯索挽河流。
>
> 斗力频催鼓，争都更上筹。
>
> 春来百种戏，天意在宜秋。

放风筝

> 风筝放出万人看，千丈麻绳系竹竿。
>
> 天下太平新样巧，一行飞上碧云端。

这是清朝《北京竹枝词》里描绘我国民间放风筝的佳句。

阳春三月，风和日丽，正是踏青和放风筝的好时节。广场上，河滩中，草原里，经常可以看到五彩缤纷的风筝晴空飘放。青年人、孩子们，一线在握，两眼望天，风筝犹如飞禽展翅，好似彩蝶起舞，既是一种健身的游戏，也是一种美的享受。

风筝

风筝，古时候叫飞鸢、纸鸢或鹞子，我国早在两千多年前已经出现了。相传春秋时期巧匠鲁班曾"削竹为鹊，成而飞之，三天不下"。战国时的墨翟也曾用三年，制成木鸢，会在天空飞翔。到了汉代，随着纸的发明与使用，风筝也"缚竹为骨，有以纸糊之"的。五代的李邺曾在宫中以纸制鸢放之为游戏，又在鸢上系竹筒和丝鞭，每经风吹笛响，发出类似古乐器"筝"的声音。"风筝"之名便应运而生。唐代诗人高骈有《风筝》诗写道："夜静弦声响碧空，宫商信任往来风，依稀似曲才堪听，又被风吹别调中。"

从唐开始，风筝逐渐成为娱乐工具，达官贵人多有喜爱。宋代到明清才在民间广为流传。据史料记载，最早的风筝，有浓厚的宗教色彩。民俗学家钟敬文经过长期研究考证认为：那时人们放风筝"完全是为了把自己的灾难、厄运寄托在风筝上。"有难有病的人，把病情、灾情写在竹筒或纸上，并写上住址名讳。当风筝上天以后，"割断绳子把灾难放走"。认为这样就可以化凶为吉，遇难呈祥，求得平安。这种风情在今天的现实生活中亦能找到它的影子或遗留。

风筝问世以后在军事和科学史上也有许多趣闻并作过出色的贡献。据《独异志》载：南北朝时梁武帝萧衍住在金陵台城，被叛军景侯围困，他求援的诏书就是通过风筝传递出去。后援兵赶到，终于解围。

18世纪美国著名科学家富兰克林曾在暴风雨中把风筝放入高空，探测研究过雷和静电现象，发明了避雷针。英国天文学家威尔逊，曾在1749年把温度计系在风筝上，探测高空温度。我国东南沿海军民，每逢佳节利用风筝捎上慰问信和宣传品，向金门、马祖、台湾军民带去祖国的关怀和问候，以增强海峡两岸人民的友谊。

风筝是我国民间久负盛名的民间工艺和玩具。天津、山东潍坊的风筝国内外闻名。近来每年都举行风筝表演大会进行文化交流和经济洽谈。

洗桃花水

农历三月，桃花盛开。陕西临潼县，华清池附近的田野和山坡，都是桃园。每年清明，前往骊山温泉洗澡者，络绎不绝。此时洗澡，称为"洗桃花水"，据说可以得到红运，除疾化险，万事亨通。据史载：褒姒、杨贵妃等美人，都曾在骊宫沐浴，因而保持皮肤细嫩、白净。所以至今少女、少妇都争相仿效。又传说，秦始皇闲游骊宫，在"神女"像前，有不规的行动，遭到"神女"唾弃。回来后，脸上生疮，久治不好。只好向"神女"悔过，"神女"向疮上喷"桃花水"才得康复。这虽然给清明"洗桃花水"蒙上了神秘的色彩，但却使这种活动成为风俗，更广泛地在民间流传开了。

蒸雁雁

雁雁作为一种花馍，是清明节的纪念食品。每年清明节前后，我国北方地区的农村，家家户户，蒸制"雁雁"（或称"摆雁雁"），已成为固定的风俗。"雁雁"花馍是将精麦面粉和成面团，然后摆成各种动物形态，以大雁、小雁为主，用剪刀剪出千姿百态的形状，再用梳子摁上花纹，染上各种颜色，装入锅中蒸熟。最后，用花线将"雁雁"串起来，挂在墙上，供人随时取用。所蒸制的"老雁"献给老人，祝福老人家，福如东海，寿比南山；"小雁"赠给儿童，祝愿他们聪明活泼，身体结实，长大后像鸿雁那样，展翅高飞。

（七）端阳节

农历五月初五日，是传统的端阳节。端者，初也。其时正值夏季之中，太阳正合于正阳的位置，故名。也叫做"重五节"，因其五月五日相重也。我国古代称初一为"端一",初二为"端二",依此类推,初五为"端五",也叫做"端五节"。农历是以地支纪月,正月建寅,二月为卯,顺次至五月为午,也叫做"端午节"。

端阳节,普遍有插艾叶、挂菖蒲、吃粽子(包括油糕、绿豆糕)、饮雄黄酒、划龙舟、跑彩莲船,以及节前后戴香包等风俗。

陕西南部的汉中、安康地区,于五月初五这天,一大早东方发白,家家户户,男男女女的人群,上山采集菖蒲、艾叶、夏枯草、金银花、土黄连、香菇、柴胡、贯仲等,备作夏季草药和饮料。并将艾叶、菖蒲挂在房门口,除防虫害疾病。早餐食煮鸡蛋、大蒜、粽子(调配蜂蜜食用)、喝糁糟、饮雄黄酒(白酒中放少许雄黄)。中午备酒、炒菜,举行节日宴。晚上用艾叶、菖蒲、大蒜、花椒、千里光等,熬成药水,为孩子洗澡,藉以消毒除病并将雄黄酒点小孩"七窍",以防虫疫。

陕西的太白、千阳等部分地区,人们于端阳节这天,用五色花线拧成绳,缠在妇女、儿童的手腕、脚腕及颈部,用以祛"五毒"。陕西北部的延安、榆林地区,习惯在端阳节这天,用灌木"灰荠"叶子,将白线染成彩线,搓合成彩色绳子,缠在儿童的无名指上,待到六月六日"天贶节"或明年春雷声响后,才可以抛掉。据说这样可以祛邪避难,健康成长。

端午起源

端午节,这个古老的传统节日,到底是怎样形成的? 自古其说不一。就现在资料看,主要说法有以下五种:

一是纪念屈原日。五月五日是纪念我国古代爱国诗人屈原(约公元前340—前278年)的日子。"屈原遗恨在,千载楚人思。"历代诗词,浩如烟海。唐代文秀有《端午》诗曰:"节分端午自谁言,万古传闻为屈原。堪笑楚江空渺渺,不能洗得直臣冤。"

不仅说明端午的由来与屈原有关，而且表现出作者对世界文化名人屈原的同情和对昏君奸臣一伙的鞭挞。

二是图腾祭日。著名学者闻一多先生，在他的《人民的诗人——屈原》及《端午节的历史教育》两篇论文中，详细论证了端午节是我国古代吴越民族举行龙图腾祭祀的节日，距今已有四五千年的历史。那时，居住在江南水乡的部落，经常受到蛇虫、疾病及水旱灾害的威胁。于是人们幻想有一种图腾神（即龙）能超越自然界的力量，保佑百姓，抗御各种灾害的困扰。每年五月五日，便举行龙祭、划龙船、吃粽子、焚香点烛、供果献牲。到后来，这一天正好与屈原的忌日巧合，端午节便成为悼念屈原的象征。

三是纪念伍员日。伍员，字子胥，春秋楚国人。因父兄被楚王所杀，逃奔吴国。帮助阖闾夺得了王位，又率兵大破楚国郢都。后来吴王夫差继位听信谗言，赐剑令伍员自杀身亡，还把尸体装在牛皮袋子里投入钱塘江中。民间传说伍员化为"涛神"。每年于他升天化仙的五月五日显灵，波涛十分汹涌。江浙一带每于端午观潮者甚众，并举行各种祭礼，悼念伍子胥。

四是镇妖避邪日。古人认为五月是"恶月"，五月五日是"恶日"，往往妖魔丛生，瘟疫流行，遇事不吉。连五日所生的孩子都不愿抚养。故《论衡》等书有"不举五日子"的记载。因此，五月节家家门上贴砾色咒符，悬艾虎；家中挂钟馗像，驱"五毒"；人人踏百草，进行"百草浴"，用鲜佩兰熬水以洁身，亦有佩带香包和缚五花绳的。据说这样做，可以驱瘟、除邪、止恶气、禳毒气。

五是端午风俗源于夏至日。夏至是二十四节气的节令之一。在每年阳历的 6 月 21 日或 22 日。夏至过后进入酷暑，百虫繁衍，病疾流行，除病逐疫活动，很有必要，自古已成俗尚，广为流传。春秋战国以后，端午节逐渐兴起，活动内容丰富多彩，而夏至节却逐渐被人淡化。因此，在夏至节形成的有益于人类的风俗，也就被端午节融合或代替。正如《后汉书·礼仪志》说：汉代五月五日

的风俗来自夏、商、周时期的夏至节。

以上诸说，各据一定道理，姑并存之，以待考。

香　包

香包，又名"香草包"、"香囊"，是端阳节的时兴礼物，在我国北方颇为流行。古人把艾草编成老虎形状，称"艾虎"。也有人用绸缎剪成老虎图像，贴在艾叶上，佩在胸前，称作"艾符"，这大概是最早的香包。

香　包

香包的品种各式各样,千姿百态。有桃形、菱形,以及老虎、狮子、猫、狗、蚂蚱、佛手、花瓶、石榴、花鸟等形状。小的只有指甲盖大,大的不过铜钱大小。巧姑娘、巧媳妇就在这个方寸之地,飞针走线,传情寓意,各显身手。既是节日珍贵的礼品,又是民间手工艺的佳作。

香包用各种颜色的绸缎、碎布和丝线缝合扎制而成,内装中草药(山奈、细辛、白芷、苍术、丁香、甘松、冰片、樟脑等)。山奈可以暖中避瘴疠恶气;冰片、樟脑、丁香都具有芳香理气、开窍醒脑的作用。每年端阳节前,姑娘们要精心做成一批香包,送给自己亲爱的人。

陕西西乡县人民,有一种特殊的习俗名为"抢香袋"。姑娘们把各种形状的香囊,佩戴胸前。小伙子趁其不备抢上就走。姑娘面目泛红而不怒。相反,无抢者,却感到没趣,怏怏不快。

"五毒"裹肚

"裹肚",亦称"护肚",椭圆形,一般用红布制作,大小是刚能护住小孩的肚腹。上有带子系于脖上,左右带子捆在腰间。每年端阳节以后,天气逐渐炎热,孩子晚上睡觉时,常将被子蹬开,戴上它可以免受凉感冒。所以每年端阳节,由外婆给小孩送裹肚,这种风俗在我国广大农村中普遍流行。

给"裹肚"上绣有蟾蜍、蝎子、蜈蚣、壁虎、蛇的图案,叫做"五毒裹肚"。据说戴上这种裹肚,可以避邪气、除毒害,所以陕西临潼、长安、太白、千阳一带的许多农家,每年端阳节都有由外婆安排,由巧妇精心绣作"五毒裹肚",送给她心爱的外孙和外孙女儿的习俗。

五毒裹肚

钟馗镇宅

一到端阳节，不由人想起了那个头戴乌纱帽，身穿袍服，手持宝剑，足蹬朝靴，一脸"络腮胡子"，既奇怪又有趣的钟馗形象。这天舞台上常演一出《钟馗嫁妹》的戏剧，或者在家里挂幅《钟馗啖鬼图》。人们为什么对他有传统的好感呢？据说他能捉鬼，可以除掉邪恶，使人们的生活安全和身心健康得到保障。

钟馗，是民间广为流传的神话人物，唐武德年间应试不第，触阶而死。他的故事从形成至今已有一千余年的历史了。沈括的《补笔谈》说：唐明皇李隆基生疟疾，百医无效。有一天忽然梦见一大一小两鬼。小鬼着红袍，一只脚穿鞋，一只光脚，胆大的偷去了贵妃杨玉环的紫香囊和唐明皇的玉笛，正沿着宫殿奔窜。大鬼"破帽、蓝袍、角带、朝靴"，面目丑陋，伸出双手，追拿小鬼，并"剜其目、臂而啖之"。帝问其名，大鬼自称是"终南进士"钟馗，因为应试不中，而自己撞死在阶前的。"蒙旨赐袍带葬之，誓除天下虚耗"（见《咸宁县志》）。唐明皇一惊而醒，起身后重病痊愈。于是召"内教博士"吴道子，告诉他梦中所见的形状，叫他照样描写出来，以作纪念。"吴道子图其像，俨然如梦中所见"悬于金銮殿上。从此，这吃掉恶鬼保人平安的钟馗形象就广为传播，并且深入民间，并将其像贴于门首，后来又登堂入室被奉入中堂。不过那时纪念的日子是岁朝——元旦，而不是端阳。从古代绘画考证中可以约略看出，改为端阳，大概是清康熙以后的事。李福有描写钟馗形象的《钟馗图》诗：

> 面目狰狞胆气粗，榴红蒲碧座悬图，
>
> 仗君扫荡么么枝，免使人间鬼画符。

吃粽子

端阳节的特定食品是粽子,它和油糕、绿豆糕,既是节日食品,也是节日礼品。

粽子,古时因用黍米(黄米)扎成尖角形状,故又名"角黍"。晋代周处《风土记》云:"俗以菰叶裹黍米,以淳浓灰汁煮之令烂熟,于五月五日及夏至啖之。一名粽,一名角黍,盖取阴阳尚相裹米分散之时像也。"明代李时珍《本草纲目·谷部四》则云:粽子"俗作粽,古人以菰叶裹米煮成,尖角,如棕榈叶心之形,故曰粽、曰角黍,近世多用糯米矣。今俗五月五日以为节物,相赠送。或言为祭屈原,作此投江,以饲蛟龙也"。由此可见,吃粽子的风俗最初是盛行于我国北方地区,因为北方盛产黍米,故取名"角黍"。以后随着风俗的互相融合才流传到我国南方。南方产糯米,"角黍"又改用糯米做成,就形成了现代的粽子。

屈原是我国古代楚国伟大的政治家、文学家、诗人。他秉直爱国,政绩显著,却被罢黜,怀着无限悲痛的心情,自投汨罗江而死。留下了《离骚》篇章,成为千古的绝唱,是我国文学宝库中十分宝贵的遗产。屈原死后,楚人怀念他,每年端阳节也是他死难的日子,人民向江心投掷粽子、油糕等食品,意思有二:一是让江内的蛟龙等野兽吃,免得伤害屈原尸体;二是祭奠屈原,让他的亡灵,饮誉人间的食品。

据吴均《续齐谐记》载:"屈原五月五日,投汨罗江而死,楚人哀之,每至此日,竹筒贮米,投入祭之。汉建武中,长沙欧回,白日忽见一人,自称三闾大夫,谓曰:君常见祭甚善,但常所遗,苦蛟龙所窃,今若有惠,可以楝树叶塞其上,以丝缚之,此二物蛟龙所惮也。"

这一传说增加了节日的传奇色彩,此后端阳节的粽子均以菰叶裹成三角形,以丝绳缚绑,成为约定俗成的形式,流传到我国南方和北方,至今不变。

龙舟与旱船

龙舟竞渡,是众所周知的一项重要体育活动。但最初并不是为纪念屈原,也不一定在端阳节举行。据考证这种习俗早在屈原以前已经存在。直至屈原五月五日投汨罗江而死,人们才把竞渡与悼念屈原结合在一起。至今,每到端阳江南水乡各地都要举行

龙舟竞渡

盛大的龙舟竞渡。届时各村社组成浩浩荡荡的"龙舟"队伍,彩旗飘扬,锣鼓阵阵,鞭炮声声,雄赳赳、气昂昂来到江河边,要与对方赛个输赢。优胜者受人称赞,获得奖赏。

　　我国北方，多山多原，端阳、元宵和喜庆，盛行跑旱船活动。旱船，是嬉戏于陆地上的一种杂耍活动。在陕南的秦岭巴山地区流行的一种旱船，叫做"彩莲船"。其中以汉中的"彩莲船"，别具特色。洋县、城固、西乡的彩莲船，多为单船活动，以"念曲子"为主，配带乐器（板胡、三弦、笛子、碰铃等）。所唱的曲子多以民间生活为题材和爱情故事。表演动作文雅、细腻，舞步稳健，轻盈多姿，故有"文船"之称。而汉中、南郑、勉县等地的"采莲船"，则多以双船或四船同时出场，以唱花鼓为主，用打击乐器伴唱。既有船与船的对唱，也有观众参加唱的。若是夜间演出，船的四周装饰有各种彩灯，灯光闪闪，光彩照人。

采莲船

（八）天贶节

　　每年农历的六月六日，古称"天贶节"。流传至今约有千余年的历史。《晋书·乐志》曰："天贶来下，人祇动色，抑扬周监，以弘雅音。"天贶，即天赐嘉惠也。据说，宋代大宗祥符四年（1011）六月六日天书再降，真宗（赵恒）传旨命这日为"天贶节"。至今豫、陕各地民间仍有多种有趣的风俗,得以流传。

曝 晒

六月正当盛夏,是一年四季中光照最强烈的季节。人们传说,六月六日又是阳光极富杀菌能力的一天,经曝晒的东西可防治蛀虫。所以大家都珍惜这天赐的恩惠,不失时机地晒衣物、晒丝绸、晒豆子;读书人晒毛笔、晒书籍;寺院道观的僧道,也往往于这天晒经卷。如果到时万一天气不好,可以根据情况,提前或推后。老人说"前七天不早,后七天不迟",使曝晒有了通融的余地。

据说,曝晒之俗始于秦汉,到了魏晋多固定在七月七日。《世说新语·任诞》有段记载:"七月七日,北阮(阮咸)盛晒衣,皆纱罗锦衣。"王隐《晋书》也说:"时七月七日,高祖(司马懿)方曝书。"曝晒与六月六接缘大概当为唐宋以后之事。

沐 浴

六月六日也是人畜沐浴的好时候,民间有"六月六,猫儿狗儿同浴"之说。古人认为这天洗澡,可以洗去全年的陈垢,免生疾病,永葆心静身洁。清人潘荣陛《帝京岁时纪胜》载:此日,"内府銮驾库,皇史宬等处,晒晾銮驾舆仪仗及历朝御制诗文书集经史。士庶之家,衣冠带履亦出曝之。妇女多于是日沐发,谓沐之不腻不垢。至于骡马猫犬牲畜之属,亦浴于河"。

观阴晴

天贶节有阴有晴。民间认为:晴日则万物兴,百事成,年成好;若阴或雨,则预卜入秋多雨。陕西民谚有"关中河流百二三,

六十六河水漫川"之说,言其雨涝成灾。

剪花绳

花绳,即五色丝,长命缕。是端阳节缚于孩子手腕、足腕和脖子上之物,至六月六日已经一月有余了。按群众之说:它陪伴孩子经过避邪、避兵、避病、抗毒的斗争和锻炼,又从孩子身上吮血吸汗,从而已经具有"灵性"了。到天贶节把它剪下来,用布裹好,以泥土掩埋入车辙中,享受天赐,就可以变成条条小龙,好让它帮大龙去治水吧! 至于它能不能变,成龙不成龙,以后再也没人去问个究竟。

炒面茶

面茶,就是"炒面",大多数人并不陌生。逢天贶日将上白面粉在阳光下晒过,加入适量的动植物油、盐、芝麻、五香粉等,入锅加火,不停翻搅,直至炒熟。色黄味香,久放不坏,有滋补益寿,增进食欲之效。适于小孩、老人、病人食用。农村人过去出远门也喜欢带作干粮,到时只要用沸水一冲,即可稀食,十分方便省事。据说,常吃六月六日制作的炒面茶,小孩不坏肚子,大人不起夜。

"六月六,请姑姑"

古时六月六日这天,各家各户都要请回已出嫁的老少姑娘,好好款待一番。谚云:"六月六,请姑姑"。

相传此俗由春秋时晋国宰相狐偃改过的故事而来。狐偃居功骄横,气死了好言相劝的亲家翁。其女婿知晓后,欲于六月六日狐偃的生日过寿时谋杀之,为父报仇。狐偃放粮回归途中,目睹百姓疾苦,生活过得狼狈不堪,乃知自己有过,意欲改之。加之,又闻阿婿谋杀事由,更加悔痛。遂于自己生日(六月初六)这天,请女儿女婿回门,诚恳地改过,承认了自己的错误。从此两亲和好,岳婿关系更加亲密了。后来,民间纷纷仿效,取其改过、认错、解怨、免灾之意。每年六月初六日,请出嫁的女儿回门熬娘家,已成为约定俗成的习尚。

(九)孟秋双节

农历七月正是初秋,过去也称"孟秋",还有瓜月、兰月、凉月和巧月之称。这一月里有两个传统的节日。

1.乞巧节

乞巧节,也称"七夕节",在每年的七月七日,是由纪念牛郎与织女相爱的故事而形成的。林杰的《乞巧》诗:"七夕今宵看碧霄,牵牛织女渡河桥;家家乞巧望秋月,穿尽红丝几万条。"就是描写这件事。据文献记载,牛郎织女的爱情故事,最迟在周代已在民间广泛流传。大概从汉代起,乞巧的活动在宫廷和民间已很盛行。至隋唐,随着牛郎织女爱情故事的广泛传播,七夕也成为人们普遍都过的节日,活动也更加丰富。有些风俗至今仍在流传。

石婆石爷

位于今西安市长安区斗门镇常家庄与南沣村交界地带,有座"石婆庙",距此庙以东约二公里有座"石爷庙"。每年农历七月初七日,当地人民特别是年轻妇女和姑娘们,争相向庙内的"石婆像"(织女)和"石爷像"(牛郎),烧香、礼拜,祈求好运。

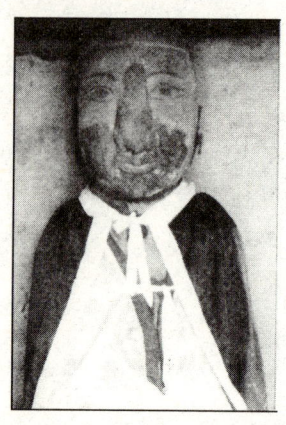
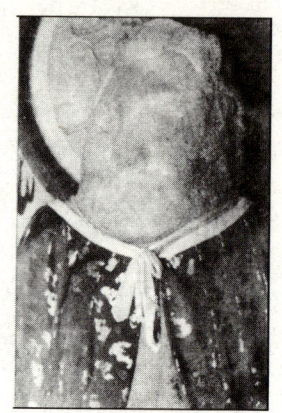

石婆　　　　　　石爷

织女和牛郎的全身像,端塑在庙的中央,朝朝代代享受着人间的香火,已有两千多年的历史了。据考证汉武帝元狩三年(公元前120年),汉武帝为了征讨西南诸国,在今天的西安市长安区斗门镇,开凿了用于训练水军的昆明池,在池的东西两侧,分别塑立了牛郎与织女的石像,同时建立了"石婆庙"与"石爷庙"。隔池相望,取传说中牛郎与织女隔天河"盈盈一水间,脉脉不得语"之意。1956年"石爷像"、"石婆像"被列为省级第一批重点保护文物。

牛郎与织女的传说源于长安,但几经年代的变迁,"石婆庙"与"石爷庙"破烂不堪,希望能得到修缮,使牛郎与织女的美好传说,永远流传在人间。

乞巧棚

农历七月初七日,一群姑娘自由结合,搭建彩色"乞巧棚",以纪念七夕。彩棚的搭法,有繁有简。最常见的是以芦荻为骨架,糊以五色彩纸,扎成仙龛,刻塑织女像于其内。即一张椅子,椅子上放一个斗,斗下穿一件裙子,椅背上套一件大衿衫,顺领口插个竹笊篱,凸出的一面向外,贴一张白纸,画成面孔,再涂上颜色,抹上口红，戴上耳坠，脑后用黑色丝帕，挽个圆髻头，插上金银首饰，这样织女的肖像就装扮成了。

织女像堂前摆着香案，香蜡纸表和丰硕的献供，节日花馍、巧芽、鲜果等。

彩棚前的两边，摆着长板凳，众家姑娘坐在两旁，举行乞巧的活动。

耍七姑娘

七姑娘指的是织女，传说她是玉皇大帝的女儿，排行第七，所以叫做"七姑娘"。因为她敢于冲破禁律，与人间的牛郎结为夫妻。"鸳鸯有意成双飞，风雨无情故折翼。"天帝破坏了他们的婚姻，把织女与牛郎分割于天上地下。人们怜悯他们的忠贞爱情，每年七月七日，举行各种纪念活动。

"耍七姑娘"就是纪念活动的一种。众家姑娘围坐在织女像前，不时地做着虔诚的祷告。这时，织女棚的外边，成群男青年组成的锣鼓队，使劲地敲打。时间长了，若有一个姑娘，或因身体虚弱，或因受传统的旧观念而产生的幻觉，突然神志不清，发起抖来，哭笑不止，就认为是织女下凡了。这时，"耍七姑娘"的活动，进入高潮。众家姑娘不断地向发抖的姑娘，焚香烧纸，叩头礼拜。发抖的姑娘口吐类似"七姑娘"的话说：

> 众家姑娘仔细听，
> 七姐下凡讲分明。
> 大姐二姐坐天宫，
> 三姐四姐奔西东，
> 五姐六姐走南北，
> 七姐的苦楚说不清。
> ……

顿时，织女棚内外，人山人海，争相向"七姑娘"叩头礼拜，求卜吉凶，这样一直要到深夜。这个古老的风俗，建国以后，少见流传。

比巧芽

农历六月初六日"天贶节"时，有心的姑娘，晒上一些豌豆，盛在碗中或盆里，用井水泡上。放在既通风又不让太阳直射的地方。几天后就生芽了。隔几天浇一次水。晚上，月上柳梢头的时候，把豌豆苗拿出来在月亮下照一照。这样生出来的芽苗，既壮实又肥嫩，高达尺余，名为"巧芽"。

生巧芽

七夕下午，姑娘们把自己精心培育的"巧芽"，拿出示众。并用红纸或红丝线束腰，亭亭净植，端端正正的放置在织女像的面前，作为节日的珍贵礼物。

最后，各人把自己的"巧芽"，挑出来几根，用剪刀剪成一寸许长的短节，投在阳光照射下的盆里，视其影呈现的形状，预卜巧拙。若影散如花、动如云、细如线、粗如椎,是为得巧;否则未得巧,因而叹者有之,泣者亦有之。至于这样能否乞得巧,暂且不谈,却表明我国妇女对劳动技术的热爱,都希望把织女的聪明智巧学到手。

穿七孔针

七孔针形如竹箆子,有七孔,专为"乞巧"之用。现时七孔针失传了,多以绣花针代之。七夕当天夜晚,在月光下,一群姑娘手执七孔针或绣花针,拿上彩色丝线,对月穿针。当场比赛穿针技巧和绘绣本领。看谁的手儿巧,穿针快;谁的绣花技术好,绣出来的花儿美妙,讨人喜爱。

针穿七孔

看蜘蛛网

七夕,捉一只蜘蛛,放在小盒里。翌晨,观其结网情形,卜求巧运;也有把蜘蛛放在葡萄架或瓜果上,视其结网情况。若蜘蛛结的网,密密麻麻,就认为今年逢巧,运气好;若蜘蛛结的网疏而不成器,则认为今年不巧,要小心谨慎,避免灾祸。

瓜田听诉

　　每年农历七月七日的晚上,一群姑娘,跑到村边的瓜田地里,或葡萄树下。在那夜阑人静,万籁无声之时,抑制住自己的呼吸,似听牛郎与织女的窃窃私语……

接牛女泪

　　接牛女泪,这种风俗是从唐代流传下来的。每年农历七月初七日夜,姑娘和少妇,将采来的七色鲜花和时新鲜果,散放在水盆里,供献给织女,并对空朝拜。还将空水盆放在院庭,有的放在天井或屋顶上,承接夜间露水于盆内。她们认为这"露水"就是牛郎与织女哭诉的眼泪,所以称"接牛女泪"。据说用这种"露水"洗头发,乌黑而光泽,是难得的宝物。

牛郎织女

避节

陕西《蒲城县志》载："七月七日，迎新嫁女避节。"避节为何？《史记·天官书》中说："织女，天帝孙也。"鉴于织女婚姻上的不幸遭遇，父母对新出嫁的闺女，每逢七夕就要接回家来，以保护女儿和女婿新婚燕尔的幸福生活，天长地久。

拾天粉

天粉，即天上掉下来的扑面粉。传说，织女急于会见牛郎，忙作打扮，不慎临走收拾化妆品时将粉盒打落在梳妆台下，于是，像雪花似的银白粉面随风飘浮而下，由于在空中沾润了水汽，就凝结成颗粒状的白土块，坠落人间。老一辈人说：七月八日早晨太阳未出山之前，只要你不作响、不吱声、轻脚轻步，在那城墙根，井台上，土坎下，房前屋后，定能拣到这种白色土块，人们称作"拾天粉"。惹得那些好奇的年轻人去拣拾，姑娘们竞相擦抹。又说，擦了这"天粉"，黑姑娘能变白，白姑娘可以长得更漂亮。

2. 中元节

农历七月十五日为道教中元节，佛教称"盂兰盆节"。道教把正月十五称为上元，七月十五称为中元，十月十五称为下元，并分别附会为天官、地官、水官。《道经》："中元是地官考校之元日，天人集聚之良辰。"由于地官掌管封功赦罪之事，故每逢此日，道教众徒都来聚会，讲诵老子《道德经》。

佛教把七月十五日称作盂兰盆节（梵语音译，意为"救倒悬"。），亦称"盂兰盆会"、"盂兰盆斋"。传说释迦牟尼弟子目连，

盂兰盆盛会

看到死去的母亲在地狱受苦，如处倒悬，求佛救度。目连于七月十五日，备百味饮食，供养十万僧众，谓此可解脱母难。从此后，佛教便兴起盂兰盆会。以后又转为民间祭祖日，也称"鬼"节，家家追奠祖先亡灵，在祖坟上烧纸，并有放河灯等活动。

现时，陕西关中一带农村，仍把中元节叫做"鬼"节。是日晚上，各家在祖坟上或十字路口，为死者烧纸、烧纸糊衣服、烧纸用具，谓"祀孤魂"。俗言："七月半，鬼乱窜。烧了纸，送盘缠，得安然。"

（十）中秋节

农历八月十五日为中秋节，其时恰值三秋之半而得名。亦称"仲秋节"、"团圆节"。一般人家，都希望在这个节日里，人月同圆。所以，在外地工作的人，都要尽可能地回到家里过节；遨娘家的媳妇，也必须回到婆家过节。

中秋节的风俗由来已久，在我国秦汉时期就很盛行。据《诸仙记》载："武夷君于始皇二年八月十五日，山上置幔亭，化虹桥，

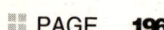

大会乡人。"《唐书·太宗记》:"八月十五日为中秋节。"到了元代,留下来了一个传说:元帝国统治中原后,对汉族人实行残酷统治,规定在每十户汉民中,住一个蒙古族士兵(即"鞑子"),以监视汉族人的行动。老百姓不甘受其凌辱,就在八月十五日这一天,利用送月饼的机会,把密条藏在月饼馅里,相邀起事,掀起了轰轰烈烈的农民大起义,终于推翻了元朝的封建统治。

明、清时期,中秋节的风俗活动有所增加。据康熙三十一年(1692)修《济南府志》记载:"望日为中秋节,设牲醴,陈瓜果,作月饼,布筵中庭以祭月。人家馈送,仪动必有月饼、西瓜,以为应节时物也。此日浩月满空,碧天如水,在此宴秋,宾朋欢呼,岁岁以赏月为常也。"流传至今,中秋节仍是人们欢度的重大节日。

拜 月

拜月也叫做"圆月"。"暮云收尽溢清寒,银汉无声转玉盘。"中秋,当夜幕降临,一轮皎洁的明月,悄悄地升起的时候,清风徐来,虫声唧唧。人们按照传统的风俗习惯,在庭前、院落设立香案,摆上应时的瓜果,如西瓜、甜瓜、枣、梨、苹果、石榴、葡萄、山楂、栗子等,还摆上节日的特制食品——月饼,以及毛豆等熟食品。面对明月,全家人焚香礼拜,这就是相传已久的中秋节拜月活动。

中秋拜月,寄托着人们对

敬月神

幸福生活的追求和向往,也寄托着家人对远在他乡亲人的祝福与怀念。所以,全家成员,要尽可能地一起参加拜月活动。如果路途遥远,不能回家,家里人会给留下一份"团圆馍"或月饼,作为节日的礼品送给他,表示不要忘记了团圆的大家庭。

拜完月之后,全家人一体,围坐在院庭里,面对明月,谈天叙旧,介绍生产知识,交流工作经验,内容十分丰富多彩!一直谈到夜深人静。

月　饼

月饼,是中秋节的节日食品,也是送人的礼物。吃月饼的风俗,始于唐代。到了宋代更兴盛了起来。《东京岁时记·月饼》载:"至供月曰饼,到处皆有,大者尺余,上绘月宫蟾兔之形。有祭毕而食者,有留至除夕而食者。"苏东坡诗云:"小饼如嚼月,中有酥与饴。"可见那时的月饼已经和现时的月饼,不差上下了。

经过千百年的演变和发展,月饼的花色品种,不断翻新,有广式月饼、苏式月饼、秦式月饼等。陕西人最爱吃的月饼,当推西安"德懋恭"的水晶月饼,它的特点是冰甜、香酥、润喉、浸肺,味美可口,老少咸宜。

团圆饼

团圆饼(馍),是家庭自制的大圆月饼,三至五层,烙制而成,周围雕塑着各式花朵,看起来十分美观。此饼拜月时,作为献礼,拜月后分而食之。合起来是一个大圆饼,表示团圆。分开时,一人一块,表示通力协作。

陕西乾县的锅盔(烙饼)很有名,"锅盔像锅盖"是陕西八大怪之一。中秋节烙一个大锅盔象征着团圆。每人一块,以祝贺一家人团圆、美满。

月亮上的传说

中秋之夜，明月当空，气候宜人，人们在赏月中，联思遐想，谈天说地，自古以来就有"嫦娥奔月"、"吴刚伐桂"、"玉兔捣药"等许多神话故事。到唐朝宫中又传出了一个"唐明皇游月宫"的美丽传说，代代相传，越传越奇。除了这些之外，更有许多风俗故事，讲起来也很有趣。

嫦娥奔月

中秋佳节为什么要赏月？传说月亮中的那株桂树又高又大，每年只发一根枝条。这根枝条如果要把它截下来，一个人得用一年的功夫。这根枝条如果掉到地上，就是天降宝物。用它来做粮柜，粮食就吃不完；用它来做衣箱，衣服就穿不完；用它来做钱盒子，钱就花不完……有一年中秋一家人正在月亮下吃饭，突然天上掉下了一条树枝，这家人把它拿回家当柴烧，怎么也烧不完。后去求神问卜，才知道它是个神宝——月亮上的桂枝。后来这家成了良田百顷，家藏万贯的富贵家庭。从此以后每年中秋，大家都喜欢坐在月亮下吃瓜果、食烙饼，希望再拣到桂枝。

还有的地方说，那掉下来的不是桂树枝，而是月桂叶。月亮是那棵桂树,每年只落两片叶。一片落在渺无人烟的深山里,一片落在茫茫无边的大海上,所以深山里有宝藏,大海里产珍珠,都是月桂叶变的。要是它落一片到谁家,谁家就家道兴旺,人才辈出。

这些神话传说,都从不同的角度反映了人类向往自由、征服宇宙和探讨大自然奥秘的强烈愿望,也给节日增添了色彩和情趣。

八月十五桂花香

中秋正是桂花"叶密千层秀,花开万点黄"的时节。金风送爽,香飘阵阵,不由使人产生"桂子月中落,天香云外飘"的感觉,所以人们把农历的八月也称为"桂月"。民间更有"八月十五桂花香"的传说。

桂花是八月花中之魁。人们赞誉它有"独占三秋,色压群芳"的高雅风韵。自古以来我国人民常把桂花和月亮联系在一起,象征美好、友谊、胜利、幸福。早在二千五百多年前爱国诗人屈原的《九歌》中就有"蕙肴蒸兮兰藉,奠桂酒兮椒浆"的诗句。古往今来,不知有多少诗人墨客歌颂桂酒,描写桂花的佳作。刘克庄有"醉里偶摇桂树,人间道是凉风";白居易有"有木名丹桂,四时香馥馥";毛泽东也有"问讯吴刚何所有,吴刚捧出桂花酒"的名句。

据段成式的《酉阳杂俎》载:"旧言月中有桂,有蟾蜍。故异书言月桂高五百丈,下有一人常砍之,树创随合。人姓吴名刚,西河人,学仙有过,谪令伐树。"这就是尽人皆知的"吴刚伐桂"的神话故事。

地球上的桂花树,虽然不像神话所说的那样高大,但是这种常绿的乔木或丛生灌木,也可以长到十米以上。

　　桂树,学名木犀,亦名"岩桂",是双子叶植物,属木犀科。桂的品种有银桂、金桂、丹桂;按其花的开放时序,又有秋桂、春桂、四时季桂和月月桂之分。其中以丹桂最为名贵。桂花在百花中以"香"取胜,有"香飘十里"之说。的确桂花是"清可涤尘,浓能透远,一丛开放,邻墙别院,莫不闻之"。

　　在我国科举时代,"月桂"与历代的士大夫阶级关系密切。由于晋朝郤诜在登科以后回答皇帝的问题时,曾自比为"犹桂林之一枝,崑山之玉片",因而其后的人们便以"折桂"来指称考试的得中。温庭筠诗:"犹喜故人新折桂"即属此类。因桂在月中,又称"折月桂";又因月中有蟾蜍,又演变为"登蟾宫"。大家熟知的秦腔折子戏《折桂斧》(后改编成《打柴劝弟》),就意在劝弟愤发读书,日后"蟾宫折桂"莫辜负了靠打柴供弟读书的哥哥。

月到中秋分外明

　　中秋佳节,天朗气清,月似银盘,清辉万里,人们触景生情。唐王建有诗曰:"今夜明月人尽望。"(《十五夜望月》)文学家韩愈也说:"一年明月今宵多。"民间素有"月到中秋分外明"之说。

　　那么,为什么"月到中秋分外明"? 是玉兔想回大地,故意用宝镜照亮人间路? 还是嫦娥奈不得广寒宫中寂寞,提上宝灯遥望凡间景? 都不是。这其中自有科学的奥秘。

　　一说,月亮是地球的卫星,都不发光,同时又绕太阳公转。每当农历每月十五或十六时,月亮运行到与太阳相对的一边,月亮受太阳光照射的半球全部朝向地面,日月相对,反射的光亮,又达到最强度,即所谓"望日"。此时的月相天文学称"满月"。正是诗中说的"平分秋色一轮满",民间所谓的"八月中秋月正圆"。

　　二说,中秋时节,天气晴和,雨水稀少,空气中的尘埃也较为稀少,使得空气吸收光线的能力大大降低,透明度却大大增强,月亮自然就显得格外明亮了。早在唐代诗人潘纬的一首诗说:"古今逢此夜,共翼沈寥明。岂是月华别,只因秋气清"。另一位诗人刘禹锡的《八月十五夜观月》诗中也说:"天将今夜月,一遍洗寰瀛,暑退九霄净,秋澄万景清。"这"秋气清""九霄净",都一语道破了"月到中秋分外明"的成因和道理,历来认为确有高见。

三说,中秋节正值秋分前后,月亮运行的轨道离地球最近,太阳光也差不多是垂直照射到月球上的,月球接收的光线多,反射出来的光线自然也多,这就增加了月亮的明亮感。加之,我国地处北半球,月亮出来的时间也要早些,太阳落西山,月亮就冉冉东升,呈现"日方落,月即出"的景象。因此,中秋时节的月亮,看上去就比任何时候都更加明亮。

(十一)重阳节

农历九月初九日为重阳节,"九"是"阳"的意思,两个阳合在一起,就叫做"重阳节"。

据《续齐谐记》记载:东汉年间,汝南(今河南省上蔡县西南)人桓景,跟随方士费长房学道术。有一天,费长房告诫他说:"九月九日将有大祸临头,你可让家人佩戴一只装有茱萸的红色袋子,登高处、饮菊花酒,便可以躲过灾难。"桓景照办了。晚上回家一看家中的鸡、猪、狗均已暴死,以为是家畜代人受了祸。从此以后,重阳节登高、插茱萸、饮菊花酒的风俗,就盛行开了。王维《九月九日忆山东兄弟》诗云:"独在异乡为异客,每逢佳节倍思亲。遥知兄弟登高处,遍插茱萸少一人。"可见,在唐代这种风俗,已遍及民间。

费长房仙居

送花糕

　　节日前,娘家给出嫁女儿家送"花糕"。花糕是一种花馍,用精面粉做成,一般是圆形或椭圆形。由底向上共三至五层,乃至七层以上,逐步升高。糕者谐音"高",步步高升之意。糕的周围都插上花朵,糕顶做成各式各样的面花,显示出百花盛开,争妍斗艳的气势。

九月糕

重阳节，娘家给女儿家送糕，首先是一个主糕，再配几个小花糕，俗称"耍糕"，送双不送单，视小孩(外孙)的多少而定，有送四个、八个的不等。

如果是新出嫁的女儿，在未生下儿女以前，头一年送糕比较隆重，俗称"追糕"，只送一个大圆糕(主糕)，而不送小糕(耍糕)。还要搭配送一些时新鲜果，以示庄重。头一年追糕，婆家像过大事一样，宴请宾客。

"中秋才过又重阳，又见花糕各处忙，面夹双层多枣栗，当筵题句傲刘郎"。这首《都门杂咏·花糕》诗生动的反映了过去重阳花糕之盛况。

登高、远游

登高、远游是重阳节一件有意义的活动，每年重阳节有很多人，尤以老年人最多，佩戴装有茱萸的红袋子，菊花酒和各种干粮，到附近的高山或高原处，远游观光，吃野餐，饮菊花酒，谈论桓景跟随费长房学术和孟嘉落帽等的传说故事，不亦乐乎！

重阳节登高、远游之风,在唐代就已兴起。唐代长安人在这天,携酒扶杖、联袂出城,登大雁塔眺远,并吟诗弄墨。天宝十一年(752),诗人岑参登大雁塔,吟诗曰:

> 塔势如涌出,
> 孤高耸天宫。
> 登临出世界,
> 蹬道盘虚空。
> 突兀压神州,
> 峥嵘如鬼工。
> 四月碍白日,
> 七层摩苍穹。
> 上窥指高鸟,
> 俯听闻惊风。

重阳节这天,白鹿、神禾、少陵诸原,皆有人前往登高。位于长安城东南的乐游原,更是人们竞相攀登之处。李商隐《乐游原》诗中写道:

> 向晚意不适,
> 驱车登古原。
> 夕阳无限好,
> 只是近黄昏。

近代,重阳节登高、远游的风气,似有较大的发展。有开展旅游观光活动的;有发展秋季体育活动的;有提倡马拉松赛跑等健身运动的;有些地方又把它定为"老年节",届时庆祝,已成定俗。

饮菊花、茱萸酒及其他

重阳节这天,家家户户的门前,都喜欢插上青翠的茱萸,并且邻居、朋友互相赠送,已成为既定的风俗。当日家里人合饮菊花酒和茱萸酒,已成为节日的传统饮料。饮菊花酒,是健身的需要,因为菊花酒味道芳香,有祛风、降火的作用,还可治头昏目眩等症,使人延年益寿。茱萸是一种出产在我国南方的药用植物,能温补肝肾,固精止汗,主治腰酸腿疼、阳痿遗精等症。

陕南佛坪一带,每逢重阳节有食糍粑的习俗,或用新收的玉米,磨成浆糊,放进核桃仁,蒸成玉米浆巴馍,调蜂蜜食之。陕西长武地区,重阳节这天有蒸枣糕、包粽子馈赠亲友的习俗。陕北吴堡、横山一带人民,在重阳节里,家家多食"枣糕"。这个季节,谷物收割,红枣上棚,正是酿制枣糕的时候,故人民多食之,以庆贺丰收,谚语说:"九月九,家家有。"指的就是"枣糕"。

满城风雨近重阳

重阳,时在深秋,天高云淡,景色宜人。人们在传统习俗登高远眺,赏菊,插茱萸,喝菊花酒,戴茱萸囊,吃花糕馍等活动中,游目骋怀,以畅秋志。历代不少诗人也以重阳为题材写下了无数的名篇佳作。

唐代大诗人李白在《九日登巴陵望洞庭水军》诗中说:"九日天气晴,登高无秋云,造化辟山岳,了然楚汉分。"孟浩然在《秋登兰山寄张五》中道:"天边树若齐,江畔洲如月。何当载酒来,共醉重阳节。"唐代的边塞诗人岑参,在《行军九日思长安故园》中也说:"强欲登高去,无人送酒来。遥怜故园菊,应傍战场开。"杜甫在《九日蓝田崔氏庄》中最后几句说:"蓝水远从千涧落,玉山高并两峰寒。明年此会知谁健?醉把茱萸仔细看。"这些诗句都为重阳节增添了光彩夺目的一笔。

"满城风雨近重阳"中"满城风雨"一词,本意为形容秋天的景物,但人们在日常用语中却用来比喻坏消息一经传出,到处都在街谈巷议。但是"满城风雨"与"近重阳"组合以后竟成了一句能够传唱千古的诗。

《冷斋夜话》云:黄州潘大临,工诗,多佳句。然甚贫,(苏)东坡、(黄)山谷尤喜之。临川谢无逸以书问:"有新作否?"潘答书曰:"秋来景物,件件是佳句,恨为俗氛所蔽翳。昨日闲卧,闻搅林风雨声,欣然起题其壁曰:'满城风雨近重阳'。忽催租人至,遂败意,止此一句奉寄,阅者笑其迂阔。"

诗都是以"首"为单位,不够一首的,不是"联句",便是"残稿"。如只传一句之诗,到底令人有不足之感。南宋人方岳(秋崖)就把它足成一首诗,题为《九日道中凄然忆潘邠老(大临)之句》:

> 满城风雨近重阳,城脚谁家菊自黄。
> 又是江南离别处,烟寒吹雁不成行。

潘大临病故,谢无逸无限惆怅。重阳节前四天,突然风雨又大作,于是他就用"满城风雨近重阳"作为句首,一连写下了三首绝句,以抒发怀念之情。

> 满城风雨近重阳,无奈黄花恼意香。
> 雪浪翻天迷赤壁,令人西望忆潘郎。

> 满城风雨近重阳,不见修文地下郎。
> 想得武昌门外柳,垂垂老叶半青黄。

> 满城风雨近重阳,安得斯人共一觞。
> 欲问小冯今健否,云中孤雁不成行。

重阳谚

深秋九月,即公历的10月。虽是"草拂之而色变,木遭之而叶脱"的时节,但"其容清明,天高而晶",其色金黄,其谷归仓,万民所乐也。节日过后，天气转冷，各种昆虫开始蛰居，各种病菌、病毒不易流行，人们有盼康乐过冬。因而农谚说："九月九，家家有"。又接着说："过了九月九，大夫高操手"。

每年的重阳节，差不多在"寒露""霜降"前后。暖空气逐渐衰退，冷空气长驱直入，造成一次比一次气温下降的物候现象。"自古长安西风雨。"只要西北风一刮，雨紧接着就来了，自然形成"一场秋雨一场寒"的天气。

重阳时节能否落雨是大家关心的事。一是北方夏粮作物的播种在这个时候；另外人们常常以重阳之雨晴预卜冬日之旱涝。经过长期总结的"寒露天雨，百日无霜""夏至有雷三伏冷，重阳无雨一冬晴"就是这个意思。民间则直截了当地说："重阳不雨看十三，十三不下一冬干。"可见重阳落雨对旧时靠天吃饭的农民是祈盼的，喜欢的。"瑞雪兆丰年"，冬季雨雪多少，对来年庄稼的丰歉将起重要的作用。

（十二）冬　节

1. 寒衣节

农历十月一日为"寒衣节"。它是由周朝时的"十月朝节"演变而来。朝者，拜见也。这天，古有群臣拜见圣上的礼俗。

寒衣节，时在"立冬"节气。人们为防御寒冷，加衣穿袄，也想到了九泉之下的祖先，故有烧纸，烧纸衣服的祭祀活动。

明代的北京城居民，"十月一日，纸市裁纸五色，作男女衣，长尺有咫，曰'寒衣'。有疏印缄，识其姓名字辈行，如寄书然，家家修具夜奠，呼而焚之其门，曰'送寒衣'。"（见《帝京景物略》）不难看出，各地流传的习俗大同而小异。

相传，孟姜女不辞千里艰辛，到秦始皇修筑长城的地方，为丈夫万喜良送寒衣。可是寻遍了长城工地，未见自己的丈夫，就地放声痛哭。这哭声充满了冤恨之情，震动了长城内外，其中有一段城墙倒塌下来，才使她见到了丈夫尸骨。恰恰这天正是十月初一。以后每年于这天，人们都面向长城，为死难的亲人烧纸钱、烧纸糊的衣服，表示悼念，名曰"送寒衣"。时间长了，相沿成俗，每年十月一日也就成为祭先祖、焚纸衣的一个节日。

2. 冬至节

冬至节亦称冬节、交冬。它既是二十四节气之一，又是汉族的一个传统节日，宫廷和民间历来十分重视。

从周代起就有祭祀活动。《周礼·春官·神仕》："以冬日至，致天神人鬼。"目的在于祈求与消除国中的疫疾，减少荒年与人民的饥饿与死亡。《后汉书·礼仪》："冬至前后，君子安身静体，百官绝事。"还要挑选"八能之士"，鼓瑟吹笙，奏"黄钟之律"，以示庆贺。唐宋时，以冬至和岁首并重。南宋孟元老《东京梦华录》："十一月冬至。京师最重此节，虽至贫者，一年之间，积累假借，至此日更易新衣，备办饮食，享祀先祖。官放关扑，庆祝往来，一如年节。"

民间称冬至日为"过小年"。旧时是日学堂放假，商业歇市，渔家停网，织工停织，并做应时食品，相互宴请，馈赠礼物，祝贺佳节。这种习俗，一直沿袭到建国以前。

吃饺子

冬至吃饺子的风俗由来已久。传说古代名医张仲景，医术高明，人称他是"妙手回春"的医圣。

张仲景在长沙做过官，年迈告老还乡。时逢腊月，天寒地冻，许多穷人面黄肌瘦，衣不遮体，耳朵都冻烂了，他心里非常难过。

到了冬至节这天，他让弟子料理家务，自己来到郭外一块空地上，搭起棚子，专门为治疗冻伤的耳朵，而特制一种药剂，名为"祛寒矫耳汤"。这种药剂是用羊肉、辣子及一些药物配制成馅，再用面皮包成饺子形。煮熟后发给每人二个，连汤带饺子一齐吃喝，立即见效，耳朵就好了。从此以后，冬至节吃饺子的风俗，流行全国。

杀年鸡

每年到冬至这天，家家户户都要杀一只公鸡，称为"杀年鸡"。这在汉族人民中，是比较流行的风俗。为什么呢？相传殷朝末期，殷纣王宠妲己，无恶不作。妲己下了一道命令，要全国老百姓每人捉四条毒蛇，上缴朝廷。她在王宫四周挖了一条"阴阳河沟"，把毒蛇放进沟里。然后将无辜的忠臣良民推进沟里喂蛇吃，一年一度，形成制度。这样，被逼得老百姓揭竿而起，推翻了纣王的万恶统治。人们为了纪念助周灭纣得来的胜利，且因"鸡"与"妲己"的"己"谐音，故于每年冬至就以杀一只公鸡作为象征。后来年复一年，成为一种既定的风俗。

（十三）腊八节

每年的腊月初八日，是传统的腊八节。腊，古时也称"蜡"，"腊（蜡）本祭名"。古时年终的十二月要合祭与农业、畜牧业息息相关的诸神，以祈祷来年的丰收，所以后人沿袭也就把农历的十二月称做"腊月"。

腊祭的别称，夏代曰嘉平，殷代曰清祀，周代曰大蜡，秦汉曰腊。据说这种祭礼在神农时代就开始了。它除了祭天地、四方、山林、川泽、土神、龙神和祖先等之外，据《礼·郊特牲》的解释，重点是八位农神："先啬一，司啬二，农三，邮表畷四，猫虎五，坊六，水庸七、昆虫八。"按先啬，神农。司啬，后稷。农，古之田畯也。邮，田间庐舍。表，田间道路，《国语》所谓列树以表道也。畷，读苗，田土疆界相连缀也。邮表畷，谓始创庐舍、表道路、分疆界以利人者也。猫虎，为其食田鼠野兽也。坊，堤坊也。水庸，沟也，可以防御排涝。昆虫，蝗螟之类，祝其不为灾害也。此祭，大概从夏到汉的帝王都很重视，并由天子亲自临坛主持，所以称"天子大蜡（腊）八"。大祭的时间最初规定在冬至后的第三个戊日举行，由于干支纪日与时日的不相固定，给人带来不便，据说从秦以后才与腊月初八的腊八节合并进行。

大饮蒸

《礼记·月令》篇有这样一段记载："是月也，大饮蒸。天子乃祈来年于天宗。大割祠于公社及门闾，猎先祖、五祀。劳农一休息之。"天宗，日月星辰也；割祠，割牲以祭也；社以上公配祭，故为公社，又祭及门闾主神也。腊之言猎，以田猎所获之物而祭祖先及五祀之神，故曰腊。劳农，即周礼党正属民饮酒之礼也。不难理解，一年过完了，夏代至周秦的统治者们大宰牲畜，举行腊这种祭礼，在祈祷天地、祖宗的保佑，取得来岁丰收的同时，也顺便请农民们慰劳他们一年的辛苦。

从这些记载来看，腊无疑是从上古"合万物而祭之"的天地、祖先崇拜而演变成的一个农业节日。可是，汉代以后佛教传入中国，按佛教的解释，腊日是佛教创始人释迦牟尼的"成道日"，因每至腊八群僧诵经，供粥以祭佛，又称腊八粥为"佛粥"，被不少文人引用，宋代陆游的"节物犹关老病身，乡傩佛粥一年新"即其一例。从此，腊祭又增添了新的内容，增加了宗教色彩，故很多人误认为

"腊八节"始于佛教。

腊八粥

常言说:"腊八粥,吃不究;吃了腊八便丰收。"腊八节这天,家家户户都要煮上一锅"腊八粥",不仅当天吃,还要留一些作为引子,吃到大年除夕。"腊八粥"不仅给家里人吃,给牲口、鸡、狗喂一些,还给树上、墙上、门上抹一些,体现农业大丰收,人、畜、物都有福。

腊八粥

腊八粥是用各种米(江米、黄米、白米、高粱米等),各种豆(大豆、云豆、豇豆等),各种干果(大枣、栗子、杏仁、花生、核桃、莲籽、桂圆肉等)且杂以豆腐、肉类菜蔬混合而成的粥。

这种腊八粥,最能体现农业大丰收。人们吃腊八粥,以资庆贺。

腊八面

腊八面是在腊八粥里煮上面条,同样都是腊八节日的食品,不过一般的腊八粥作早饭吃,而腊八面是作为午饭吃的。煮腊八面的粥要稍微稀些,以便面条的掺入,再加上红白萝卜、豆腐、黄

花、木耳以及各种肉(或素)菜,吃起来别有风味。

挂腊八穗

每年腊八节,陕北米脂一带,流传着"挂腊八穗"的习俗。在这天妇女用谷秆编织成谷穗子,内装红枣,缝在小孩的衣服肩上,既祈求小孩健康成长,早日成家立业,又求风调雨顺,五谷丰收。

各地腊八风俗

陕西省富平县的农家,在腊八节这天喜欢酿酒,名曰"腊脚"(酒引子),长安县的古俗,这一天煮肉糜,抛洒在花米之上,谓之"不歇枝"。凤翔一带人民,在腊八节这天,喜欢用黄米和八种豆子,加上油盐,煮成"腊八焖饭"。汉中地区西乡县的农村,每年腊八节吃粥,不仅家里人吃,还馈送亲友,并塗于果树上。边塗边念道:"喂喂喂腊八,明年结个繁疙瘩;砍一刀,结一万,年年喂你腊八饭。"宝鸡地区陇县农村,在腊八粥内煮荞面饺子,俗称"雀儿头"。这天五更起床,不见日光,当地农民敲取冰块,置放于粪堆之上,名曰"堆冰狗",据说可以消除庄稼病虫害。延安人民过腊八节,早饭是用荞麦面捏成鸟头、蝌蚪、蛇尾等形状,在用软米做的粘饭将熟时放入,待煮熟后食之,称之为"吃懵饭"。

(十四)祭 灶

农历腊月二十三,是传统的祭灶节日。吹鼓手、纸坊人家以及南方的某些地方,由于忙与年事或其他原因,则把祭灶放在腊月二十四日。

灶,即指灶神、灶王、灶君,民间呼之曰"灶王爷"。是我国旧时供于灶头之神，称"一家之主"。大概从夏代开始，它已经是被民间尊奉的大神之一了。祭灶亦称"祀灶"。古时被列为重要的祭礼——"五祀"之中。所谓"五祀"，其说不一。按《礼记·曲礼》解释：春祀户，夏祀灶，夏秋之交祀中溜（堂屋），秋祀门，冬祀行。祀礼相当隆重。

祭灶的日期，古今也不一致。一般的在每年的正月、四月、五月、八月、十二月。《礼记·月令》记载：春秋时代"孟夏之月（农历四月）……其祀灶。"而且以"老妇配之"。那时的祭礼很简单，灶陉亦"何甚陋也"，只盛食于盆，盛酒以瓶，以祭了之。到周代，一些富贵人家才用鼎、俎、笾、豆等祭器祭灶。汉宣帝时，"阴子方者、至孝有仁恩。腊日晨炊而灶神形见。子方再拜受庆，家有黄羊，因以祀之，自是以后，暴至巨富。故后常以腊日祀灶，而荐黄羊焉。"（见《后汉书·阴兴传》）晋代葛洪在《抱扑子·微旨》中说：灶神"月晦之夜，上天白人罪状。大者夺纪，小者夺算。"即大罪减寿三百天，小罪折寿一百天。《玉匣记》一书说：农历八月三日是灶君延辰之日。道教庵、观，多设供祭祀，诵《灶王经》。从此灶经在民间广为流传。

后来，经过逐渐演变，把灶神每月晦日上天一次，改为每年上天一次。祭灶的时间，被固定在腊月二十三或二十四日；上天的任务也由"白人罪状"而变为兼说善行。

灶神，是"人间司命主，天上耳目臣"。古人说："人非圣贤，孰能无过？"常驻人家的"监察委员"，对人的言行举止，都历历在目，全家的吉凶祸福都大权在握，谁不怕上天状告，灾祸临头。因而总是毕恭毕敬，虔诚祈祷。届时不论大家小户，贫富贵贱，都把祭灶记在心上，灶台、几案、锅碗、瓢盆收拾得干干净净，一年一度举行"一盏清茶一缕烟，灶君皇帝上青天"的仪式。供品除了灶糖、灶饼、清茶和一些干鲜果饵之类，便是给灶马吃的草科，喝的一碗凉水。设祭之始，点蜡供香，叩头礼拜。接着，将龛内神像揭下来

与"灶马"（马的画像）的上半部，在香炉前焚化，表示灶君骑马上天去了。口里念念有词的说："灶爷灶婆上了天，多说好话行方便。今年缺吃又少穿，明年衣食带宽展。灶爷灶婆你甭嫌，灶糖灶饦香又甜。"到了除夕或初一五更时分，再贴上新请的灶神（木板画像），并将灶马的下半部烧掉，意即接灶爷回宫。所谓"二十三日去，初一五更回"就是这个意思。京都风俗：祭时男子拜，妇女次之，谚云："男不拜月，女不祭灶。"

北京俗曲云："腊月二十三，呀呀哟，家家祭灶，送神上天，祭的是人间善恶言。一张方桌搁在灶前，千张元宝挂在两边。滚茶凉水，草料俱全。糖果子，糖饼子，正素两盘。当家人跪倒，手举着香烟，一不求富贵，二不求吃穿，好事儿替我多说，恶事儿替我隐瞒。"

关于灶神

灶神到底是谁，历来其说不一。《礼记·月令》载："其帝炎帝，其神祝融。"孔颖达疏："颛顼之子曰黎，为祝融，祀以为灶神。"

《淮南子。氾论训》曰："故炎帝作火官，死而为灶。"汉高诱注："炎帝神农，以火德王天下，死讬祀于灶神。"

《庄子·达生篇》记："灶有髻。"司马彪注："髻，灶神，著赤衣，状如美女。"这可能是老妇之说而演变。由于母系氏族社会信仰与传说的影响，道教认为灶神原是一位未知名谁的女性。《敬灶全书》中记："道言，昔登昆仑之山，有一老母独处其中，莫知其由……天尊曰：'唯此老母，是各种火之母，能上通天界，下统五行，达于神明，观乎二气，在天则为天帝，在人间乃为司命，又为北斗之七元使者，主人寿命长短，富贵贫贱，掌人职禄。又为五帝之灶君，管人住宅，十二时辰，善知人间之事。每日朔旦，记人造诸善恶及其功德，录其轻重，夜半奏上天曹，定其簿书，悉是此母

也．'"他的尊号有二：一曰"九天东厨司命九天元皇灶君感应天尊"；又称"南天护福星君利济真卿东厨司命万化天尊"。

灶 爷

至于民间传说的名堂就更多了。《五经异义》说：姓苏名吉利，夫人姓王名抟颊；有的根据《酉阳杂俎》说：姓张名单，字子郭，夫人忌卿；还有的根据《封神演义》说：是张奎，夫人高兰英；陕西关中地区还流传一则关于灶神的传说，说灶爷是张立德，灶婆是郭丁香。

灶爷与灶婆的传说

据民间传说古时候陕西临潼县，有个名叫张立德的后生，万贯家产，娶妻郭丁香，十分美貌、贤惠。夫妻二人感情很好，日子过得幸福美满。后因张生喜新厌旧，又娶了一个年轻漂亮的小妾李海棠。海棠好吃懒做，为人奸诈，过门不久，就逼着张生把郭丁香休了(离婚)。张生和海棠，肥吃海喝，无所事事，不到两年，就把万贯家产全部卖完了。海棠嫌贫爱富，一看张生穷了，又改了嫁。张生不得已，只好沿街乞讨。

在一个风雪交加的冬天，张生行乞到一家门前。这时已经饿得昏迷，站不起身来。这家的丫环把他扶进厨房，给他吃了一顿饱饭。听丫环夸讲她的女主人，多么贤惠善良，可惜命运不佳，现在还是一个孤零零的寡妇。张生听罢，悲从心起，对女主人产生了一种格外敬佩的心情。过了一会儿，丫环告诉他："夫人来了！"这时，张生从窗口往外一看，见来的这位夫人，正是两年前他所抛弃的郭丁香。他十分羞愧，无脸见人，只好钻进灶膛里躲了起来。后来夫人找来找去，最后才从灶膛里，把他拉了出来，已烧成一个炭人了。善良的郭丁香看到此情景，悲愤交加，痛不欲生，不久也就离开人世了。玉皇大帝知道此事后，念及张立德肯于知错改错，就封他为灶王(爷)，封郭丁香为灶婆。

灶 饼

祭灶的灶饼，农村俗叫"灶爷饦饦"。是用上等面粉做成的，形状是圆形，比现时饦饦馍，稍微小一点。有用芝麻盐做成的咸饼子，也有用糖馅做馅的甜饼子。灶饼的多少，要根据家中的人口和主要亲属(女婿、外甥等)的人数多少而定。每人一份，远在外地的家庭成员和主要亲属人员，也得留一份，节后送给他们。

祭灶时，要把每个灶饼，掐下一小粒，集中起来，在灶膛前烧去，这就是灶爷上天宫去，所带的干粮了。

灶　糖

灶糖是用大麦芽熬制成的,一般做制成大小不同的圆形或椭圆形。这种糖吃起来既甜又粘牙。献给灶爷,意思是让灶爷把牙粘住,到天宫去少说人间坏话。让他"上天言好事,回宫降吉祥。"

灶糖和灶饼一样,也是全家成员和主要亲戚,人人一份。祭灶时,把每份糖掐下来一小粒,和灶饼一样,在灶膛前烧去,作为灶爷上天宫,路上带的糖果。

大扫除

每年祭灶前,家家户户,把自己的房舍,打扫得干干净净,这已经形成了不约而同的风俗。宋吴自牧《梦梁录》中说:"不论大小家,俱洒扫门闾,去尘秽,净庭户。"现在我国广大农村和城市,每年腊月二十三日以前,都要进行一次大扫除活动,务使窗明几净,家具什物一新。有的人家还用白粉刷墙,油漆门窗,使室内外焕然一新。这种风俗,体现了中华民族爱清洁、讲卫生的传统美德。

祭灶诗

宋代诗人范大成,对祭灶风俗颂诗写道:

古传腊月二十四,

灶君朝天欲言事。

云车风马小留连,

家有杯盘丰典祀。

猪头烂熟双鱼鲜,

豆沙甘松粉饵圆。

男儿酌献女儿避，

酹酒烧钱灶君喜。

婢子斗争君莫闻，

猫犬触秽君莫嗔。

送君醉饱登天门，

杓长杓短勿复云。

乞取利市归来分，

……

少数民族节日风俗

那达慕大会

"那达慕"在蒙古语中是"娱乐"或"游戏"的意思。那达慕大会是蒙古族人民的传统节日盛会，流行于内蒙古、甘肃、青海、新疆等地。此节一般在每年七月或八月，正值水草丰美，牛羊肥壮的季节举行。大约每年举行一次，每次一至数天。节日来临时，人们身穿新衣，携带蒙古包，从四面八方聚会在一起。会上有赛"布鲁"（投掷）、赛马、摔跤、射箭、歌舞、说书、下棋等活动。传统的男子三竞技，即摔跤、赛马、射箭，向来是那达慕盛会的中心活动。

"那达慕"大会风俗活动，起源于祭敖包，相传始于汉代，王昭君出塞时，草原人民即以这种盛大的活动迎接过她。至清代那达慕大会的规模、形式和内容有了较大的发展，当时的蒙古族王公以苏木（相当于一个区）旗、盟为单位，半年、一年或三年举行一次那达慕大会。对得胜者按等级给予奖赏和荣誉称号。如对小型比赛中的摔跤冠军，只奖一只羊或几块砖茶；对大型比赛的冠军奖一匹全鞍马；对盟级大型比赛的冠军，则奖给鼻带银环、背驮珠宝、绸缎等赏物的银白色骆驼。

旧时，那达慕大会有大规模的宗教祭祀活动，建国后随着人们的觉悟程度逐渐地取消了。现在实际上变成了城乡物资交流大会，增添了田径、拔河、篮球、排球等体育竞赛项目，并有电影放映、文艺演出、举办展览等多种多样的活动。

在那达慕大会上，除摔跤、赛马、射箭等重点活动外，还有一项正式比赛项目——赛"布鲁"，一向被视为传统的重点项目之一。它是一项十分有趣而引人入胜的项目。

"布鲁"，早在公元 1300 年前就成为蒙古族人民的重要武术了。赛布鲁分为两种，一种是掷远，一种是投准，也有两种同时进行的，双得者称为"图拉嘎"（蒙语"头目"的意思）。关于赛"布鲁"的来历，在蒙古族民间流传着下面的传说。

很久以前，王爷府有一位非凡美丽的公主，名叫海日图。她练就了一手既能投远又能投准的好布鲁。到了 18 岁那一年，海日图的父王要为她张榜招聘驸马，开始一直在贵族子弟中选取，选来选去挑选不出一个理想的驸马。后来，海日图公主向她的父王说道："女儿有志卫边护国，从小苦练布鲁。我想从平民中选拔一名英俊的'图拉嘎'布鲁，与我一同镇守边关。"

听了女儿的话，王爷动情地说："龙配龙，凤配凤，你是王府的公主，哪能配给平民呢？"海日图说："既然父王这样讲了，女儿不敢违抗。那么，就让公子王孙们与我比赛'布鲁'。谁要是赢了我，女儿甘愿与他结亲；如果王孙中没有胜过我的，就请父王恩准由我自己在平民中挑选。"王爷心想：海日图公主，自幼娇生惯养，就同意了公主的意见。

有一天，王爷在选定的大喜日子里，召集文武官员，宣布比赛

"布鲁"。王爷身穿龙袍,腰束玉带,端坐在观光台前,单等他选中的女婿获得胜利。可是,尽管千百支布鲁从马背上掷出,但命中靶心的却只有海日图一支,她的女儿获得了"图拉嘎"的好成绩。

翌晨,根据海日图公主的意见,让广大牧民青年报名比赛布鲁。结果,一名叫做巴特尔的后生获胜了。按照协议公主和他成了亲。但是,凶恶的王爷恼羞成怒,却在暗地里杀害了刚与公主成了亲的巴特尔。

广大蒙古族人民,十分同情不幸的公主,为了悼念这个不幸的事件,在以后的每次那达慕会上,都要举行赛"布鲁"的活动。

花儿会

花儿,亦称"少年"。是一种富有民族性、地方性,有广泛群众基础的山歌。其内容多为男女情歌,男方称女方为"花儿",女方称男方为"少年"故为"花儿会"。流传于青、甘、宁三省(区),居住在这里的汉、回、土、撒拉、东乡、保安、裕固族人民及青海农业区和农牧交错区的藏、蒙古等民族的群众,都非常喜爱它。每逢盛大集会对唱花儿,已是千百年来的传统风俗。

在旧社会花儿会多与当地的庙会、朝山活动相联系,故而会期并不统一,一般多在农历二月至六月的春夏季节举行。建国后花儿会又伴随着各种物资交流大会举行。凡是盛大的群众集会都有花儿的活动。

青海乐都瞿昙寺花儿会,每年六月十五日举行。一般会期三天,十四日揭开序幕,十五日进入高潮,十六日天黑才近尾声。此会的参加者以乐都南山的藏、汉两个民族的人民为主,湟中、民和的土族,乐都、化隆的回族,还有从甘肃临夏等地区远道而来的其他各民族歌手。

花儿会的会场,设立在新城街外道路的两旁边。这里地大宽

广，交通便利，是人群集中的好地方。节日期间帐篷、布帷、天棚
林立，一年一度的花儿盛会，就在这里举行。

　　十五日拂晓，人群熙熙攘攘络绎不绝，不断地涌来，集中在会
场中心。从新城街到瞿昙寺大殿，人如流水，车如马龙，把会场挤
得水泄不通。这时，花儿会开始了。众歌手分设据点，各自拉开
赛花儿的场面。

> 雄鹰在半空里转三转，
>
> 冲天的鹏。
>
> 翅膀在云彩里翘了。
>
> 少年的把式们往前站，
>
> 扬开声，
>
> 比武的时节到了。

　　歌手们一经交锋，雄姿英发，各显神通，要与对方比高低。从
一般的对唱到精彩的表演，要唱出高水平，压倒对方。于是他们
费尽心机，各自拿出绝招好戏。内容有三国、说唐及杨家将故事
等为兴起联的花儿，一套一套地系列展开，一问一答，一唱一和。
从头到尾，对答如流。如此循环比赛，争夺魁首，花儿比赛进入高
潮。直到夕阳西下，人影散乱，人们才纷纷离开。待到"夜深千帐
灯"，各篷帷点起灯火时，众歌手又唱起花儿来，再次进行花儿的
长赛。天空中扬起了悠扬的歌声：

> 天上的星星麻拉拉，
>
> 大星起小星压了。
>
> 个个帐篷里出唱家，
>
> 花儿的声唱不罢了。

　　瞿昙寺花儿会上，最为精彩的要数男女青年对唱。他们争先
恐后，出奇制胜，挖出心思，想出最佳的歌词，打动对方的心弦。
只见他们恋情依依，不忍散去。男女情人告别时唱道：

瞿昙寺会上浪一趟，
山边的花儿摘上；
鸳鸯的枕头不稳当，
尕妹的胳膊枕上；
尕马儿骑上枪背上，
枪口上瞄了个凤凰；
尕妹的情意记心上，
相会在来年的会上。

火把节

火把节是我国西南地区彝、白、傈僳、拉祜、纳西、普米等族盛大的传统节日。其由来有多种传说：一种说法是南诏王皮逻阁邀请五诏首领聚会，后将五诏首领俱焚尸于松明楼内，滇人于此日举火悼念；又一种说法是古代天神恩体古滋撒下许多害虫，眼看丰收的庄稼有被吃尽的危险，这时有一位勇士教人们点燃火把，把害虫全部烧死了，于是人们把此日定为火把节，以资纪念；还有一种说法是古时撒尾残酷压迫百姓，人民群起反抗，堡垒久攻不下。最后想起用羊群火攻取胜，所以形成了举火庆祝的"火把节"。

火把节

　　彝族的"火把节"，是在每年彝历"虎月"（阳历七月）。位于大凉山下的布拖垻子的居民，便老少云集，热热闹闹地过起了传统的火把节。该节共过三天。头一天各个村堡都要杀牛。杀牛前先将牛用木棒、斧头打昏，然后用刀杀之，称为"打牛"。杀牛后，将牛肉砍成大小均匀的坨坨煮着吃，称为"坨坨肉"。当天晚上，人人举火把，舞之蹈之，连续进行三天。节日期间，村村寨寨的男女老少，都要穿上新衣，青年妇女则穿上华丽漂亮的百褶裙，扶老携幼，聚集在大街上或村堡宽敞的垻子上，开展各种游艺活动。男子开展的活动，主要有斗牛、斗羊、摔跤、跑马和弹月琴。妇女开展的活动，主要有唱歌、跳冬格舞①、弹口弦②和敬酒③。到傍晚夜幕降落时，才开始举火把展开各种活动，伴以唱歌、跳舞和"嘟吼嘟吼"④的叫喊声。

　　布拖县的人民群众十分重视火把节，举火把的人群形成一条条火龙，围绕着堡子和庄稼地，来回循环地转，十分热闹壮观。当夜幕降临时，你就会看到彝家族的山山岭岭，村村寨寨，到处出现了火龙、火圈、火花、火环等各种图案，隐现无常，颇多变化，十分好看。到了第三个夜晚，则由少数人把火把的灰渣扫起来，备酒备肉，以隆重的仪式，送往一处保存起来。近年来，为了加强民族团结，尊重民族习惯，在广大彝族自愿要求下，布拖县彝民的火把节，固定在阳历七月二十日至二十二日举行。

　　纳西族的"火把节"，每年农历六月二十五日至二十七日举行，是纳西族人民仅次于春节的一个隆重的节日。

　　火把节的第一天，男女青年穿上节日的新装，到野外对歌谈情，采摘各种野花野果。成年人选择又好又长的松木，劈成细条，

---

① 冬格舞：彝语，即火把节舞。一种手牵手边唱边跳转圈圈的舞。
② 口弦：一种用竹片或铜片制成的簧片乐器。
③ 敬酒：彝族青年妇女向青年男子敬酒，表示爱慕之情。
④ 嘟吼：彝族人民爱用的一种高声叫喊声。

中间夹上易燃的松明,捆扎成火把。家庭主妇则忙着准备节日的会餐。天将晚,各家门前的火把就点燃了。

第二天,亲戚朋友互相拜访。一些妇女回娘家探亲,青年男女到野外会餐,成年人又准备晚上的火把。这天的火把要比第一天的火把高数节。当天晚上,农民们点燃火把,跳起狂欢舞,火把照亮田野庄稼,消灭害虫,预祝大丰收。

第三天,是火把节最热闹的一天。火把扎得又高又大,装饰得特别漂亮。各家各户在天黑前,点燃火把,将房前屋后,所有的角落都照一遍。同时搞清洁卫生工作,把蜘蛛网等不洁之物烧掉,希冀驱邪,四季平安。然后人们围着巨大的火把,尽情地歌舞、观赏和游玩,彻夜不眠,通宵达旦。

普米族的"火把节",是在每年六月二十四日举行。这一天,老人们忙着杀猪、宰羊、杀鸡祈求天神赐福,保佑全寨人畜平安,粮食丰收。寨门前栽上一棵大树干,上面扎许多火把。到了黄昏的时候,把火把点燃,其火光照耀大地,如同白昼一般,十分壮观。男女青年手擎小火把,在村寨、田野转游嬉闹,见面后互撒一把松香,燃起火光。老奶奶则在小竹箩里装上炒豆、瓜子,逢人送上一把,显示出亲切互敬互爱的气氛。

傈僳族的"火把节",又是一个生动别致的传统节日。每年农历六月二十四日,居住在云南维西地区的傈僳族人民就点燃火把,唱歌跳舞,庆祝这个象征幸福的日子。据老年人说,火把节是为了驱逐野兽、害虫,消除瘴气和瘟疫的日子。这天的夜晚,各村各寨的男女老少,手擎火把,载歌载舞,一面纵情地跳舞,一面唱起了欢乐的调子:

> 点燃了油松火炬,
> 高举起竹枝火把,
> 驱散了阴沉黑雾,
> 迎来了满天彩霞,

水田里要种银珠，
旱地里要种棉花，
棉花要多得像天边的白云，
收的稻米要多得像江岸的白沙。
……

泼水节

泼水节，傣语称"多桑利"。是居住在澜沧江边的傣族、布朗、阿昌、德昂等族的传统节日。类似汉族的春节，时间在傣历六月二十四日至二十六日（公历四月间）。相传最初的泼水活动，是为计谋杀害民间魔王，洗涤七位妇女身上的污血，为人民谋图福利的意图而进行的。后又与宗教相联系，逐渐形成了节日。过节时人们互相泼水，表示以后的日子，吉祥如意，百事亨通。并有敬佛、浴佛、斋僧、放高升、赛龙舟、赶摆、丢包等活动。节日期间男女青年谈情说爱，互赠礼物，唱歌、舞蹈、十分热闹。建国后增加了文艺会演、物资交流等新内容。

崩龙族的"泼水节"更别致一格。在泼水节日里，姑娘们都背着一个竹篮内装有竹水筒，竹水筒刻有细眼，能射出水来。此时，小伙子们的眼睛都睁得圆圆的，紧盯着姑娘们身上背的那个神秘的竹篮。原来，崩龙族的泼水节，既是人民欢度新年的典礼，又是男女青年谈情说爱的陪伴。每年的节日期间，都有小伙子编竹篮赠送给姑娘的风俗活动。以此表达爱情，探讨双方的态度。

节日到来之前，小伙子们都躲在僻静的地方，精心地编制竹篮，少的编制一个，多则十几个，在节日到来以前三天之内，乘夜深人静时，悄悄地串到姑娘的居住处，先将最得意的竹篮送给自己看中的姑娘，依次再送给平日相处得好的其他姑娘。细细观察，若哪位姑娘首先背上了是自己制作的篮子，就说明对自己有意,就算撒下了爱情的种子,篮子也就成为定情之物,否则就是得不到爱情。

泼水节的仪式开始了。老人从竹水筒里拿出一束鲜花,将水轻轻地洒向周围的人群。这时,节日气氛进入高潮,人们的情绪燃烧起来了,男女老少兴高采烈,载歌载舞,在象脚鼓的"伴奏"下,合着歌手歌声的节拍,将竹水筒高高举过头顶,挨个将水滴到年迈老人的手上,祝愿他们寿比南山,健康长寿。此时,老人们也同时伸出双手,将水棒拿在手中,一边念祝词,一边为年轻的人道喜,祝愿男女双方选择自己理想的"对象",接着,狂欢起来,以水作礼,相互泼洒。看谁泼得欢,泼得快,显示各自的特色,讨得对方"喜爱"。

仪式毕,人们便以象脚鼓为前导,排成长队,翻山越岭,来到泉边、河边,欢度佳节。

泼水节

这时,人们又跳起了健美的象脚鼓舞,泼水活动达到最热烈的新高潮,青年男女则忙着寻找自己合适的对象,把自己爱恋的心情付诸于泼出去的清水;天真活泼的少年儿童,如一群初飞的雏鹰，手握竹水枪，来回包围新婚的情人，无限欢乐的情绪在心头。

穆斯林的"尔德节"

伊斯兰教的名典《古兰经》中规定，穆斯林成年人每年要守斋戒一个月，这是每个穆斯林必须履行的"五功"之一。伊斯兰教的"五功"记载在创始人的一本《圣训》里，并为所有穆斯林所接受。"五功"包括：念功（立誓信教，保证万事无主，唯有真主，穆罕默德是真主的使者）；拜功（即每日五次礼拜）；课功（完纳天课）；斋功（在莱麦丹月斋戒）；朝功（到穆斯林圣地——麦加去朝觐）。

斋戒的时间，定在开斋节前一个月，称为斋月，即伊斯兰教历的九月。

古尔邦节

　　九月第一天,穆斯林阿訇和群众在清真寺大楼上,向西方的天空(意指圣地麦加),翘首寻找月牙儿,称之为"瞧月"。若能见到就称为"见月",那么从此时起就进入斋月,若因气候等各种情况不能见月,可依次延迟到第二、三天。

　　斋月是穆斯林一年之中最高贵、吉庆和快乐的月份。封斋天数有时为30天,有时为29天,依据见月情况而定。

　　斋月期间,穆斯林规定每天日出后不吃饭不喝水直到日落。一般都有规定的时间,多为早七时到晚七时,更有讲究者、虔诚者,连唾沫也不咽,此称为封斋(陕西、河南、河北等地也称之为"把斋"),抽烟人也暂时戒烟。

　　除此,还要求穆斯林男女在斋月期间禁房事,克制一切私欲迷色,断绝一切邪念,以显示自己对真主安拉的信奉。

　　"斋月"是一种严格的宗教意识的考验,之所以如上所做,其原因主要有以下几点:

　　一、每年体验一下饥饿和干渴,想一想自己是否受过此苦,想着还有许多的受苦人还在水深火热之中,不能忘记他(她)们。

　　二、穆斯林认为每个人都或多或少有罪过,除求真主的宽恕外,还要自身赎罪。白天(一般在炎热的六七月)忍受饥渴,就是一种赎罪。

　　三、医学科学上讲"新陈代谢",中医学认为"食积,致多病之源"。因此,适当的空腹可除积食,对身体是有益处的。

　　四、封斋还可以增强穆斯林的民族意识,锻炼他(她)们的坚强意志。

　　《古兰经》中规定:老、幼、病、残可以不封斋。如自己要求封斋,完全出于自愿。行路(出差)人也可以自愿。

　　关于封斋和开斋节之起源,据《帝京景物略》、《太平御览》等书记载:传说古时人们为躲避异族统治者进犯,白天躲进深山老林里不生火做饭,月亮出来以后,才开始寻食,后代沿袭成为习俗。另一点，穆斯林民族大多居住中东、阿拉伯及我国新疆沙漠地带，白天炎热，夜晚凉爽，温差极大，可谓"早穿袄，午穿纱，怀抱火炉吃西瓜"的情形，导致了人到夜晚吃喝，白天休息的习惯。

斋日过后，便是"开斋节"。"开斋节"又名为"尔德节"，是伊斯兰民族的重大节日，即大尔德，时间是在伊斯兰教历的十月一日这天，约在公历的六月左右。

开斋节意译于阿拉伯语"尔德菲图尔"。"尔德"是阿拉伯语的音译，意为节日；"菲图尔"意为"开斋"，故有"尔德节"和"开斋节"两称。

据《古兰经》等有关文献记载，伊斯兰教初期封斋满月时，伊斯兰教创始人——穆罕默德作为真圣的使者率领穆斯林人们，到郊外旷野举行节日礼拜。穆罕默德沐浴后，身着整洁服装，沿路散发"菲图尔"（阿拉伯语开斋）钱，表示赎罪。从此，穆斯林便将这天定为节日，取名"开斋节"，隆重地加以庆祝，并延续穆罕默德的做法。一般穆斯林男人都在清真寺"冲洗"干净，妇女则一般在有清真女寺的地方"冲洗"，此谓"洁身"。之后便换上干净的民族服装，沿路向"穷人"散发，"也提"称为"色散"，体现了一种同情受苦人的公爱民族精神及宽厚仁慈，互助互爱的品行。

之后，穆斯林们便在清真寺做礼拜（念礼）（五功之一），接着便听宗教领导人阿訇讲经，主要讲《古兰经》中的一些知识，处世方法及做人原则等。

再后，男人一般都在当天走亲串友，相互拜节，而妇女则在随后的几天到亲友家拜节。走亲访友时要赠送节日礼物，如油香、馓子、点心，腊牛羊肉等清真食品。同样，家家户户的餐桌上，都摆满着丰盛的节日食品，用以招待来访的亲戚朋友，能歌善舞的伊斯兰青年男女，在节日期间欢歌载舞。

在新疆，哈萨克族、阿尔克孜等民族还举行"叨羊"、赛马、射箭、摔跤等庆贺活动。在这一天，马与人一样披彩戴红，身上扎红色布标,马鬃和马尾上还用红绸束上几团野鸡毛,马鞍和套头的皮带上系满各种花饰。

红白悲喜之事也在节日这天有所体现,如去祖坟扫墓,缅怀亡人,青年男女在节日期间举行婚礼等。

在开斋节之前,斋日既满之时,也进行"瞧月"。经过一个月的封斋,完成真主安拉规定的"使命",于伊斯兰教历九月的最后一天,寻找新月儿,见月后第二天,便可进行开斋,开斋节由此得名;如未能见月,则继续顺延,一般不超过三天。

穆斯林的"斋日"、"开斋节"与"礼拜"等,是其虔诚的宗教信仰和严守教规的表现,具有一定的科学文化意识和社会进步意识。

穆斯林开斋节一般称为"大尔德"即"大节日",还有"小尔德"——古尔帮节等。

藏族的"年节"

从元朝开始,藏族的年历确定为一年十二个月,大月三十天,小月二十九天。每一千日左右,便有一个闰月,用来调整月份和季节的关系。

传统的藏历年是藏族人民的年节。一月初一,男女老少相互拜年见面都要互道:"扎西德勒"(吉祥如意)、"洛萨尔桑"(新年好)。新年里,孩子们燃放鞭炮,家里其他人,都喝青稞酒、酥油茶,互相祝福,尽情欢唱。城乡演唱藏戏,跳锅庄和弦子舞。居住在游牧区的人民,在新年里点燃熊熊篝火,狂歌狂舞,通宵达旦。节日期间,民间还普遍举行角力、投掷、拔河、跑马、射箭等一系列比赛活动。

传统的藏历年,是藏族人民最隆重的节日,从藏历十二月初,人们便开始做过年的准备。在这个时候,家家户户开始在木盆里泡浸青稞种子,等种子出芽后育成青苗,摆在佛龛茶几之上,祈求新年粮食大丰收。从十二月中旬开始,家家户户准备酥油和白面,每户人家忙忙碌碌地油炸果子,藏族人民把这种油炸果子,叫做"卡赛"。卡赛的种类很多,有耳朵状的"苦过",有长条状的"那夏",还有勺子形的"宾多"。千姿百态,样样翻新,争香斗妍,巧妙横生。这正是藏族妇女大显身手的时候。新年到了,各家每户都要准备一个"竹素琪玛"的五谷斗。斗内装满酥油拌成的糌粑、炒麦粒和炒蚕豆、人参果等食品,上面插上青稞穗;还要准备一个彩色酥油花塑的羊头(名叫"洛过")。所有这些摆设,都标志着过去一年的收成,预祝在新的一年里,风调雨顺,农牧业大丰收。

除夕的前两天,家家户户进行大扫除,摆上新卡垫,贴上新年画。除夕前一两天,即二十九日晚,各家要吃面团土粑,谓之"古突"。"古"即九(表示二十九日)"突"即土粑的意思。这一顿饭,非常隆重。全家人团团圆圆地围坐在一起,高高兴兴地吃用面做成的"土粑"(古突)。面团里包着各种东西,有石子、辣椒、木炭、羊毛等物,看谁吃到包有石子的面团,预示将到的一年里他的心肠硬;吃到包有木炭的面团,预示心里黑;吃到包有辣椒的面团,预示嘴如刀;吃到羊毛的面团,预示心肠软。所有吃了这些东西的人,都要即席吐出来,引起哄堂大笑,年节的气氛进入了高潮。除夕晚上,根据各家经济条件,在佛像前摆好各种食品,并穿好节日盛装,欢度除夕。

大年初一的传统习惯,家里年龄最大的老人(一般是老爷爷)首先起床,漱洗完毕,到井边打上第一桶水,喂饱牲畜,然后回屋唤醒一家人。一家人按辈分排坐,长辈端来五谷斗,每人依次抓一点吃的东西。这时,长辈顺次祝"扎西德勒",后辈总要回贺:"祝您身体健康,永远幸福。"举行过新年仪式后,便吃麦片土粑和酥油煮的人参果,接着互敬青稞酒。年初一般是闭门欢聚,互不访问。从初二起,亲戚好友互相拜年,一直到初五,年节才算过完了。

藏族的"雪顿节"

每年藏历七月初一到七月初五,是西藏历史悠久的传统节日。在藏语中,"雪"是酸奶的意思,"顿"是"宴"的意思。"雪顿节"也就是吃酸奶子的节日。后来由于这个节日的活动内容多以藏戏会演为主,所以也叫"藏戏节"。建国前,每逢雪顿节,西藏12个最有名气的藏戏剧团,从四面八方赶到拉萨罗布林卡,向达赖喇嘛和西藏地方政府,进行交差演出。参加演出的有扎西雪巴、宾顿巴等六个古老的白面具剧团;有均巴、觉木隆等四个新派蓝面具剧团;还有野牦牛舞、工布鼓舞等。

17世纪以前,"雪顿节"的活动是一种纯宗教活动。那时按照佛教的法律戒规,夏天有好几十天禁止出家门。到了开禁的日子,允许他们出寺下山,按风俗老百姓要准备酸奶子施舍。喇嘛们除了吃一顿酸奶子外,还尽情地欢乐玩耍。

17世纪中,清朝政府正式册封五世达赖和四世班禅,加强了西藏"政教合一"的制度。这时"雪顿节"的活动,更加丰富多姿,开始正规演出藏戏节目,约定成俗,形成了固定的雪顿节日。这个时候宗教活动和文娱活动相结合,范围仍局限在寺庙内外。先是以哲蚌寺为活动中心,称为"哲蚌雪顿节"。五世达赖从哲蚌寺移居布达拉宫后,定每年六月十三为"雪顿节",并在哲蚌寺进行藏戏会演。第二天便到布达拉宫演出。18世纪初罗布林卡建成以后,成为达赖夏宫,雪顿节的活动又从布达拉宫移到罗布林卡,这时允许市民入园看藏戏。从此以后,"雪顿节"的活动更加完整,形成了一套固定的节日仪式。

在雪顿节期间,拉萨广大市民和郊区农民,都穿上节日服装,带上吃喝用品,纷纷前往罗布林卡,观看藏戏演出。

1959年西藏地区政治改革以后,百万农奴才真正获得翻身解放。从此,雪顿节才真正成为广大人民传统的节日,除具有传统的赛马、射箭和各种马术表演外,还增加了举重、拔河等项目,并组织文艺演出、放电影、录像等活动。各地来的商业货客,有农业、工业、牧业和各种物资产品,前来摆摊设点,进行贸易。变成了人民生活中不可缺少的物资交流大会。

苗族"过年"

(一)

苗族人民把过年称为"吃年",意思是说这一年过去了,被大家吃掉了。苗族人民分布很广,"吃年"的时间不尽相同。有的在十月,有的在冬月,有的则在正月。雷公山一带的苗族,他们把"吃年"分为三次,即九月吃初年,十月吃中年,冬月吃完年(又称放牛年)。苗族人民喜欢抢先过年,这已形成了传统的习惯。为什么喜欢抢先过年呢?据说是因为历代的统治者,苛捐杂税很重,人民不甘受其苦。人民一年的血汗,几乎被贪官污吏剥削光了,老百姓想与其让贪官污吏剥削,不如让人民自己吃掉。

苗族舞

新中国成立后,苗族人民得到了解放,人民才得安居乐业,勤劳生产,发家致富,过好日月。每逢年节,更是欢天喜地,多么盼望双手致富的年节到来。"吃年"期间,人民喜气洋洋,穿上节日盛装,备好丰盛食品,款待亲友。接亲嫁女也多集中在这期间。各地还开展踩鼓、吹芦笙、跑马、斗牛、踢毽等活动。男女青年趁这个美好的日子,探亲,仿友,寻找伴侣,跳舞、对歌,好不乐乎!过完"吃年"节,正是破土深耕的季节,苗族人民就把铜鼓、芦笙收藏起来,投入春耕生产劳动中,深耕细作,祈望来年大丰收。据说,谁要是再敲铜鼓、吹芦笙和跳舞,他播种的庄稼就会青秆绿叶,不结果实。所以,苗族的年歌唱道:

> 正月刚走过,　冰雪已解冻;
> 春来田水浑,　快拉牛去耕;
> 时光不等人,　快把秧来插;
> 行距八寸八,　来年才有吃。

(二)

　　农历10月5日至11月25日(即阳历11月12日至11月30日),是黔东南苗族自治州凯里巴拉河流域,以及霄山、台江、剑河、月塞、黎平、从江、榕江一带苗族过苗年的时间。每当苗年已到,家家户户杀猪宰羊、烤酒打粑、备好丰足的食品,准备过好一个丰硕的新年。

　　苗家过苗年,一般在谷子进仓、麦种落地之后,进入阴历的10月,只要逢上"卯"日,就开始过年。苗年,不是在同一天过的。有的寨子联合一起过;有的则先由一个寨子开始,然后依次接着过。过苗年的仪式十分隆重,礼节也十分讲究,有的地方规定月初的一、二、三逢"卯"日不过,月末的"卯"日也不过,若是"卯"日是在4日至9日之间,那么过或不过,就由寨老决定。按次序过苗年的寨子,很多地方忌讳"虎"日,认为虎是凶残、不吉利之物,须等这天过后,才继续跟着过。

过了年，第二天及时举行具有民族特色的跳芦笙、跳铜鼓、皮鼓、教歌、对歌、盘歌、斗牛、赛马等文娱活动。节日期间，老年人走亲访友，喜气洋洋，叙说好年景好事兆；青年男女互邀自己心爱的人远游对歌，谈情说爱，更增加了节日的喜庆气氛。

壮族的"花街"

每年旧历三月，聚居在广南县旧莫、者兔、那伦等乡村的壮族人民，都要先后在三个街场赶花街。在花街上集中对歌，成了壮族人家青年男女一年一度的欢乐盛会。

随着时代的发展，建国以后的花街会，除了青年人谈情说爱、恋爱、结婚的内容以外，还增加了歌唱建设新成就，或唱幸福生活、美好理想、高尚品质的内容。

每逢花街之日，壮家姑娘有的穿着青衣筒裙，脚登绣花鞋，头戴花毛巾；有的用自织土布紧身镶边衣打扮，佩戴翘角线结布巾，三五成群，成群结队各自带着精心制作的花糯米饭，还带着私下绣做的布鞋以及手帕等礼品，从四面八方，奔走而来；这时小伙子们穿着格外讲究的细料裤子、白衬衣，有的推着单车，说说笑笑赶到街场。他们开始是走走串串，见了熟人问寒问暖，了解新情况、新事物。继而物色好对象，男男女女，互相约会，分别聚会成三四人或七八人不等的对歌群。这时摆开阵势，开始对唱。首先推出二人开唱，对起歌来，随后自动接替对唱。他们讲究在对唱中要有问必答，要问得好，答得妙，才算高手。如此，一对对一对，一群对一群，大街上、两路旁、树荫下、小河边，到处都是唱歌的对手。歌声悦耳，此起彼伏，尽人欣赏，使人们进入到一个欢乐的世界。当对歌告一段落时，参加对歌的已婚男女自动散去，未婚男女一般都各自选择对象，细语声声，情深意长地漫步走着。这时姑娘打开提篮或布袋，捧出花糯米饭或布鞋等物递给男方；男方青年则以手饰、针线、糖果、布伞等物回赠。此后他们有可能结成良缘，成为佳偶。回忆起这种情形，在他们的婚史上，是永远不可磨灭的印象。

傈僳族的"新米节"

每年十月下旬，正是玉米、稻谷成熟的季节，傈僳族人民的"新米节"，也叫"团圆节"，就在这个时候举行。这是傈僳族人民传统的古老节日，每年过节，傈僳族广大人民，都满怀着丰收喜悦的心情，不由得欢腾起来高喊："新米节到了！新米节瓜切切（跳夏）！"

"新米节"的来历，据说是很古以前，有一对夫妻和睦亲热地过日子。有一年新米收获时，男的未等妻子回家，先吃了新米饭，留下一份给妻子，就出门割谷子去了。妻子回到家里，看到丈夫不在家，因此闹别扭时常发生口角，竟然离了婚。村里人十分同情这对夫妻，每年一到新米下来的时候，家家户户吃新米时，都要讲礼节，话团圆，造成一种和睦、团结的气氛，祝愿全家幸福。时间长了，形成了一种传统的"新米节"日。

新米节时，傈僳人背着背篓，提着篾筐，从田里取来金黄饱满的谷穗，拿回家用饭碗刮落谷粒。谷草留作第二年的秧苗。新谷放进铁锅炒脆，再倒进碓窝舂成米。新米饭蒸熟了，倒放在簸箕上，与肉、肉汤及各种调味食料，反复搅拌调匀。这时，满屋里充满了蒸米饭的香气，令人垂涎三尺。全家人亲亲热热，高高兴兴地围坐在桌前。按传统的风俗，必须先给狗喂一碗，然后全家人才能拿起筷子，端起碗，开始吃香喷喷的新米饭。

新米饭为什么要先喂狗呢？这里有一则神话传说：远古的时候，黄谷堆积如山，遍地都是粮食。播下一种谷物品种，能长出三种不同的粮食米。种下玉米，杆粗叶宽，根脚结芋头，腰身结玉米,尖梢结稻谷。一年四季,季季结籽。人们肥吃海喝,吃不完,用不尽,人们过着贪图享受的日子,这一切被天王看到了,便派来天兵天将,将全部稻谷收回到天上去了,连谷种也未留一颗。人们欲哭无泪,干着急,没办法! 谁能想到,通人性的狗汪汪地吠着,在这个生死存亡的关键时刻,狗嗯地窜过河去,走了很远很多的路程,捡回来了三粒谷子,背在背上,摇着尾巴跑回来。人们小心翼翼地把这三粒谷子取下来,播种在田地里。可喜的是这三粒种子一发十粒,一蓬发十蓬。开始种下的谷粒品种单一,种玉米结玉米,种稻谷结稻谷。以后稻谷的叶子变小,籽粒也变小了,年复一年,就成为今天的稻谷了。

新米节的晚上,一家人喜气洋洋地围坐在火塘旁,嗽着白话,喝着米酒,谈笑歌唱,舞之蹈之,说古道今,叙尽天伦之乐事。最后男女老少手拉着手,脚合脚,到寨子中去,进行跳戛,通宵达旦,好不快活。人们唱着新米节的歌,歌声传遍村塞山岗。

> 十月里,新米节,
> 家家户户吃新米。
> 今年的新米为什么这样香甜?
> 党的政策像春风,传万里。
> 傈僳人团结一心搞建设,
> 但愿明年的新米香更浓甜如蜜。

彝族的"插花节"

"插花节"是彝族民间的传统节日,流行于云南楚雄彝族自治州大姚县。每年夏历二月初八日,这天青年男女身穿节日盛装,成群结队地登山采马缨花、杜鹃花、山茶花。他们认为这些花是吉祥幸福的象征。把采来的这些鲜花插在门上和房子周围,有的还把鲜花绑在牛羊的头角上。节日期间,山寨一些主要道路上搭起华丽的彩棚,上面也插满鲜花。老年人用鲜花互相祝贺人寿年丰,未婚青年男女,则以鲜花表达真挚的爱情。小伙子把鲜艳的山茶花插在姑娘的包头上,姑娘把马缨花插在小伙子的芦笙上,互相勉励,互相以插花为定情礼。按传统风俗,这天家家户户都要舂糯米粑粑,做荞麦饼,蘸着蜂蜜吃。到了夜深的时候,插花节的活动进入到了高潮,村寨里,山坡上,点燃一堆一堆的篝火,青年男女手拉着手,臂连着臂,围着篝火,一边吹芦笙,一边跳舞唱歌。上了年纪的人,则蹲在大树下的火塘边,吸着辣烟,喝着包谷酒。儿童们更是兴高采烈,跳呀、蹦呀、彻夜不眠,全家人吃着节日的特定食品——煮羊肉,其乐无穷。

插花节是怎样形成的?下面介绍一则有趣的传说。

很久以前,昙华山有个彝族姑娘名叫咪依鲁。她长得十分漂亮,会唱多种彝族歌调,会绘各种花草鸟兽。

插花节

一天,她在山上放羊,唱起了动人的牧羊歌。这歌声被远在十岭八坡之外一个打猎的小伙子朝列若听到了。朝列若听到这个歌声,心潮起伏,恨不得立刻见到唱歌的姑娘。他忘记了打猎,翻山越岭,穿河涉水,寻找这位姑娘,终于在昙华山腰一片雪白的花丛中，找到了如花似玉的咪依鲁。朝列若长得十分英俊，自小没有爹妈，练就了一身打猎的好本领。他采了一朵雪白的花，鼓着勇气把这枝花戴在咪依鲁姑娘的头上。姑娘一见钟情，也很喜欢这位老实的小伙子，于是笑嘻嘻地接受了小伙子送给她的花。两人就在山上对唱山歌了。唱了一支又一支，在歌声中订下了终身，直到太阳落山，才依依不舍地分手。

事有不巧，昙华山上有一个狡猾凶残的土司，他是一个无恶不作的坏傢伙。他早就看上了咪依鲁，派人来告诉咪依鲁的母亲，让在三天之内把姑娘交给土司，名义上是看管"天仙园"，实际上是要糟踏这位无辜的姑娘。咪依鲁知道后，哭得死去活来。到了第三天，咪依鲁打定了主意，她头戴朝列若送给她的白花，含泪告别了父母，一人上"天仙园"去了。

她见了土司说："愿我俩和好，先喝一杯如意酒吧！"土司很高兴，忙叫手下人拿酒来。咪依鲁将头上的白花拿下来，泡进酒里，和土司各饮一杯。酒刚喝下去，顿时两人就死了。原来，这白花是一种自卫防害的毒花。

朝列若捕获了一头金黄色的麂子，准备扛回来送给咪依鲁，一听咪依鲁被骗去天仙园。他怒火千丈，拿出弓箭，在身上绑了七把快刀，愤怒地冲向天仙园，吓得土司的家丁东躲西逃，终于找到了咪依鲁的尸体。朝列若悲愤欲绝，抱着已死去的咪依鲁，边走边号啕大哭，嘶声力竭地呼唤着他心上的人儿。他走遍了昙华山的山山岭岭，从此再也没有回来。他的泪水洒到哪里，哪里的白花就变成了无毒的红花。从此，昙华山满山遍野，开遍了火红的红花。

这一天正是二月初八，为了纪念朝列若与咪依鲁的爱情与殉情，以后昙华山的彝族人就把这一天定为一年中最盛大的节日，取名为"插花节"。

侗族的"斗牛节"

　　侗族人民喜欢牛,以"斗牛"为乐。每年夏历二月或八月逢亥日的那天为"斗牛节"。

　　侗族人民居住的村村寨寨都饲养着善斗的"水牛王"。牛王的"王宫"多建筑在古楼前的坪子上,门口贴上耀眼的对联:

斗　牛

　　　仁里今出大碰王,
　　　圣地慈生勇猛将。

　　横额是"百战百胜"。牛王专有人饲养,营养丰富有蜂蜜、猪油、烧酒等物。

　　在节日期间,罗汉们[①]吹着芦笙到外村去邀约敌手,当地人把这种活动叫做"送约"。在准备参战的牛王圈前,人们敲锣打鼓、吹芦笙、放铁炮,全体罗汉生吃鱼食,祭祀三天三夜,侗族人民把这种祭祀活动,叫做牛王"养心"。

　　亥日清晨,鸣放铁炮三响,在阵阵的锣鼓声和芦笙音乐中,牛王被众人群牵往到打牛塘。

　　打牛塘建筑在四面是坡中间有块平地的高山上。这里人山人海,锣鼓喧天,芦笙阵阵。彩旗飘扬,威风凛凛,正是牛王的宿营地。

----

　　①　罗汉:指未婚的男性青年或已婚没有儿女的男性青年。

到了中午,牛王入场示威活动开始了,当地人民把这种活动,称为"牛王踩塘"。锣鼓声、芦笙声响彻一片,一支支斗牛队伍轮流向打牛塘奔来:前头一个身穿亮布衣服的罗汉舞着一张"马牌",上写着牛王的名称,猛勇地向前开道。接着是手持金瓜、斧月①的前卫队,后边是锣鼓队和笙乐队。牛王的头上镶着铁角,由两个身着翠衣,头插仙鹤尾,手持"把条"②的罗汉头牵引。这时,牛王头上罩着红缎子,背置"双龙枪宝"的彩色"牛王塔",塔上插着四面令旗和一对五尺来长的锦鸡尾。胸前挂着一串串银铃。跟在牛王身后的一个罗汉,扛着一面青色大纛,上写"大碰王"、"擅角王"字样向前走动。最后是一排一排的三角形彩旗队伍,旗杆顶的枝丫上,满粘着白色的鹅绒……

"嗵!嗵!嗵!"三声炮响,乐声顿息。这时队伍在一个罗汉头的带领下,驰进打牛塘,绕场三圈,呼声不断地传出来。

"踩塘"完毕,斗牛开始了。

打牛塘内,烟尘滚滚,锣鼓声震耳欲聋。当两头牛王打成一团的时候。助威的人群发出一阵一阵的加油声、呼号声。若是久斗不分胜负,罗汉们便取来棕绳拴住两头牛王的脚往后拉,以解脱双方的搏斗,算为平局。若是一方输了,胜利者就乘胜追击。失败者的彩旗就被对方的姑娘们全部夺去。接着又是得胜者牛王在鞭炮声中再度示威风。

若干天以后,远道的姑娘们给斗败的牛王送旗来了。罗汉们热情地接待了这些"女将",并陪她们唱几天几夜的大歌③,恋情依依,不忍离别。

---

① 金瓜、斧月:一种木制的刀、斧、锤。
② 把条:牵牛鼻子的竹器。
③ 大歌,男女对唱的一种情歌。

珞巴族的"年节"

珞巴族年节风俗,是根据珞巴历书推定的。珞巴历书是依据月亮圆缺变化和季节转换规律归纳出来的,每月三十天,以月亮形状、出没时间来推算。每天用具体形象作为标志,如初一,水中的鱼儿看到月亮;初二,山上的獐子看到月亮;十四、十五,月儿圆又亮,深山老林里的狗熊看到月亮等等。月亮圆缺变化十二次,即十二个朔望月为一年。按照自然变化和生物的生存活动排列,一年内月的顺序是:一月份,蛤蟆往水里跳;二月份,桃花落,"八卜"鸟叫;三月份,"金嘎优罗"鸟儿鸣,春意浓;六月份,白天长,太阳开始向东转;十二月份,高山顶上的白雪向山下延伸。

珞巴族部落居住分散,各个地区之间有所不同,年节的时间不很一致,但都是以庆祝丰收为主导思想的。每逢过年,家家户户都忙着舂米、酿酒、杀猪或宰羊,准备过好一个丰硕的新年。

珞巴年节是祈求"五谷丰登"的节日,也是祝福"人口平安"的节日。墨脱、达木一带的珞巴族人家,在新年的黎明,当雄鸡第一次啼叫时,杀鸡一只,鸡肉用油炒熟,全家分而食之,祝愿"五谷丰登","人口平安"。

珞巴族人民过年,走亲访友,忙得不亦乐乎。过"旭独龙"节的珞巴村落,每年这天各家各户都要带着酒肉,在一块儿欢聚,全村男女老少,席地围坐,或饮酒或吃肉,嬉笑打闹,欢乐无穷。

锡伯族的"杠因拜专扎坤"节

锡伯族有许多节日,如春节、清明、端午等与汉族大致相同,只是过节的具体活动,各有各的特色。如汉族人民过端午节,以吃粽子、戴香包、划龙舟为主要活动;而锡伯族过端午节,则以泼水、刁羊、赛马为主要活动。

锡伯族人民大年三十这一天，宰杀牛羊，妇女炸油果和油饼、做锅盔、烤制有特色的小点心等，准备过个丰硕的新年。

锡伯族有个独特的节日，是农历四月十八日的"杜因拜专扎坤"节，这天是新疆的锡伯族，从祖国东北，迁来的纪念日。

锡伯族人民西迁新疆至今已有二百多年的历史了，每年到了这一日，锡伯族人民就成群结队地赶庙会，举行各式各样的文艺演出活动；进行赛马、刁羊、射箭和摔跤活动，年轻人骑着骏马出外野游；青年男女和老人或者坐车，或者徒步，三五成群地到野外踏青、摆野餐……这天，家家都吃新鲜鱼，户户都做蒸肉，欢度这一光荣的纪念日。

羌族的"年节"

羌族是一个能歌善舞的民族，有许多传统风俗节日，其中最重要的是"年节"，时间在农历十月初一。节日期间停止劳动、停止出门，要求全家人等，团团圆圆，聚集在家中，过好"年节"。

家中早就准备好用面粉做成的各种形状的小牛、小羊、小鸡等祭品，以祭祀祖先和天神。有的地方还由端公跳神至神树林，他们杀羊撒血，设祭坛并在祭坛前敬神灵。祭神毕，把所有的祭祀品如小牛、羊肉、酒等，都分给各家带回，作为节日食品，并请亲友饮自制咂酒，唱酒歌，跳锅庄舞，聚众庆祝丰收。

羌族的男女老少，大都会唱本民族的民歌，不论生产劳动、节日喜庆、婚丧嫁娶，都要歌之舞之蹈之，狂欢达旦，以庆祝佳节。特别是在"年节"里，他们善于以最热情的态度，举行大规模的庆祝活动。他们尽情欢乐，尽情歌舞。他们唱的酒歌是年节时"咂酒"对唱的一种形式。唱歌时主客并排而坐，轮流对唱，节奏缓慢而旋律亢美，声音高亢，拖腔婉转，具有典雅朴素的风格。歌词长、意深刻，多为表达丰收心愿，祝福身体健康，寄托发家致富等思想。

羌族的"年节"歌唱，常常是伴以舞蹈，形式有"跳锅庄"、"兰舞寿"、"跳盔甲"、"皮鼓舞"等，而以"跳锅庄"舞最为流行。舞蹈时，一唱一落，男女互相变化位置，节日气氛十分隆重。

傣族"赶摆"

傣族人民有许多丰富多彩的节日，他们把这种节日活动叫做"摆"，按傣语的原意，"赶摆"就是过好盛大节日或集会活动的意思。"摆"的规模大小，参加人数、内容、时间都不一样，但表达目的都是寻求安乐的生活。下面介绍常见的两种大摆。

"摆干朵"

每年傣历九月十五日起，傣族老人开始进奘房（寺庙）拜佛，三个月期满，欢迎佛祖重返人间。傣族人把这种现象叫做"出洼"，出洼后第二天，即傣历十二月十六日，"摆干朵"就开始了。

俗话说："谷子黄，傣家狂。"此时正是稻谷金黄，丰收在望的季节，也是"摆干朵"最热闹的时节。"摆干朵"的时间长短，因地而异，是根据各地有影响的较大奘房而定。一般是一个奘房赶一个摆，如芒市较大的奘房有风平尖山、广母、芒幸、奘相、奘茂、奘喊等七处，所以芒市的"摆"就得七天。而瑞丽、盈江、陇川、梁河等地则赶摆三至五天。

摆场设在奘房附近比较宽阔的地方，食品、货摊、驰名省内外的阿昌刀、户撒和弄岛毛烟等，比比皆是，琳琅满目。还有傣家独具一格的筒帕、银手饰、软耳丝、牛撒苤等。

赶摆时，人们穿上节日盛装，高抬供品，浩浩荡荡的队伍，拥

向摆场。那鲜艳夺目的服装,摆曳的花筒裙,还有正在热恋的人儿,拥向人群,围观孔雀舞,看傣族戏。

如果你站在高处看:老人进奘房烧香拜佛,求子求孙求发财,祈求佛祖保佑平安;中年人组织象脚鼓比赛,跳孔雀舞,演傣戏;青年男女在花伞下,窃窃私语,有的干脆跑到野外,谈情说爱去了。只见一把把花伞向竹林深处移动,无声地宣告一天的赶摆结束。第二天,又要赶到其他摆场看热闹了。

"摆爽南"

"摆爽南"从内容上看就是泼水节,时在每年傣历六月十二日,为期三至五天。

在节日里,互相泼水,狂欢歌舞,表示相互祝福、消除病魔,适应节气的需要而开展活动。

按传统的习俗,摆爽南开始,先到净房里用净水浇佛像三次,求神灵保佑。然后按年龄、辈分互相有礼貌地用树枝或花蘸水洒泼对方,态度文雅,不得劈头乱浇。

节日开始的当天,在广场召开群众大会,由有声望的傣族人民代表,讲解节日意义和本年节日的计划安排等,然后由傣族老人率领青年男女互相泼水。白天广场上有多种娱乐活动,晚上组织电影晚会和放孔明灯,泼水活动达到高潮。

在这个盛大的节日里,傣族人民每家都要做泼水粑粑,当地人把这种食品叫做"竞美",送给尊敬的客人和至好的朋友,认为这是至高无上的友谊象征。

景颇族的"木脑节"

木脑(总戈)节,是景颇族人民的传统盛大节日。"木脑"(总戈)是"大伙跳舞"的意思,每年正月中旬以后的几天内,取双日,忌单日,安排自己的节日。这个节日的内容,大都是庆祝战斗胜利,五谷丰收,婚庆嫁娶,喜别离逢等。

节日的当天,各山区景颇族人民,穿上节日盛装,一早就汇集到木脑(总戈)广场,小伙子们,衣帽整齐,洁白包头上红色穗子,鲜红夺目;妇女们穿着更讲究,黑丝短衫嵌的无数银泡晶亮闪烁,佩戴着彩珠或银质项圈,下围绚丽多彩的羊毛花裙。跳起舞来,花枝招展,迎风起舞,一派欢乐的景象。

广场中心高竖木脑柱,高约20米的两块栗木板,右侧木板上画着厥菜,象征团结一致,勇往直前;左侧木板上画的是一个四方形等分成三个三角形的图案,每一个三角形用一种颜色表示。两木柱中间交叉着两把大刀,象征着景颇族人民英勇善战,刚毅不屈的精神。两旁还有两块高约八米的木板,上面画着各种图案,象征着子孙后代兴旺发达。上方横匾画着喜马拉雅山脉,传说是景颇族的发源地。下方横匾画着农作物和家畜图,表示祈求未来幸福。在这些柱子和横匾两旁有两个高台,放眼远处,展望未来。高台周围的木桩上挂有直径约一米的八个铓锣,长两米的两个大皮鼓及其他一些乐器,最外层围着篱笆。

清晨,木脑典礼开始了。笙管、大鼓、铓锣齐鸣。一列盛装的景颇族妇女,头背礼物篮(内装鸡蛋、糯米、米酒等),从篱笆右侧门鱼贯进入广场。此时礼炮齐鸣,来自各地的景颇族人民,互相祝贺,问寒问暖交换礼物,喝着互助团结的米酒,在欢乐声中翩翩起舞,连跳两个昼夜,还余兴未已,不忍离去。

白族节日风俗

白族人民,每年农历正月初一过年称为"春节"。过节时在自家的天井里,竖两株青松,地上铺垫着青松毛,意味着"清洁"。清晨，鸡叫头遍，由家族中的长者，携桶到野外去汲河水，称为"汲年水"或"汲春水"。天明了，由家族中的某男孩喊："财门"，接着唱《习俗歌》。这时，"财门大开"鸣放三响土雷和一挂鞭炮，叫做"迎新"。节日期间吃米糕、饵馓等食品，称为"吃熟年"。早饭后，晚辈向长辈拜年，长辈送给晚辈"压岁钱"。节日期间，亲朋厚友，互相登门拜访，称之为"贺年"。还有到野外踏青等习俗。

漂河灯是白族人民的传统风俗活动，每年举行数次，一般都在骆驼节（七月初一日）、乞巧节（七月初七日）、中元节（七月十三至十五日）和中秋节（八月十五日）夜晚举行。漂河灯是人们将特制的各形纸灯，点燃蜡烛或香火，现代人们将电池装在灯中，沿河漂放，或将各彩灯燃放于沿河两岸，配以龙灯、狮灯、白鹤灯的舞蹈，划龙船和唱山歌、跳民族舞各项娱乐活动。

河灯的制作，多姿多态，有将南瓜一剖两半，掏去瓤心再罩以各种纸灯的；有用玻璃做荷花灯的；有以青蒿缚香柱数百，燃星星灯的。儿童喜欢荷叶灯，老人爱好葫芦灯，各具一格，各显特色。莲花、花篮、鹤、鹭、鱼、虾，还有戏剧人物、古今故事为题材的各种河灯，争相竞赛，互相媲美，妙趣横生。

每逢七月十五日之夜，白族人民进行"斗灯"比赛，十分热闹。但见群灯云游长河之中，明星莹莹，万灯闪烁，随波上下，随风漂游。简直是灯的长河，灯的世界。正是：

笙歌聒耳人欲醉，

银花火树光照人。

长河锦绣连天宇，

天上人间尽河灯。

普米族的"大过年"

"大过年"，即春节，是普米族的传统节日，连过三天至半个月。宁蒗普米族以腊月初六为岁首；兰坪、维西普米族每逢腊月三十日过除夕。节日期间放火炮，吹海螺，撒猪膘，祭锅庄。全家欢欢乐乐，载歌载舞通宵达旦，待到天明时用蒿叶、松枝、清酒、牛奶等祭奠屋顶，名曰"祭房头"。表示祭先祖、驱鬼邪、迎新年、求平安。每逢元旦这天，男女老少穿上节日盛装，向亲戚朋友拜年。元旦这天，为年满十三岁的孩子，举行"穿裙子"和"穿裤子"的隆重典礼。

除夕之夜，年满十三岁的孩子们，通宵欢乐，准备迎接成年仪式的到来。待到雄鸡报晓，东方发白时，他们才回到自己的家中，参加传统的成年仪式。仪式是十分隆重的，由母亲主持。如果成年的是女孩，便引她到火塘前方的女柱旁，双脚分别踩在猪膘和粮食袋上，猪膘象征财富，粮袋象征丰收；右手拿耳环、串珠、手镯等装饰品，左手拿着麻纱、麻布等日用品。手上的物品象征着妇女将有物质享受的权利及承担家庭劳动的义务。接着由母亲把女孩的麻布长衫脱下来，给她换上麻布短衣，穿上百褶长裙，在她的腰间系上一根绣花腰带。换上新装的女儿，要向灶神及亲友叩头，亲友还礼祝福，至此仪式全部完毕。

如果年满十三岁的是男孩，他便走到火塘左前方的男柱旁，在舅父的主持下，双脚踩在猪膘和粮袋上，右手握着尖刀，左手拿着银元。银元象征财富，尖刀象征勇敢。接着由巫神向灶神及祖先祈祷，由舅父把男孩的麻布长衫脱下来，为他换上麻布短褂，穿上麻布长裤，系上一根腰带。换上新装的男子也像女孩一样，要向灶神和亲友一一叩头，并用牛角酒杯向客人敬酒。亲友们往往回送他们一只羊，祝贺他们牛羊成群，发家致富。成年男女的父母，在这次盛大宴席上，端给每人一碗骨头汤，一块肉和一些猪心猪肝，表示大家都是至亲骨肉，心肝相连。至此，全部成人仪式告一结束。

水族的传统节日

端 节

　　每年十月一日到三日,是水族人民的传统节日——端节。聚居在贵州南部都柳江畔的我国水族人民,热情地度过一年一度的端节。节日期间,村村寨寨,彩旗飘扬,飞阁重檐的吊脚楼上,挂起了皮鼓和铜鼓。水族人民最喜欢唱的山歌,在芦笙的伴奏下,高声歌唱,震撼山庄,阵阵歌声此起彼伏。这时使人们进入了一个歌声的世界。男女青年穿着青色和蓝色的盛装,兴致勃勃地从四面八方,聚集到"端坡"的周围。随着铜鼓、芦笙的音响,跳起具有独特风格的铜鼓舞和欢庆丰收的斗角舞。

端 节

　　到了夜间,家家户户的水族人民,围坐在火塘边,吃着糯米团,喝着糯米酒,兴高采烈,雀跃有余,欢度佳节。他们喝的糯米酒是放在窖里多年酿制出来的酒,有独特的香味。过节这天人们普遍吃素,如豆腐、豆芽、南瓜、鱼(水族认为鱼不是荤食品)、糯米饭等。他们边吃边喝,边歌边舞,手拉着手,为各族人民的大团结而共同发出"秀!秀!"(干坏!干坏!)的欢乐笑声。

"借端"节

"借端"节是水族的年节,每年九月下旬到十一月上旬举行。这也是几千年来流传下来的传统节日,他们在除夕杀年猪、祭祖守岁迎春。届时每个村寨自己选一个"亥日"(每十二天中有一个"亥日")作为节日。在节日期间,各村寨都要举行赛马活动以及唱歌、敲铜鼓等项活动,以庆祝秋季丰收,预祝来年增产,祈求人民丰衣足食,过着幸福的日子。

敲铜鼓是别有特色的鼓调,是水族人民文娱活动中不可缺少的重要节目。这种古老的乐器,是在房梁上由两个人合敲,十分雄壮威武,铿锵有声。节日期间,水族村寨敲起鼓来,阵阵有声,此起彼伏,鼓声不断,震响了四面八方,大自然笼罩了节日的气氛。有的地方还以皮鼓伴奏,鼓声时而低沉,时而高亢,热闹异常,彻夜不眠。

都柳江两岸许多村寨的水族人民,在节日期间,举行他们最喜爱的赛马活动,参加赛马的人,有男有女,有老有少,各显神采,十分壮观而有趣。有的地方,为了搞好赛马活动,在赛马前先请一位在群众中有威望的人,先骑马绕"端坡"(赛马坡)一圈,然后以骁勇无比的姿势,生龙活虎的表现在人们眼前。

仡佬族的节日

仡佬族人民过春节,有些与汉族相同,但他们过春节,更别具风格。他们吃了团年饭后,各家的长子选一座山岭,祭祖祭神。祭品必有一条最大最长最直的熟红薯,一个祭盆大小的粽粑,一块四方熟猪肉,一碗米饭及三碗酒。还必须用一至几升糯米(没有糯米就用毛稗或糯包谷)做成一个大粑粑,蒸熟后装在一个圆

簸箕或方木盘内,隆重祭祀祖
先。过了三天后才可取下来
分给家人食用。黔西的仡佬
族还用豆豉叶(扁竹叶)插在
粑粑上面,用来祭祀祖先。用
意是祖先当初开荒辟草时插
草为标的意思。遵义、仁怀和
静定县一带的仡佬族,正月十
五要到新坟上"亮灯"、"上
酒"。他们把十月一日视为
"敬菩萨"或"祭牛王"的日子,
称这天为"牛王节"。每到这
一天,当地仡佬族人民杀鸡、
备酒、敬奉牛王菩萨,祈愿它

仡佬年

保佑耕牛身体健壮,无病无灾。据说这一天是牛的生日,要让牛
休息一天。各家还打两个大糯米粑,挂在牛的两角上,牵牛到水
边,让牛看看自己的影子,然后取下糯米粑喂牛,当地人民把这种
活动,称为"给牛做寿"。有些地方的仡佬族人民,从正月初一到
十五日,举行各种娱乐活动,如打花龙、打篾鸡蛋和唱地方戏等。
普定县窝子、高阳一带仡佬族人民称七月初六日为"过小年",老百
姓家里杀猪宰羊,祭祀祖先。广西隆林各族自治县的仡佬族很重视
过中秋节,按照传统的风俗习惯,要在中秋节前的一个虎日,全寨人
民合杀一头公牛,取出牛心,每家分一份,留到八月十五日晚上,祭
祀祖先。

仫佬族的节日

仫佬族节日较多,一年中除十月、十一月,几乎每月都有节

日。如农历新年有“年节”，初一有“买新水”的习俗，初二烧香放鞭炮祈神，各村寨开展丰富多彩的玩龙灯、舞狮子、唱彩调、“走坡”等活动。四月初八是牛的生日，当天不去犁耙田地，让牛休息。还备糯米饭、酒肉等祭“牛栏神”，保佑牛的安全、健康。五月初五“端午节”，除与当地汉族的“端午节”相同的内容外，还请师公领着二人，抬着一只纸船到田间去，一路念经巡船赶虫，保佑禾苗茁壮成长。八月十五日是“后生节”，各村寨男女老少，聚集在一起，对唱山歌，青年男女三三两两，趁机谈情说爱，好不快活！

每年初，仫佬族传统的“赶坡”节到来了。村村寨寨，男女老幼穿上节日盛装，成群结队地聚集在山坡或岸场里，尽情地唱起山歌来：

久不唱歌记不来，
久不行路起青苔，
久不进入花源洞，
不知花谢是花开？

久不唱歌慢慢记，
久不行路慢慢来。
同妹齐入花源洞，
桃花正伴李花开。

花源洞是广西罗城县仫佬族有名的“走坡”场之一，位于罗城县东门、黄金、小长安三地交界的地方。这里群山环抱，怪石林立，流水淙淙，奇花异草，苍松翠竹，郁郁葱葱。四面八方的仫佬族男女青年，汇集在这里。男青年选择好地方后，三五成群，一个个掏出手帕，做好准备。几个男青年看见几个女青年从路上走过来时，摇摇自己的手帕。女青年看见手帕就停下来。此时，男青年唱道：

> 见妹行路脚悠悠，
> 我把山歌拦路头，
> 千军万马让它过，
> 只拦阿妹停坡沟。

这时，女青年也摇摇手帕，答礼对唱：

> 哥是半空云里风，
> 妹是江河湖海龙，
> 同心同德搞建设，
> 千里姻缘一线通。

直唱到深夜，当听到：

> 报哥真，双手厚茧妹欢心，
> 连哥到半丢开去，
> 情妹不是那号人。

这时男女游客才乐而忘返，喜气洋洋的离开"走坡"场。

六、农耕农谚

全年气候与农事[*]

一月（小寒—大寒）

气候：一月是全年的最冷月，西伯利亚冷空气不断南下侵袭我国，带来严寒和冰雪，气候干燥，气温最低，降水量少。月平均气温：蚌埠、南阳、汉中、康定一线以北地区 0℃以下，黑、吉、内蒙古和辽、新、宁、青、甘等省（区）大部在 -10℃以下，陕北 -5℃ ~ -10℃，最大冻土深度达 80 ~ 140 厘米。我国最北端地区 -28℃ ~ -30℃，其中漠河是我国最冷的地方，月平均气温 -52.3℃。我国幅员辽阔，此时 25°N 以南的华南地区月平均气温仍有 10℃

---

[*] 此篇根据 1997 年《农家历》、2001 年《新编百科年历》和 1990 年《陕西农业》等发表的材料整理而成。

~20℃,春意正浓。

农事:我国北方为三麦、油菜施腊肥,冬灌,对旺长麦田碾压。整修果园,为果树根茎基部培土。为牲畜备足草料,修好圈栏,保证安全过冬。继续做好冬季的积肥施肥,整修农田水利设施。

二月(立春—雨水)

气候:农历上以"四立"(立春、立夏、立秋、立冬)表示春、夏、秋、冬四季开始。全国各地气温不一,春季开始时间自然不尽相同。立春仅适用于黄河中下游。本月气温逐渐回升,雨水开始增多。日平均气温≥0℃的初日线(这里的日平均气温指连续五天的平均值),由淮河流域北移到黄河流域,那里土壤解冻,积雪融化。日平均气温≥5℃的初日线由浙、赣、湘、黔、川等省南部地区北移到浙北、皖南和鄂、川等地,那里多数果树和木本植物恢复生长。

农事:江南地区三麦、油菜要施好返春肥,元大麦拔节肥,抓好油菜白锈病、霜霉病、病毒病的防治。茄果类蔬菜开始播种育苗。华南地区日平均气温≥15℃,双季早稻播种。

陕北的冬小麦仍在越冬阶段,陕南、关中分别于中、下旬陆续返青。各地主要农事是:积肥运肥,整修农田水利,做好春播及春季植树造林准备。陕北继续做好牲畜越冬管理;渭北、关中川道顶凌耙耱保墒,麦田施返青肥,棉田施基肥;陕南小麦、油菜施春肥、春锄、防虫,准备红苕育苗苗床。为牲畜备足草料,修整圈栏,保证安全过冬。

继续做好冬季积肥运肥,整修农田水利设施。

三月(惊蛰—春分)

气候:全国气温普遍回升,降水增多。日平均气温≥0℃的初日线由黄河流域向北挺进到吉林省和内蒙古、新疆南部地区,在41°N以南的华北地区和甘肃、新疆南部春小麦开始播种。按气象上以连续五天日平均气温稳定通过10℃,作为春季开始的标准。南岭以北的浙赣、湘等省南部大都在3月上旬始春。浙北、苏南、皖南、陕西关中和豫、鄂、川等省3月下旬入春。上海是4月1日,北京是4月3日,黑龙江南部是5月1日,北部是5月下旬。陕西土壤解冻,雨水增多达20~40毫米。杭州、福州、南昌、武汉、长沙降水量达100毫米以上。

农事:闽、赣、湘等省和浙南双季早稻开始播种。江南塑料环棚育秧的双季早稻中下旬开始播种。三熟制玉米和西瓜下旬始播,黄瓜、冬瓜、早毛豆、豇豆上旬播种育苗。地膜覆盖的早熟马铃薯上旬播完,早番茄、早黄瓜、春卷心菜、"五月慢"青菜、晚莴苣、葱和韭菜中下旬定植。

越冬作物,陕北南部开始返青,关中、陕南已陆续起身拔节。主要农事:陕北对麦田耙耱、追肥,精选种子,备播春麦。关中麦田、小夏田中耕、追肥、灌水,整修棉田,精选棉籽。陕南种高山马铃薯,深翻玉米地,育红苕苗,加强小麦、油菜后期管理。

四月(清明—谷雨)

气候:除北疆外我国北方地区日平均气温都已回升到0℃以上,北方4月上旬春小麦播种结束。日平均气温≥10℃的始日线由上海、郑州、汉中一线向北挺进到华北平原。上海、合肥、广州、贵阳降雨量达100毫米以上,南昌、长沙达200毫米以上。陕西出现第一场透雨,月雨量40~80毫米。江南已进入雨季,长江中下游以南地区月降水量已超过100毫米,200毫米的雨量中心在浙、闽西部和江西省。

农事:苏、皖、鄂、川北、浙北和上海开始播种双季早稻,以南地区移栽双季早稻。黄河以南地区4月下旬开始播种单季稻。4月10～25日自南至北先后抢晴播种棉花。玉米上中旬播种，西瓜秧苗下旬移栽，茄子、辣椒、露地黄瓜中下旬定植，茭白、芋芳、上旬起栽种，毛豆月初、苋菜中旬播种。

4月是春季农业生产大忙时期，农谚说"清明前后，点瓜种豆"。陕西省主要农事有：冬小麦、油菜、豌豆等越冬作物锄草、追肥、春灌；棉花、春玉米、水稻、瓜豆播种和查苗补苗，植树造林等。还要做好小麦赤霉病和吸浆虫的防治工作。

五月（立夏—小满）

气候：《月令七十二候集解》："四月中，小满者，物至于此小得盈满。"农历以立夏表示夏季开始。气候学上以连续五天日平均气温的平均值稳定通过22℃为夏季开始。按此标准，我国西沙、中沙、南沙诸岛四季皆夏，雷州半岛4月上旬，江西、湖南5月初，北京5月28日，西安6月上旬，上海6月中旬，黑龙江省中部6月底入夏。陕西等大部分省降水均在50毫米以上，南京、南宁、昆明降雨量达100毫米以上，福州、广州达200毫米以上，南昌达300毫米以上。

农事：除四川省于4月上旬以外，42°N以南地区都是中下旬开始播种单季稻。江淮流域上中旬移栽早稻，中下旬收元大麦和早熟油菜。茄子、辣椒、黄瓜、芋芳、瓜类月底结束定植。本月起蔬菜病害将逐渐发生，要注意防治。

月内，陕西夏熟作物，陕北陆续抽穗扬花，关中灌浆乳熟，陕南下旬黄熟。各地春播作物正植苗期。此间农事：陕北麦田管理，谷子、春玉米中耕、整地准备种糜子，马铃薯浅锄培土，全面开展造林。关中麦田后期管理，棉田中耕松土、查苗补苗，下半月收油菜、大麦，幼林抚育。陕南水稻插秧，下旬开始夏收、扦插红薯，春玉米中耕定苗。

六月(芒种—夏至)

气候:夏至时阳光直射北回归线(北纬32°26′),北半球白昼最长,夏至日后渐趋日短夜长。各地气温均达20℃以上,天气炎热。除个别地区外,降雨量均达50毫米以上。武汉、南宁达200毫米以上。西北、华北冰雹增多。长江中下游进入梅雨季节。

农事:上旬要适时收好小麦和油菜,中旬起移栽单季稻,上旬起播种双季晚稻。火卷心菜、早期花椰菜、晚毛豆、秋豇豆中下旬播种。注意防治早稻纹枯病,消灭蚜虫、菜青虫、小菜虫、豆荚螟、大豆螟蛾、玉米螟等虫害。加强防火、防雹。

芒种到夏至,是陕西省的"三夏"大忙季节。陕北种糜子、荞麦、谷子、玉米锄草,洋芋深中耕。关中收麦、播秋,棉田管理。陕南山区收麦,抢种回茬玉米、豆类,早玉米中耕、培土、施肥,稻田管理,收洋芋,采摘夏茶。

七月(小暑—大暑)

气候:本月是一年中最炎热的季节。据气象记录,月极端最高气温曾出现38.3℃,南京、武汉、重庆、西安平均最高气温为32.2℃~33.5℃,历史上极端最高气温曾分别出现过43.0℃、41.3℃、44.0℃、45.2℃。我国7月最热的地方是吐鲁番,1975年7月13日曾测到49.6℃。雨带北移进入黄淮流域、华北等地,台风将侵袭我国沿海省份。陕西省的榆林、延安、铜川、宝鸡、渭南、汉中、安康、商州,降雨量达100毫米以上者多有出现,常有伏旱和高温。

农事:单季稻要施好分蘖肥、长粗肥,棉花中耕松土、整枝、防治红铃虫和棉铃虫。下旬起抢收双季早稻,移栽双季晚稻,秋菜秧苗随不同品种分期、分批播种。

陕西榆林市收麦,种晚秋和秋菜,早秋田中耕除草,马铃薯灌水,中耕培土;延安地区秋田管理。关中夏玉米定苗、施肥,棉田整枝、灌水、中耕、防治病虫。萝卜、白菜下种。陕南水稻、玉米、甘薯追肥、锄草,夏闲地深翻。

八月(立秋—处暑)

气候:农历以立秋表示秋季开始,但一时暑气难消,还有“秋老虎”的炎热天气。本月处台汛季节,台风常侵袭我国沿海地区,有时深入内陆,带来狂风暴雨,要做好防汛防台工作。

农事:月初抢收双季早稻,移栽双季晚稻。棉花施盖头铃肥,防治第二代红铃虫和第三代棉铃虫。单季稻要加强管理,月底分期搁田,中旬起施穗肥,防治纹枯病、稻瘟病、螟虫和纵卷叶虫。萝卜、茼蒿、苋菜、菠菜、草头等上旬起分批播种。秋土豆中旬起催芽,催芽后 15 天播种。黄芽菜以上旬播种为宜。秋卷心菜和四季种花椰菜上旬定植。

月内,陕西各类秋作物陆续灌浆、乳熟。棉花继续开花结铃。主要农事:陕北、渭北秋田管理,秋播准备。关中棉秋田管理,中下旬渭北种油菜。陕南收获早秋,管理晚秋,夏休闲地施肥浅耕,耙耱保墒,下旬油菜育苗。

九月(白露—秋分)

气候:气候学上以每 5 天日平均气温稳定下降到 22℃的始日规定为秋季开始。按此标准,东北 8 月下旬,华北平均 9 月上半月,北京、西安 9 月上旬,上海 9 月中旬,长沙、南昌、杭州一带 10

月 1 日前后,南岭、两广 10 月下半月,两广沿海地区和琼北 11 月上半月,琼南 12 月进入秋季。北方秋雨连绵,陕西连阴雨最长达 38 天,阴雨低温热量不足,出现"秋封"。

农事:北方宜适时播种冬小麦。南方要加强稻、棉田间管理,防治稻飞虱。油菜中下旬起播种育秧。棉田套绿肥上中旬陆续播种。秋青菜上旬开始定植,秋卷心菜上旬结束定植,花椰菜本月定植结束。秋雪菜、秋莴苣、大头菜、洋葱、弥陀芥菜、春雪菜、榨菜等本月开始播种育苗。

月内,陕西各地秋作物先后成熟、收割,从北向南开始秋播。陕北上中旬播种冬小麦,中下旬收糜子、谷子、荞麦、马铃薯。渭北下旬播种冬小麦,关中拾棉花,中旬开始收夏玉米,秋播备耕,休闲地施肥,浅耕,耙糖保墒。陕南中旬末播种油菜,中下旬山区收水稻、玉米,播种冬小麦,开始秋季造林。

十月(寒露—霜降)

气候:《月令七十二候集解》:"九月节,露气寒冷,将凝结也。""九月中,气肃西凝,露结为霜矣。"本月气温逐渐下降。月平均气温≥20℃的终日线 10 月 1 日已南抵上海、衢州、宜昌、衡阳、桂林、百色一线,10 月 21 日已达闽南和两广北部。陕西北部平均气温达到 8℃～11℃,关中、陕南达 11℃～16℃。极端最低气温陕北达 -6℃～-13℃,出现霜冻。陕北土壤开始冻结。

农事:要注意寒露风对双季晚稻的危害,江南单季稻和双季晚稻要加强水浆管理,推广根外施肥,防治稻瘟病。月底起开镰收稻。棉田套种麦和油菜下旬起播种或移栽。春卷心菜、早春莴苣上旬播种,三月慢和四月慢青菜下旬开始播种。黄河流域上中旬播种冬小麦。

月内,陕西榆林地区继续收获谷子、马铃薯、高粱、秋翻地。

延安地区收晚秋,冬小麦查苗补苗。关中上旬播种冬小麦、夏杂粮,继续拾棉花,中下旬收玉米,下旬川坝播冬小麦、夏杂粮,挖甘薯。全省可采集林木种子,秋季造林,开展小秋收,农副产品加工。

十一月(立冬—小雪)

气候:农历以立冬表示冬季开始。气候学上以日平均气温稳定在10℃以下表示冬季开始。按此标准,大兴安岭北部9月初,吉林省10月初,陕西关中10月底,华北平原11月初,武夷山脉和南岭北坡12月初先后进入冬季。关中北部土壤冻结。黄河中下游地区及其以北地区开始结冰,要严防冻害。

农事:上旬收割单季稻、双季晚稻,播种三麦,移栽油菜。塑料环棚春卷心菜下旬播种育苗。深翻冬闲地,收贮秋菜,开展冬闲副业,搞好农田建设和山林防火。

月内,当日平均气温稳定降至2℃以下时,冬小麦开始越冬,陕北多在11月中旬,关中多在下旬。主要农事:陕北碾打秋粮、积肥、翻地、收秋菜、牲畜过冬准备。关中预留棉田、春播田施底肥、果园深翻施肥。陕南小麦、油菜查苗补苗、追肥,冬闲地深翻、收秋菜。

十二月(大雪—冬至)

气候:冬至阳光直射南回归线(南纬23°26′),北半球夜最长,日南至,日短至,日影长至。气候学上以平均气温低于0℃作为严冬的指标。按此标准,大兴安岭最北部10月中旬,黑龙江省南部地区11月初,京津地区12月初,淮河、秦岭一带12月初进入严冬期,土壤冻结,地面积雪。极端最低气温陕北榆林曾达 −32.7℃,

关中-19℃。最大积雪深度陕北达98厘米,关中20~40厘米,陕南10~20厘米。

农事:三麦、油菜和绿肥施好苗肥。油菜田及时中耕松土。棉田抓紧冬翻。疏松土壤。冬菜要加强田间管理,做好防冻保暖工作。

还要做好兴修水利,整修农田、清理果园,修剪果枝,护林防火和开展冬季各项副业生产。土壤夜冻昼消时,要抓紧越冬作物的冬灌、冬苫工作。

农耕节令谚语

(一)

春争日,夏争时,选种宜早不宜迟。

春天种一点,秋后收一碗。

春耕争时刻,夏种争分秒。

宁舍一碗金,不舍一旬春。

春慢一日,秋慢十天。

春上抓得早,秋后吃得饱。

交春一日,水暖三分。

春打六九头,耕牛遍地走。

春耕多一遍,秋收多一石。

春耙麦梳头,麦苗绿油油。

春锄一遍,多打斗半。

春天杀虫一个卵,胜过秋后杀一碗。

开春杀虫一个,强似秋后杀虫一窝。

春天虫儿遍地走,除虫灭害早动手。

春雨贵如油,雨多粮丰收。

立春天气晴,必定好收成。

立春暖,是丰年。

春旱不算旱,秋旱减一半。

正月打雷坟堆堆,二月打雷山堆堆。

立春不逢九,五谷般般有。

春水蓄满塘,收得谷满仓。

春水蓄满塘,秋后多打粮。

春雨少,用水浇;夏雨多,开渠道。

春风不吹花不开,田里无水秧难栽。

春天水车响,冬天粮满仓。

春旱不算旱,秋旱旱半山。

小麦要增产,春冬把田灌。

春灌接冬灌,一亩打粮一石半。

春天麦灌三四遍,夏季麦堆堆成山。

春天粪满缸,秋天谷满仓。

立春没断霜,插柳正相当。

春暖花开,正好把树栽。

春雾雨,夏雾热,秋雾凉风冬雾雪。

春天不流汗,冬天肠饿断。

春要暖,冬要冻,一年四季没病痛。

雨水要淋,清明要晴。

雨水前后,点瓜种豆。

雨水节,把树接。

雨水有雨庄稼好,大春小春一片宝。

雨水甘蔗节节长,春分橄榄两头黄。

雨水过后,植树插柳。

立春过后雨水来,农田活计早安排。

早上惊了蛰，后晌用犁撬。

惊蛰春分两相连，耕田浸种莫迟延。

惊蛰一犁土，春分地气通。

惊蛰百样草木醒，春分生产闹哄哄。

过了惊蛰节，耕地不能歇。

什么不懂，惊蛰浸种。

雷打惊蛰后，低田好种豆。

惊蛰栽生姜，夏至栽老秧。

惊蛰下（雨），收河坝；惊蛰晴，百样成。

惊蛰当日天气晴，保证百样都能行。

惊蛰闻雷米似泥，春分下雨病人稀。

惊蛰天雷响，麦米贱如泥。

惊蛰晴，树木芽发两层。

惊蛰前后一场风，倒冷就在三月中。

三月惊蛰又春分，耕地耙地带送粪。

雷打惊蛰前，农民好种田。

雷打惊蛰后，低田好种豆。

春分昼夜平，春分秋分平分。

春分麦起身，一刻值千金。

春分犁不闲，谷雨好种田。

春分虫儿遍地走，农人个个忙动手。

春分有雨人人忙，清明有雨麦子旺。

春分春分，好点花生。

春分过后，种麦（春麦）种豆。

春不分不暖，夏不至不热。

秋不立不凉，冬不至不寒。

清明谷雨四月天，播种早秋莫迟延。

清明泡种，谷雨插秧。

清明豆,谷雨花;上毕坟,就压瓜。

清明高粱谷雨谷,小满芝麻芒种谷。

清明前后,种瓜种豆。

清明种瓜,船载车拉。

清明前后种棉花,秋后能收一百八(斤)。

清明早,小满迟,谷雨种棉正相宜。

清明有雨麦子壮,小满有雨麦齐头。

清明雨落透,秋季保丰收。

清明来喂蚕,四十五天就赚钱。

清明前后,栽杨插柳。

清明笋出,谷雨笋长。

清明断雪,谷雨断霜。

二月清明春短,三月清明春长。

羊盼清明牛盼夏,人盼芒种说大话。

三月清明不用忙,二月清明早插秧。

谷雨前后十天,少牛无籽又十天。

谷子种在谷雨头,走走站站不发愁。

种棉谷雨前,棉花用不完。

谷雨花,大把抓,立夏花,不还家。

谷雨种棉花,不用问邻家。

谷雨前,好种棉,谷雨后,好种豆。

谷雨日,采茶炒藏,治痰嗽,疗百病发热。

谷雨扫蚕,小满使田。

谷雨花,不归家,小满花,大车拉。

谷雨前种高山,过了谷雨种平川。

立夏至小满,种啥也不晚。

立夏种棉花,有花没疙瘩。

立夏不种花,种花拾黄花。

立夏要是种胡麻,谨防四月黑霜杀。

立夏十日旱,能吃千条面。

立夏不下(雨),犁头高挂。

立夏天热日又长,小满收割忙又忙。

立夏要给猪洗澡,立冬要给猪铺草。

庄稼要吃西,立夏十日旱。

五月立夏又小满,割罢大麦插秧田。

立夏三日连枷响,小满三日麦粒香。

秧过小满十日栽,十日不安难安排。

小满谷子芒种糜,土旺种麻正当时。

小满种胡麻,七股八柯杈。

要收棉,小满前。

秋过小满十日种,十日不种一场空。

大麦不过小满,小麦不过芒种。

小满长齐,芒种刮皮(麻)。

小满正栽秧,家家谷满仓。

芒种忙种,样样要种;一样不种,秋后落空。

过了芒种,不可强种。

芒种忙忙栽,夏至谷怀胎。

芒种要是忘插秧,八月十五喝汤汤。

芒种不插秧,谷子多秕糠。

芒种芝麻夏至豆,秋分种麦正时候。

芒种不种草里眠,夏至不收正满天。

大麦不过芒种,小麦不过夏至。

芒种前,乱种田,芒种后,只种糜子不种豆。

芒种火烧天,夏至雨连绵。

芒种不收草里眠,夏至不碾飞满天。

芒种节前吃好麦,芒种节后吃瘦麦。

芒种不怕火烧天,夏至不怕水绵绵。

夏播不离夏至关,错过夏至苗难安。

夏至栽老秧,光够喝米汤。

夏至不种高山黍,平地还有十日谷。

夏至种芝麻,顶过一季花。

夏至栽茄子,气死老爷子。

过了夏至节,锄地不能歇。

夏至锄草有三好,杀虫、死草、土变好。

夏至十天麦梢黄,再过十天麦上场。

夏至不起蒜,必定散了瓣。

夏至西南风,半月水来冲。

夏至未过莫道热,冬至未过莫道寒。

吃了夏至面,一天短一线。

夏至种芝麻,顶过一季花(棉花)。

夏至东南风,平地把船撑。

夏至无雨,碗里无米。

过了小暑不种豆,过了大暑不种荞。

小暑大暑二节气,萝卜洋芋种在地。

大暑至,万物荣华。

大暑浇苗,到老无好稻。

小暑不算热,大暑三伏天。

雨淋小暑头,四十九天断水流。

小暑、大暑,灌死老鼠。

大暑不热,五谷不结。

入伏不种豆,种豆也不收。

头伏萝卜,二伏芥,三伏里头种白菜。

伏天深耕地,赛过水浇园。

伏里翻,秋里晒,改良土壤见效快。

要吃好白面，中伏犁头遍。

初伏打尖去棉头，立秋大小一齐搂。

头伏芝麻二伏豆，三伏才看秧薄厚。

伏里草，棒打倒。

入了伏天，锄不离肩。

一伏三锄秋，当年保丰收。

麦子喜的隔年墒，伏里锄草最应当。

伏里棉花锄八遍，绒细好纺多出线。

伏里的雨，缸里的米。

伏里雨水多，来年吃馍馍。

三伏不受旱，一亩打一石。

伏天能积三圈粪，明年麦子打满囤。

伏天多酷热，冬天多雨雪。

热在三伏，冷在三九。

庄稼汉要吃米，一伏三场雨。

庄稼汉要吃面，一伏十日旱。

头伏翻地一碗水，二伏翻地半碗水，三伏翻地不见水。

中伏萝卜，末伏菜。

立秋种芝麻，老死不开花。

立秋栽葱，白露栽蒜。

立秋时节天气凉，处暑前后授粉忙。

立了秋，挂锄钩。

早上立了秋，晚上凉飕飕。

立秋下雨人欢喜，处暑下雨万人愁。

立秋无雨望十三，十三无雨一冬干。

立秋遍地黄，处暑一扫光。

立秋一十八，百花结疙瘩。

立秋摘花椒，秋分打红枣。

立秋核桃白露枣,寒露柿子穿红袄。

立秋摘花椒,白露打红桃。

立秋三场雨,夏布衣裳高挂起。

棉花立了秋,大小一齐揪。

糜子立秋不出头,不如割了去喂牛。

处暑见新花,处暑满田黄。

处暑禾苗不出头,就可割倒喂老牛。

处暑不种田,种田也枉然。

处暑不种薯,种薯不结薯。

处暑萝卜白露菜,秋分田边也能栽。

处暑不拿镰,没有十天闲。

千水万水,不如处暑一水。

白露秋分夜,一夜冷一夜。

一阵秋风一阵凉,三场白露两场霜。

白露种高山,秋风种平川。

棉怕白露连阴雨,有雨农夫无干谷。

白露白,正好种荞麦。

白露早,寒露迟,秋风种麦正当时。

白露逢霜,干谷入仓。

秋分不把地来耱,不如在家闲坐着。

秋分前,定种完。

秋分糜子寒露谷,荞麦收到九月九。

秋分天气多白云,处处欢唱好田禾。

秋分白云多,处处丰收歌。

秋分微雨或阴天,来岁高低大热年。

寒露种麦,十有九得。

寒露种平川,白露种高山。

寒露不摘棉,霜打莫怨天。

寒露秋收完,霜降地要翻。

不怕寒露寒,单怕霜降霜。

寒露早,立冬迟,霜降起苕正适时。

寒露不摘荞,霜打不要怨天。

寒露要是不挖葱,必定落个心里空。

小麦种在寒露口,种一碗,收一斗。

胡豆种在寒露口,种上一碗收一斗。

霜降不起葱,越长越要空。

霜降配种清明乳,赶生下时草上来。

霜降到立冬,翻地冻虫虫。

霜降之时,柿子成熟。

霜降见霜,米烂陈仓。

霜降节气见了霜,谷子糜子烂陈仓。

霜降不割禾,一夜少一箩。

霜冻前,抢拾棉。

霜降前,苕挖完。

霜降刨葱,不刨就空。

霜降不拔葱,越长心越空。

霜降百草枯,立冬不使牛。

霜降早,小雪迟,立冬前后正相宜。

霜降到立冬,翻地冻虫虫。

立冬不收菜,冻了请莫怪。

立冬不拔菜,终究受霜害。

立了冬,把地耕,能把土里养份增。

入冬早耕田,丰收在来年。

立冬不收菜,一定受霜害。

立冬数九,交一九,长一手。

立冬宜晴,惊蛰宜冻。

立冬把田翻,害虫冻死完。

小雪飞满天,来岁必丰年。

小雪大雪雪满天,来年必定是丰年。

小雪出萝卜,霜降摘柿子。

小雪来封地,正好修水利。

小雪雪花飞,来岁必丰年。

大雪小雪北风多,保护牲畜过好冬。

大雪年年有,不在三九在四九。

大雪见丰年,雾里见青天。

一日大雪十日粮,十日大雪粮满仓。

今冬雪不断,明年吃好面。

冬无雪,麦不结。

大雪飞满天,来岁必丰年。

庄稼汉要吃面,九九雪不断。

九九有雪,伏伏有雨。

大雪天气寒,果树好修剪。

冬至节气雪茫茫,来年粮食堆满仓。

冬至前,不结冰,冬至后,冻破钟。

冬至不过不冷,夏至不过不热。

吃了冬至面,一天长一线。

冬至百六是清明,九九三天是惊蛰。

冬至作客,不如在家壅麦。

冬至一阳生,阳气往上升。

一过腊八,长一杈把;一过冬至,长一杈刺。

一月小寒接大寒,积肥送粪莫迟延。

小寒、大寒,不久过年。

小寒三九天,大寒就过年。

小寒大寒冷得透,来年春天天暖和。

人们误认大寒冷,须知小寒胜大寒。

一月小寒接大寒,生产资料备齐全。

大寒一过立春到,春耕生产准备好。

小寒办年货,大寒过新年。

大寒见三白,农人衣食足。

大寒再寒总得过,过了大寒迎新年。

（二）

正月新年少做客,无事上地去锄麦。

正月十五雪打灯,定是当年好收成。

元旦天下雨,一年雨水缺。

春天消灭一只蝇,夏秋疾病少流行。

春要暖,冬要冻,一年四季没病痛。

早锄一刻草就死,晚锄一刻荒田地。

锄苗子,惜苗子,秋后打得一瓢子。

三月谷子四月糜,五月荞麦露土皮。

十年老不了一个人,一天误掉了一个春。

人误地一时,地误人一生。

节气不饶人,等时不等墒。

冰凌响,萝卜长。

麦种一月,收麦一时。

麦七棉花八,四天出芝麻。

七里花香,回家插秧。

麦黄种糜,糜黄种麦。

若要秧苗壮,半月肥一趟。

锄草不锄根,逢春牙又生。

一株不治害一片,今年不治害明年。

夜夜防灾不受害，天天防虫不受灾。

柳絮扬，早插秧。

大麦上浆，赶快插秧。

三月种瓜结蛋蛋，四月种瓜长蔓蔓。

红薯不怕羞，一直栽到秋。

过了三月三，北瓜葫芦地里钻。

枣发芽，种棉花。

椿叶如钱大，遍地种棉花。

四月种棉花，有叶没疙瘩。

早花早桃，迟花得苗。

细耕三月土，谷子多几斗。

麦黄种麻，麻黄种麦。

夏田不耱，苗苗下卧。

麦子返青收，谷子返青丢。

今年辛苦修水库，不怕明年旱老虎。

种不好庄稼一季穷，修不好塘堰一世穷。

抓紧春灌，增产一半。

今年埂畔培得长，明年地里多打粮。

要想来年虫虫少，今年火烧田边草。

天晴不开沟，遇雨就无收。

天晴不开沟，下雨没处流。

今年你给地吃饱，明年地给你吃饱。

闲时积肥忙时用，渴了挖井不现成。

夏田上羊粪，出苗不用问。

硬黄土，猪狗粪，早耕早种穗如棍。

过了四月八，收拾绑连枷。

收获时间片刻误，一年辛苦难弥补。

三月的韭，佛开口，六月的韭，驴不瞅。

四月八,鲜黄瓜。

一年四季东风雨,夏季东风水断流。

清早雾浓,一日天晴。

早晨雾沉沉,中午晒死人。

早雾不出门,晚霞千里行。

日出东南红,无雨必有风。

日落西山胭脂红,不是雨来便是风。

开门雨绵绵,晴朗在午前。

猛晴没好天,等不得鸡叫唤。

久旱必有久雨,久阴必有天晴。

春寒雨水多,夏寒眼瞪着。

太阳晕圈破,必有大风过。

日晕雨,月晕风。

日晕不过午,当天就有雨。

望晴看天亮,望雨看天黄。

天黄有雨,人黄有病。

要晴望山青,要雨望山白。

东边晴,西边阴,出门一定受雨淋。

一场秋雨一场寒,十场秋雨穿上棉。

年年防欠,夜夜防贼。

误了三月土,枉受一年苦。

五月四,早种一宿高一拳。

五月六日种秋田,一年一夜差半年。

宁种五月土,不种六月墒。

五月栽薯重十斤,六月栽薯一把根。

端午种芝麻,结的角角密麻麻。

五月草锄光,八月粮满仓。

六月黄天莫歇阴,锄头底下出黄金。

有钱难买五月旱，六月连雨吃饱饭。

五月十三滴一点，耀州城里买大碗。

六月初三下一阵，家家编个黄金囤。

六月不热，五谷不结。

六月壅土，七月粪，八月再看葱发旺。

六月小麦黄，大麦铺上场。

六月六，新麦子，吃馍馍，熬羊肉。

六月秋，样样收，七月秋，样样丢。

五月六月站一站，十冬腊月少顿饭。

五黄六月不做工，寒冬腊月喝北风。

六月里汗水不肯流，十二月里在炕上愁。

六月桃，七月梨，九月柿子忙赶集。

桐子开花下谷种，刺梅开花种旱棉。

阳坡黄花开，快快种谷来。

麦黄种豆，豆黄种麦。

夏锄多一遍，秋收多一石。

夏天多锄草，秋季颗粒饱。

夏天不锄地，冬天饿肚皮。

麦子下镰，早秋锄完。

六六六，拌良种，害虫遇见把命送。

夏季若有东南风，谨防庄稼生油虫。

麦收三月雨，单怕二月寒。

谷怕连霪雨，麦怕午时风。

夏季水满塘，秋季粮满仓。

麦浇黄芽谷浇老，大豆最怕霜降早。

麦收前后浇棉花，十年准有九不差。

麦子要长好，冬灌不可少。

大麦收罢小麦黄，男女老少一齐忙。

麦黄谷黄,绣女下床。

麦子上了场,日夜都要忙。

麦黄一晌,糜黄半月。

麦黄一晌,蚕老一时。

收麦如救火,龙口夺食忙。

收麦如救火,迟收必掉颗。

算黄算割,不割就落。

麦黄就下手,不要地边瞅。

麦黄若不收,颗颗落犁沟。

夏收夏种搞得好,增加收入才牢靠。

麦黄九成要开镰,黄到十成落一半。

麦子入囤,核桃挨棍。

麦离八月土,不减一斗减二斗。

麦要想养种,秋要抢着种。

小麦迟种无头,油菜迟种没油。

种麦种到老,还是早麦好。

早谷晚麦,十年久不得。

早谷晚棉花,休在人前夸。

玉米早种一天,早收十天。

小麦早种一天,早收一天。

七月半,栽大蒜。

七栽八不栽,九月栽上没蒜薹。

七犁金,八犁银,九月犁地饿死人。

七月犁地上粪哩,九月犁地胡混哩。

八月犁地像上油,九月犁地减半收。

棉花不治虫,秋后一场空。

棉怕胎里旱,谷怕秋后虫。

七月不收塥,来年受恓惶。

麦怕三日旱,棉怕八月连阴天。

八月葱,拿粪壅。

八月忙,各样田禾上了场。

七月十五吃石榴,八月十五吃核桃。

七月核桃八月梨,九月柿子红了皮。

九月枣,八月梨,十月柿子红了皮。

柳树要栽早,不叫春知晓。

八月十五云遮月,来年雨打元宵节。

八月十五月朦胧,来年十五雪打灯。

中秋不见月,冬天多大雪。

宁种八月土,不种九月泥。

八月犁谷茬,抵得压油渣。

八月种豆结一转,九月种豆不见面。

豌豆收不收,种在九月里。

八月犁田一碗油,以后减半没收头。

今年秋地翻好,明年春草就少。

秋天划破皮,赛过春天犁三犁。

秋季都翻(地)过,明年有肉又有馍。

秋耕深,春耕浅,旱涝都保险。

秋翻地,顶上粪,来年庄稼不用问。

秋翻地,如水浇,开春无雨也出苗。

秋犁地,不带耱,不如静在家中坐。

人怕老来穷,谷怕秋后虫。

秋天灭了茬,螟虫无处爬。

秋翻地,冻虫虫,来年庄稼长得凶。

要想来年虫虫少,只有冬翻春锄草。

收秋不收秋,先看五月二十六,

二十六日滴一点,耀州城里买大碗。

秋冻高粱春冻洼,霜杀凹地雾杀岭。

九月雷声十月雾,老子儿子都不顾。

秋收冬播都做完,培埂打坝趁农闲。

九月九重阳,糜子谷子都上场。

秋天地里弯弯腰,来年有吃又有烧。

秋收一日,麦收一时。

秋收秋播,急如星火。

秋争日,夏争时。

一年劳动在于秋,谷不到家不算收。

九九草料足,出九不露骨。

秋季雨水多,栽树好成活。

七九,八九,栽花养柳。

过了腊八,长一权耙;过了年,长一橡。

冬天不蒙头,延年益寿。

隔冬划道印,强如上道粪。

冬耕重冻,夏耕重晒。

冬耕多一遍,夏收多一担。

腊八下,棉搭架;腊八晴,百样成。

三九不寒夏不收,惊蛰闻雷米似泥。

十月浇回茬,胜似上油渣。

冬灌春不灌,产量少一半。

要吃白馍细面,抓紧九九冬灌。

冬闲多积一筐粪,秋后多收一成粮。

冬积灰满缸,秋天谷满仓。

冬天比粪堆,秋天比谷堆。

冬天多积肥,莫等来年空着急。

要得年成好,烧灰割冬草。

冬季割堆草,明春变成宝。

冬上金,腊上银,来春上粪白哄人。

秋猪粪,夏羊粪,春麦喜欢人尿粪。

冬夏配种(猪),春秋分娩。

冬夏配种,春秋下驹。

冬天栽树树正眠,开春发芽长得欢。

冬栽松,夏栽柏,栽上一百活一百。

冬不节约春要愁,夏不劳动秋无收。

五月的黄杏采落地,六月的桃李上了集,

七月的西瓜八月梨,九月的柿子红了皮。

正月怕暖,二月怕寒,

三月怕冻,四月怕风,

五月怕涝,六七月怕旱,

八月怕雾,九月怕霜,

十冬腊月怕冬旱。

主要参考文献

1. 汉·应劭. 风俗通义.

2. 汉·司马迁. 史记·货殖列传.

3. 汉·崔寔. 四民月令.

4. 汉·贾谊. 过秦论.

5. 汉·戴圣. 礼记.

6. 晋·郭璞. 山海经.

7. 晋·张华. 博物志.

8. 晋·周处. 风土记.

9. 后魏·贾思勰. 齐民要术.

10. 唐·崔令钦. 教坊记.

11. 唐·陆羽. 茶经.

12. 唐·李淖. 秦中岁时记.

13. 宋·宋敏求. 长安志.

14. 宋·周密. 乾淳岁时记.

15. 宋·吕原明. 岁时杂记.

16. 宋·陈元靓. 岁时广记.

17. 宋·高承. 事物纪原.

18. 宋·朱熹. 家礼.

19. 元·鲁明善. 农桑衣食撮要.

20. 明·蒋一葵. 长安客话.

21. 明·徐光启. 农政全书.

22. 清·蒲松龄. 农桑经.

23. 清·余怀. 妇女鞋袜考.

24. 清·毛光舒. 丧礼杂说.

25. 清·徐乾学. 读礼通考.

26. 清·秦蕙田. 五礼通考.

27. 清·秦嘉谟. 月令粹编.

28. 清·来保. 饮定大清通礼.

29. 清·顾张思. 风土录.

30. 清·张亮彩. 中国风俗史.

31. 胡朴安. 中华全国风俗志. 上海：上海广益书局，1923.

32. 中国少数民族民间文学讲习班. 少数民族民俗资料（上中下）1983.

33. 杨荫深. 衣冠服饰. 世界书局，1946.

34. 上海戏剧协会、上海艺术研究所. 中国戏曲曲艺辞典. 上海：上海辞书出版社，1981.

35. 王子辉. 秦馔古今谈. 西安：陕西科技出版社，1981.

36. 杨建新、卢苇. 丝绸之路. 兰州：甘肃人民出版社，1981.

37. 马宏智. 年节趣话. 西安：陕西人民出版社，1983.

38. 任继愈. 宗教词典. 上海：上海辞书出版社，1981.

39. 乌丙安. 民俗学史话. 上海：上海文艺出版社，1983.

40. 罗启荣、欧仁煊. 中国年节. 北京：科学出版社，1983.

41. 王聚宝. 关中八景史话. 西安：陕西科学技术出版社，1984.

42. 袁珂. 中国神话传说词典. 上海：上海辞书出版社，1985.

43. 中国少数民族文学分会. 少数民族民俗资料（上下）1985.

44. 李绍连. 古今中外婚俗漫谈. 郑州：河南人民出版社，1985.

45. 徐华龙、吴菊芳. 中国民间风俗传说. 昆明：云南人民出版社，1985.

45. 乌丙安. 中国民俗学. 沈阳：辽宁大学出版社，1985.

47. 张紫晨. 中国民俗与民俗学. 杭州：浙江人民出版社，1985.

48. 张定亚. 陕西名胜古迹传说故事选. 西安:陕西人民美术出版社,1986.

49. 吴存浩. 中国婚俗. 济南:山东人民出版社,1986.

50. 劲挺. 延安风土记. 西安:西北大学出版社,1986.

51. 宗力、刘群. 中国诸神. 石家庄:河北人民出版社,1986.

52. 李晓东. 中国封建家礼. 西安:陕西人民出版社,1986.

53. 殷登国. 岁时佳节记趣. 南宁:广西人民出版社,1987.

54. 张传寅、张建. 中国民俗辞典. 武汉:湖北辞书出版社,1987.

55. 武复兴. 唐长安旧事. 上海:上海文艺出版社,1987.

56. 陶立璠. 民俗学概论. 北京:中央民族大学出版社,1987.

57. 王文宝. 中国民俗学发展史. 沈阳:辽宁大学出版社,1987.

58. 杨金鼎. 中国文化史辞典. 杭州:浙江古籍出版社,1987.

59. 陈永龄. 民族辞典. 上海:上海辞书出版社,1987.

60. 张永禄. 唐都长安. 西安:西北大学出版社,1987.

61. 惠西成、石子. 中国民俗大观(上、下). 广州:广东旅游出版社,1988.

62. 邓子琴. 中国风俗史. 成都:巴蜀书社,1988.

63. 唐祈、彭维金. 中华民族风俗词典. 南昌:江西教育出版社,1988.

64. 袁洪业. 中国小吃集萃. 合肥:安徽科技出版社,1988.

65. 段宝林、祁连休. 民间文学辞典. 石家庄:河北教育出版社,1988.

66. 毛生铣、程万里. 三秦揽胜. 北京:人民日报出版社,1988.

67. 张紫晨. 民俗调查与研究. 石家庄:河北人民出版社,1988.

68. 叶大兵、乌丙安. 中国风俗辞典. 上海:上海辞书出版

社,1990.

69. 刘枫、钱中立. 西北风情大观. 西安:陕西人民出版社,1990.

70. 孟学范.巴山民俗.西安:西北大学出版社,1990.

71. 鲁克才.中华民族饮食风俗大观.北京:世界知识出版社,1992.

72. 张定亚.简明中外民俗词典.西安:陕西人民出版社,1992.

73. 张紫晨.中国民俗学史.长春:吉林文史出版社,1993.

74. 马宏智.户县风物揽胜.西安:陕西旅游出版社,1993.

75. 阎志和.长武风采.西安:三秦出版社,1993.

76. 张俊谊.榆林风情录.西安:陕西教育出版社,1993.

77. 王文宝.中国民俗学史.成都:巴蜀书社,1995.

78. 马宏智、刘滨海.上林苑风情.西安:陕西旅游出版社,1995.

后 记

　　本书稿 1998 年 4 月即已完成，一直搁到今年春天未能出版。幸喜西北大学科学研究处，在大力开展科学研究，挖掘科研成果时，给予本书一些赞助，才有机会得以问世。

　　我国民俗事象，浩如烟海，丰富多彩。本书初稿 40 多万字，为了简明、扼要，使人一目了然，也由于经费等原因，才从精简的原则，选择一些重要的民俗事象，并在现实生活中，普遍流行的民俗事象，加以重点地叙述，取掉了一些离题较远和繁琐的叙述，才成为这本书。出版时间又太仓促，没有时间去广泛搜集资料，如图版和插图的绘画、摄影等，只是仅就手头的一些资料，加以运用。殊觉力所不及，美中不足。

　　感谢西北大学副校长朱恪孝同志、科研处副处长赵强等同志的热情支持；感谢西北大学出版社副总编张萍同志的认真、细心审稿；感谢王仲一、韩养民二同志为本书写序；感谢本书的责任编辑王祚同志，他既是卓有丰富经验的老编辑，又是当代美术设计家，为本书增色不少。

　　本书彩色综合版所用的绘画、照片及文中插图所用的绘画、照片，除个别署名和采用传统流行的作品外，其余均为戴刚毅、刘国兰等绘画；黄复、冯文芸、贾莉等摄影。在此表示衷心谢意！

　　仅以此书求教于方家，敬请识家指正。

本书著者　启

2005 年 11 月

作者简介

　　杨景震　男,汉族,编审,爱好书法,外号石门野人。1929 年
7 月出生于陕西省蓝田县汤峪乡石门坊村,1953 年毕业于西北大
学中国语言文学系。长期从事编辑和群众文化工作。1980 年率
先响应钟敬文等人的号召,积极参与筹建中国民俗学会和陕西省
民俗学会。曾任中国民俗学会理事,陕西省民俗学会副会长、会
长,现仍任名誉会长,是国际亚细亚民俗学会会员。

　　其主要出版的著作有:《陕西民俗学研究资料》《韩起祥说书
的故事》《陕西省志·民俗志》,中国民俗大系《陕西民俗》《秦风
纪胜》《中国传统岁时节日风俗》等。

　　其主要公开发表的论文有:《民俗学研究的对象和在社会主
义建设时期的作用》《论传统节日风俗》《中国重要传统节日风俗
简论》(获优秀论文奖)《试谈"后半夜"戏的艺术特色》(获国家二
等奖)《谈谈编辑审稿把关问题》《谈责任编辑的"责"》《到人民群
众中去"抢救"遗产》《长安"十大怪"解读》《中国传统节日风俗的
形成及其特征》《饺子天下》《中国饺子文化与社会精神文明》(获
优秀成果奖)、《全面收集不是"精神污染"》《漫谈"春联"》《誓为
人民说唱一辈子——记韩起祥说书二三事》《关于祭灶的传说》
《李白的传说》《风俗的批判与继承》等,及节日风俗系列文章 300
多篇。(通讯处:中国西安西北大学 175－126 信箱)

图书在版编目（CIP）数据

中国传统岁时节日风俗 / 杨景震著. —西安：西北大学出版社，2006（2010.3重印）

ISBN 978-7-5604-2119-3

Ⅰ.中… Ⅱ.杨… Ⅲ.节日—风俗习惯—简介—中国 Ⅳ.K892.1

中国版本图书馆CIP数据核字（2005）第018103号

书　　名	中国传统岁时节日风俗	
作　　者	杨景震 著	
出版发行	西北大学出版社	
通信地址	西安市太白北路229号 邮编：710069 电话：029-88302590	
经　　销	新华书店经销	
印　　刷	西安华新彩印有限公司印刷	
开　　本	889mm×1194mm 1/32	
印　　张	9.5	
字　　数	240千字	
版　　次	2006年3月第1版 2011年11月第11次印刷	
书　　号	ISBN 978-7-5604-2119-3	
定　　价	26.00元	